全国高职高专汽车类规划教材编审委员会

主　　任：王世震

副 主 任：何乔义　胡　勇　宋保林　周洪如　郭振杰
　　　　　上官兵　吴喜骊　张红伟　于万海　刘晓岩

委　　员：（按姓名汉语拼音排序）

曹景升	陈东照	陈　瑄	程丽群	崔培雪	崔雯辉
代　洪	戴晓锋	丁继斌	董继明	高朝祥	龚文资
郭振杰	韩建国	韩卫东	何乔义	侯世亮	胡　勇
黄杰明	黄远雄	惠有利	吉文哲	贾建波	贾永枢
李　刚	李　宏	李立斌	李效春	李　彦	李永康
李远军	刘凤波	刘鸿健	刘景春	刘晓岩	刘照军
卢　华	罗富坤	骆孟波	潘天堂	蒲永峰	强卫民
任成尧	上官兵	宋保林	宋东方	宋延东	孙海波
索文义	谭克诚	田春霞	涂志军	王凤军	王贵槐
王国彬	王海峰	王洪章	王怀玲	王　琳	王培先
王世震	王小飞	王秀红	韦焕典	韦　倾	吴东平
吴喜骊	吴兴敏	伍　静	熊永森	徐　强	闫　永
杨传福	杨会志	姚　杰	易宏彬	于万海	于秩祥
曾庆吉	张　博	张国勇	张红伟	张　军	张俊海
张立荣	张　文	张宪辉	张忠伟	张子成	赵北辰
赵伟章	赵文龙	郑　劲	周洪如	朱成庆	朱　凯

全国高职高专汽车类规划教材
国家技能型紧缺人才培养培训系列教材

汽车机械基础

第二版

于丽颖 主 编
郑 荻 陈 建 崔雯辉 副主编

·北京·

本书根据汽车类专业所需的最基本、最主要的经典内容，将传统的学科型教材进行整合，选取以"必需"、"够用"为目的的基本知识点，并选取了大量现代汽车工程中的实例，以培养学生分析问题和解决实际问题的能力。全书共分8章：制图的基础知识、汽车常用材料、构件受力分析、杆件的承载能力分析、机构的组成及汽车常用机构、机械传动、轴系零部件、液压传动。为方便教师教学和学生自学，每章前有知识目标和能力目标，每章后面附有实训和复习与思考题，并配套电子课件和习题参考答案。

本书既可作为高职高专院校汽车专业类的教材，又可作为相关专业培训用书。

图书在版编目（CIP）数据

汽车机械基础/于丽颖主编．—2版．—北京：化学工业出版社，2015.8（2024.9重印）
全国高职高专汽车类规划教材　国家技能型紧缺人才培养培训系列教材
ISBN 978-7-122-24348-5

Ⅰ.①汽⋯　Ⅱ.①于⋯　Ⅲ.①汽车-机械学-高等职业教育-教材　Ⅳ.①U463

中国版本图书馆CIP数据核字（2015）第135715号

责任编辑：韩庆利　　　　　　　　　装帧设计：史利平
责任校对：王素芹

出版发行：化学工业出版社（北京市东城区青年湖南街13号　邮政编码100011）
印　　装：北京七彩京通数码快印有限公司
787mm×1092mm　1/16　印张15½　字数377千字　2024年9月北京第2版第6次印刷

购书咨询：010-64518888　　　　　　　售后服务：010-64518899
网　　址：http://www.cip.com.cn
凡购买本书，如有缺损质量问题，本社销售中心负责调换。

定　价：32.00元　　　　　　　　　　　　　　　　　　　版权所有　违者必究

前言

　　本书是为适应高职高专"汽车机械基础"课程的教学需要而编写。在第一版的基础上进行修订，保持了第一版教材的基本体系和特色，与汽车工程实际紧密结合，对教学内容进行整合优化。

　　本书既可作为高职院校汽车专业类的教材，又可作为相关专业培训用书。

　　本教材紧扣培养"高技能人才"的目标，对传统学科型教材进行了整合，紧密结合汽车运用与维修领域的职业需求进行内容组织，保证汽车类专业所需的最基本、最主要的机械基础的经典内容，尽量避免内容之间不必要的交叉和重叠，减少教学时数，提高课堂教学效率。

　　本书编写力求简洁明了，基本知识点的选取以"必需"、"够用"为度，注重理论联系实际，强调各种知识在实际中的应用，为体现汽车教育的特点，选择汽车工程中的实例，着重培养学生分析、解决问题的能力，充分体现高等职业教育特色，为培养高级应用型人才打下必要的理论基础。

　　全书共分8章：制图的基础知识、汽车常用材料、构件受力分析、杆件的承载能力分析、机构的组成及汽车常用机构、机械传动、轴系零部件、液压传动。为方便教师教学和学生自学，每章前有知识目标和能力目标，每章后面附有实训和复习与思考题。

　　本书由于丽颖担任主编并统稿，郑荻、陈建、崔雯辉担任副主编。其中第一章由伍文昌编写；第二章由于丽颖、崔雯辉编写；第三章、第四章由余世兰、李岳忠编写；第五章由郑荻编写；第六章由冯霞、水东莉编写；第七章由张建平编写；第八章由陈建编写。

　　在本书的编写过程中，参考了一些资料，在此对原作者一并表示诚挚的谢意！

　　本书有配套电子课件和章后习题答案，可赠送给用本书作为授课教材的院校和老师。如有需要，可发邮件至 hqlbook@126.com 索取。

　　由于编者水平所限，书中不妥之处仍在所难免，敬请广大读者批评指正。

编　者

目录

第一章 制图的基础知识

第一节 制图的国家标准 ································ 1
一、图纸的幅面及格式（GB/T 14689—2008） ······ 1
二、标题栏与比例 ································ 2
三、字体与图线 ································ 4

第二节 尺寸标注方法 ································ 6
一、尺寸标注的基本规则（GB/T 4458.4—2003） ······ 6
二、尺寸的组成 ································ 6
三、常用尺寸标注方法总结 ································ 7

第三节 几何作图 ································ 9
一、等分作图 ································ 10
二、斜度和锥度 ································ 11
三、圆弧连接 ································ 12

第四节 平面图形的画法 ································ 14
一、尺寸及线段分析 ································ 14
二、平面图形的画图步骤 ································ 14

第五节 投影原理与三视图 ································ 15
一、投影与三视图 ································ 15
二、点线面的投影 ································ 16
三、基本体三视图 ································ 18

第六节 零件的各种表达方法 ································ 20
一、视图 ································ 20
二、剖视图 ································ 22
三、断面图 ································ 23

第七节 标准件和常用件的表达方法 ················ 24
一、螺纹及连接件 ································ 25
二、键与销 ································ 27
三、滚动轴承 ································ 29

第八节 公差与配合 ································ 29
一、尺寸 ································ 29
二、公差与偏差 ································ 30
三、标准公差与基本偏差 ································ 32
四、配合 ································ 32

五、配合的基准制 …… 33
第九节 技术测量的基本知识 …… 33
一、技术测量的概念 …… 33
二、几何公差 …… 34
三、粗糙度 …… 36
第十节 零件图与装配图的识读 …… 38
一、零件图概述 …… 38
二、零件图的识读 …… 38
三、装配图 …… 39
实训 减速器零件测绘 …… 40
复习与思考题 …… 43

第二章 汽车常用材料

第一节 金属材料的性能 …… 47
一、金属材料的力学性能 …… 47
二、金属材料的工艺性能 …… 52
第二节 黑色金属（钢、铸铁及其合金）…… 53
一、金属与合金的内部结构 …… 53
二、碳钢 …… 55
三、合金钢 …… 62
四、特殊性能钢 …… 63
五、铸铁 …… 64
六、钢的热处理 …… 66
七、钢的表面热处理 …… 69
第三节 有色金属及其合金 …… 72
一、铝及铝合金 …… 72
二、铜及铜合金 …… 73
三、轴承合金 …… 74
第四节 橡胶、塑料、胶黏剂 …… 75
一、橡胶 …… 75
二、塑料 …… 77
三、胶黏剂 …… 82
第五节 陶瓷、汽车玻璃 …… 82
一、陶瓷 …… 82
二、汽车玻璃 …… 84
第六节 复合材料 …… 85
一、复合材料性能特点、分类 …… 85
二、复合材料在汽车上的应用 …… 86
三、复合材料发展趋势 …… 86
实训 金属硬度的测定 …… 87
复习与思考题 …… 88

第三章　构件受力分析　　90

- 第一节　静力分析基础 …… 90
  - 一、基本概念 …… 90
  - 二、基本公理 …… 93
  - 三、约束与约束反力 …… 94
  - 四、受力分析与受力图 …… 96
- 第二节　平面力系 …… 97
  - 一、平面汇交力系 …… 98
  - 二、平面力偶系 …… 100
  - 三、平面任意力系 …… 101
- 第三节　旋转构件的运动分析和动力分析 …… 105
  - 一、转动速度 …… 105
  - 二、转动加速度 …… 106
  - 三、惯性力的概念 …… 106
  - 四、动静法 …… 107
  - 五、定轴转动刚体的动静法 …… 107
- 实训　车轮动平衡实验 …… 109
- 复习与思考题 …… 110

第四章　杆件的承载能力分析　　113

- 第一节　杆件的基本变形和内力 …… 113
  - 一、杆件的基本变形 …… 113
  - 二、内力的概念 …… 114
  - 三、截面法 …… 115
- 第二节　截面法求内力 …… 115
  - 一、轴向拉压时的内力 …… 115
  - 二、轴扭转时的内力 …… 117
  - 三、梁弯曲时的内力 …… 119
- 第三节　杆件的应力及强度计算 …… 122
  - 一、应力 …… 122
  - 二、杆件的强度计算 …… 123
- 实训　拉伸实验 …… 128
- 复习与思考题 …… 132

第五章　机构的组成及汽车常用机构　　134

- 第一节　机构的组成与运动简图 …… 134
  - 一、机构的组成及相关概念 …… 134
  - 二、运动副及其分类 …… 136
  - 三、机构运动简图 …… 137
  - 四、机构具有确定运动的条件 …… 137

第二节　汽车常用四杆机构 ………………………………………………… 139
　　一、概述 ………………………………………………………………… 139
　　二、铰链四杆机构的基本类型及应用 ………………………………… 139
　　三、铰链四杆机构的演化机构 ………………………………………… 142
第三节　凸轮机构 …………………………………………………………… 143
　　一、发动机配气机构的工作过程 ……………………………………… 143
　　二、凸轮机构的组成与特点 …………………………………………… 145
　　三、凸轮机构的分类 …………………………………………………… 146
　　四、凸轮机构从动件的运动规律 ……………………………………… 147
第四节　螺旋机构 …………………………………………………………… 148
　　一、螺纹种类 …………………………………………………………… 148
　　二、螺旋传动 …………………………………………………………… 148
实训　机构的组成及汽车常用机构 ………………………………………… 150
复习与思考题 ………………………………………………………………… 151

○ 第六章　机械传动　153

第一节　带传动 ……………………………………………………………… 153
　　一、带传动概述 ………………………………………………………… 153
　　二、普通V带与带轮的结构、型号 …………………………………… 156
　　三、V带的安装与张紧装置 …………………………………………… 157
第二节　链传动 ……………………………………………………………… 158
　　一、链传动概述 ………………………………………………………… 158
　　二、传动链的结构特点 ………………………………………………… 159
　　三、滚子链链轮 ………………………………………………………… 160
　　四、运动特性 …………………………………………………………… 161
　　五、布置、张紧与润滑 ………………………………………………… 162
　　六、链传动的应用 ……………………………………………………… 164
第三节　齿轮传动 …………………………………………………………… 164
　　一、齿轮传动的特点与分类 …………………………………………… 164
　　二、渐开线齿轮 ………………………………………………………… 165
　　三、直齿圆柱齿轮的结构 ……………………………………………… 167
　　四、渐开线标准直齿圆柱齿轮啮合传动 ……………………………… 168
　　五、渐开线齿轮的切齿原理与根切现象 ……………………………… 171
　　六、齿轮传动的失效形式 ……………………………………………… 174
　　七、齿轮材料 …………………………………………………………… 175
第四节　其他齿轮传动 ……………………………………………………… 176
　　一、斜齿圆柱齿轮传动 ………………………………………………… 176
　　二、圆锥齿轮传动 ……………………………………………………… 179
　　三、齿轮齿条传动 ……………………………………………………… 180
　　四、蜗杆传动 …………………………………………………………… 180
第五节　轮系 ………………………………………………………………… 182

　　　　一、轮系的分类 ·················· 182
　　　　二、定轴轮系 ···················· 183
　　　　三、周转轮系 ···················· 184
　　　　四、混合轮系 ···················· 186
　　实训　认识链传动、带传动和齿轮传动在汽车上的应用 ······ 186
　　复习与思考题 ························ 187

◎ 第七章　轴系零部件　　190

　第一节　轴 ·························· 190
　　　　一、轴的分类 ···················· 190
　　　　二、轴的材料及其选择 ················ 191
　　　　三、轴的结构 ···················· 192
　第二节　滑动轴承 ······················ 194
　　　　一、概述 ······················ 194
　　　　二、滑动轴承的种类和结构 ·············· 195
　　　　三、滑动轴承的材料 ················· 196
　第三节　滚动轴承 ······················ 197
　　　　一、滚动轴承的构造 ················· 197
　　　　二、滚动轴承的基本类型、特性和应用 ········· 198
　　　　三、滚动轴承的代号 ················· 200
　　　　四、滚动轴承的类型选择 ··············· 201
　第四节　联轴器与离合器 ··················· 202
　　　　一、联轴器 ····················· 202
　　　　二、离合器 ····················· 205
　　实训　键销及其连接的应用 ················· 207
　　复习与思考题 ························ 208

◎ 第八章　液压传动　　210

　第一节　液压传动的基本概念 ················· 210
　　　　一、液压传动的工作原理 ··············· 210
　　　　二、液压传动的组成 ················· 211
　　　　三、液压系统的基本参数 ··············· 211
　　　　四、液压油 ····················· 212
　第二节　液压元件 ······················ 215
　　　　一、液压泵 ····················· 215
　　　　二、液压马达 ···················· 217
　　　　三、液压缸 ····················· 218
　　　　四、液压控制阀 ··················· 219
　　　　五、液压辅助元件 ·················· 225
　第三节　液压基本回路及典型的液压传动系统 ·········· 226
　　　　一、液压基本回路 ·················· 226

二、典型的液压传动系统 ……………………………………………… 230
第四节　液压系统的常见故障及排除方法 ……………………………… 232
实训　双泵供油快速运动回路的组装 …………………………………… 234
复习与思考题 ……………………………………………………………… 235

◎ 参考文献

第一章 制图的基础知识

知识目标

1. 了解工程图样的概念；国家标准的相关规定；标准件与常用件的规定画法。
2. 掌握正投影原理与三视图的形成；表达零件的方法；零件表面粗糙度的代号与标注方法、几何公差的概念；公差与配合的基本概念；掌握零件图与装配图的内容与读图方法。

能力目标

1. 读懂零件图与装配图。
2. 根据图样能正确认识和分析零部件结构。

教学内容

根据投影原理和国家标准，把物体的形状用图形在图纸上表示出来，并使用数字、文字和符号标注出物体的大小、材料和技术要求而得出的图纸，即是图样。

在工业生产、机器制造与维修、建筑工程和水利水电等众多现代技术领域之中，不管是设计还是实施阶段，均离不开图样，图样的重要性由此可见。

机械制图就是学习和研究机械图样的绘制（制图）和识读（看图）方法的科目。

第一节 制图的国家标准

为了适应生产和技术交流的需要，规范各种出版物的发行，图样的格式和表示方法必须有统一的规定。为此，国家质检总局制订并颁布了一系列有关制图的国家标准（即国标）。在绘制各种图样时，都必须掌握和遵守国标的规定。

国标由强制性国家标准（代号"GB"）、推荐性国家标准（代号"GB/T"）和指导性国家标准（代号"GB/Z"）共同构成。本节仅介绍有关《技术制图》和《机械制图》中图纸幅面和格式、比例、字体、图线、尺寸注法等部分内容，其余有关内容将在以后章节中分别介绍。本节主要介绍图幅、比例、字体、图线、尺寸注法等一般规定。

一、图纸的幅面及格式（GB/T 14689—2008）

1. 图纸的幅面

为了便于图样的保管和使用，绘制图样时，国家标准规定了基本和加长两种图纸幅面。

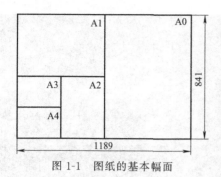

图 1-1 图纸的基本幅面

经常使用的基本幅面代号有 A0、A1、A2、A3、A4 五种，其大小相互间关系是依次成倍数的关系（A0 图纸的面积是 A1 的 2 倍，A1 图纸的面积是 A2 的 2 倍，其余依此类推）。幅面尺寸具体数据如图 1-1 所示。绘制图样时，应优先采用表 1-1 所规定的基本幅面尺寸的图纸。图纸的基本幅面尺寸有一定规律，图纸短边与长边的尺寸关系为 $B:L=1:\sqrt{2}$。"国标"规定必要时幅面的尺寸也可由基本幅面的短边成整数倍增加，此时便是加长幅面，见表 1-2。

表 1-1 图纸基本幅面尺寸（优先） mm

幅面代号	A0	A1	A2	A3	A4
$B\times L$	841×1189	594×841	420×594	297×420	210×297
E	20			10	
C	10			5	
a	25				

表 1-2 图纸加长幅面尺寸（第二选择） mm

幅面代号	A3×3	A3×4	A4×3	A4×4	A5×5
$B\times L$	429×891	420×1189	297×630	297×841	297×1051

2. 图框格式

绘制图样之前，图纸上必须用粗实线画出作为绘图区域的图框，其格式分为：

① 无装订边（如图 1-2）；

② 有装订边（如图 1-3）。

两种格式其周边尺寸都应符合规定。同一种产品的图样只能采用一种格式。

为了使图样复制和微缩摄影时定位，在图纸各边长的中点处分别画出对中符号。它是从周边画入图框内约 5mm 的粗实线，线宽不小于 0.5mm，如图 1-2（c）所示。

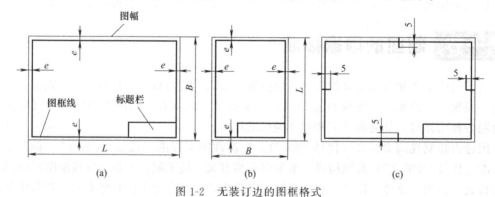

图 1-2 无装订边的图框格式

二、标题栏与比例

1. 标题栏（GB/T 10609.1—2008）

根据国家标准规定，每张图纸都必须在右下角设置标题栏，用以说明图样的名称、图

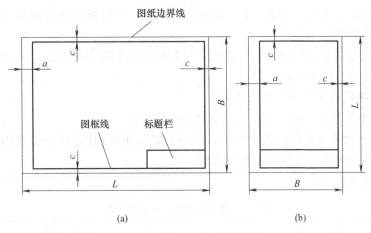

图1-3 有装订边的图框格式

号、比例、零件材料、设计日期、设计单位及有关人员的签名等内容,如图1-4所示。

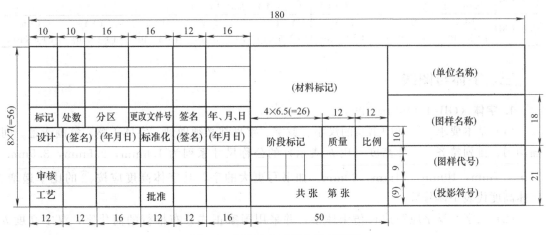

图1-4 新国家标准规定的标题栏

而在实际教学中,学校可以使用简化后的标题栏,如图1-5所示。

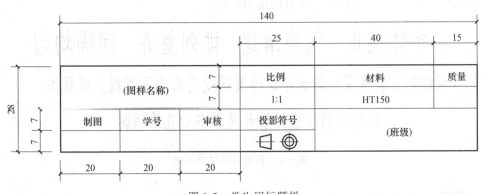

图1-5 学生用标题栏

2. 比例(GB/T 14690—1993)

图样的比例,是图中图形与其实物相应要素的线性尺寸之比。线性尺寸是指相关的点、线、面本身的尺寸或它们的相对距离,如直线的长度、圆的直径、两平行表面的距离等。

比例分为原值、缩小、放大三种。在制图过程中，尽量采用原值比例（1∶1），因为其可以直观地表达物体的真实大小。

采用比例只是为了能将物体或机件在图纸上表现出来的一种方法，无论采用何种比例，在实际使用中要注意以下几点：

① 要在标题栏内注明所使用的比例。

② 在图样上标注尺寸时，必须标注物体的真实尺寸。

③ 绘制同一物体或机件的各个图形，原则上必须使用相同的比例。确实需要采用不同比例时，应当在图形正上方标注出所用比例。

绘图的比例见表1-3。

表1-3 绘图的比例（n为正整数）

种类	优先选用			允许选用				
原值比例	1∶1							
放大比例	5∶1 $5×10^n∶1$	2∶1 $2×10^n∶1$	$1×10^n∶1$	4∶1 $4×10^n∶1$	2.5∶1 $2.5×10^n∶1$			
缩小比例	1∶2 $1∶2×10^n$	1∶5 $1∶5×10^n$	1∶10 $1∶1×10^n$	1∶1.5 $1∶1.5×10^n$	1∶2.5 $1∶2.5×10^n$	1∶3 $1∶3×10^n$	1∶4 $1∶4×10^n$	1∶6 $1∶6×10^n$

三、字体与图线

1. 字体（GB/T 14691—1993）

（1）基本要求 图样中书写的汉字、数字、字母都必须做到：字体工整、笔画清楚、间隔均匀、排列整齐。字体高度（用h表示）的公称尺寸系列为1.8mm，2.5mm，3.5mm，5mm，7mm，10mm，14mm，20mm。如书写更大的字，其字体高度应按$\sqrt{2}$的比率递增。字体高度代表字体号数。

（2）汉字 汉字应写成长仿宋体字，并采用国家正式公布推行的简化字，汉字高度h不应小于3.5mm，其字宽一般为字高的$h/\sqrt{2}$。

长仿宋字的书写要领是：横平竖直，注意起落，结构匀称，填满方格。图1-6为长仿宋体汉字示例。图1-7所示为数字、字母的应用示例。

字体端正 笔画清楚 排列整齐 间隔均匀

装配时作斜度深沉最大小球厚直网纹均布水平镀抛光研视图

向旋转前后表面展开两端中心孔锥销键

图1-6 长仿宋体汉字示例

2. 图线（GB/T 17450—1998、GB/T 4457.4—2002）

画在图纸上的各种型式的线条统称图线。国家标准（GB/T 17450—1998）规定了技术制图所用图线的名称、型式、应用和画法规则。

图线的意义在于，通过使用不同粗细和线型的图线，以便于表达出更丰富的制图信息，

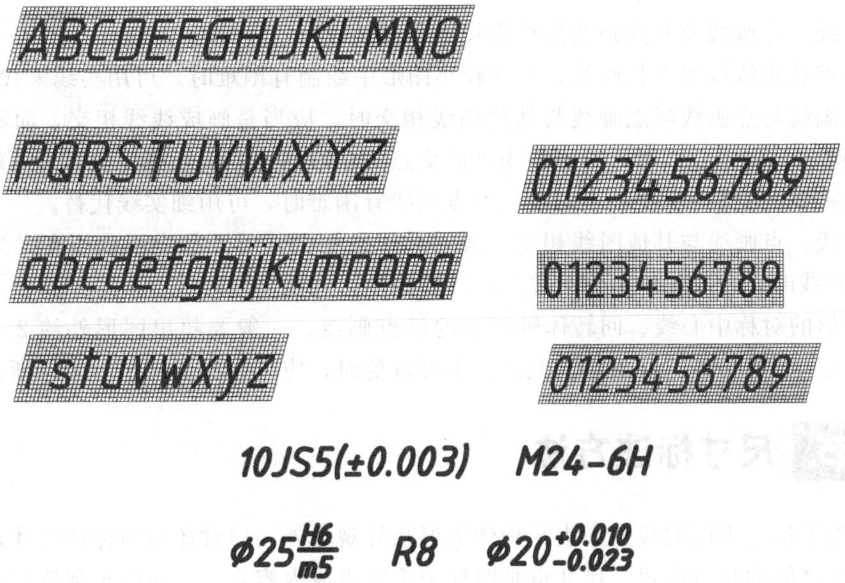

ABCDEFGHIJKLMNO
PQRSTUVWXYZ   0123456789
abcdefghijklmnopq   0123456789
rstuvwxyz   0123456789

10JS5(±0.003)   M24-6H

$\varnothing 25\frac{H6}{m5}$ R8 $\varnothing 20^{+0.010}_{-0.023}$

图 1-7 数字、字母的应用示例

也有利于图样的识读。

（1）线型及其应用　线型依然是有国家统一标准，以便于图样的使用识读，国家标准规定的基本线型共有 15 种型式，一般在绘图时常用到其中的一小部分，例如粗实线、细实线、虚线、点画线、双点画线、波浪线、双折线、粗点画线等，各类线型、宽度、用途如表 1-4 所示。

表 1-4　图线种类及其应用

线型	图线名称	图线型式	图线宽度	一般用途
基本线型	粗实线	———————	b（约 0.5、0.7）	可见轮廓线、剖切符号用线
	细实线	———————	约 b/2	过渡线、尺寸线和尺寸界线、指引线、剖面线、重合断面的轮廓线、螺纹牙底线、齿根线等
	细虚线	- - - - - - -	约 b/2	不可见轮廓线
	粗虚线	- - - - - - -	b	允许表面处理的表示线
	细点画线	—·—·—·—	约 b/2	轴线、对称中心线、分度圆(线)、剖切线
	细双点画线	—··—··—··	约 b/2	相邻辅助零件的轮廓线、可动零件的极限位置轮廓线、假想投影的轮廓线、中断线
	粗点画线	—·—·—·—	b	限定范围表示线、轨迹线
基本线型变形	波浪线	∼∼∼∼	约 b/2	断裂处的边界线、剖与未剖部分分界线
	双折线	—/\—	约 b/2	断裂处的边界线、局部剖视图中剖与未剖部分分界线

在机械图样中只采用粗、细两种线宽，其宽度比率为 2∶1，优先采用 0.5mm 和 0.7mm 的线宽。

（2）图线的画法及注意事项

① 在同一张图纸内，同类图线的宽度应基本一致。

② 相互平行的图线（包括剖面线），其间隙不宜小于其中的粗线宽度，且不宜小

于 0.7mm。

③ 虚线、点画线及双点画线的线段长度和间隔应大致相等。

④ 单点长画线或双点长画线，当在较小图形中绘制有困难时，可用实线来代替。

⑤ 点画线与点画线或点画线与其他图线相交时，应当是画成线线相交，而不应是点相交。绘制圆的对称中心线时，圆心应为画的交点。单点画线和双点画线的首末两端应是画而不是点。在较小的图形上绘制点画线或双点画线有困难时，可用细实线代替。

⑥ 虚线、点画线与其他图线相交（或同种图线相交）时，都应画成相交；当虚线是粗实线的延长线时，粗实线应画到分界点，而虚线应以间隔与之相连。

⑦ 图形的对称中心线、回转体轴线等的细点画线，一般要超出图形外约 2~5mm。图线不得与文字、数字或符号重叠、混淆，不可避免时，应首先保证文字等的清晰。

第二节 尺寸标注方法

图样除了通过不同的线条来表示物体的形状外观之外，通常还应当标注尺寸，以确定其大小和机件之间的相对位置。尺寸也是图样中重要组成内容之一，在汽车制造行业中，它往往是制造和检验零件的直接依据，尺寸标注的规则，国家标注中做出了详细的规定，在本节会对其一些基本规定进行介绍。

一、尺寸标注的基本规则（GB/T 4458.4—2003）

（1）机件的真实大小应该以图样上所注的尺寸数值为依据，与图形的大小及绘图的准确度无关。

（2）图样中所标注的尺寸，默认单位为毫米（mm），若采用其他单位，则必须注明计量单位的代号或名称，如 cm（厘米）和 m（米）等。

（3）机件的每一个尺寸，一般只标注一次，并应标注在反映该结构最清晰的图形上。

（4）图样中所标注的尺寸，均为图样所示机件最后完工尺寸，否则必须说明。

二、尺寸的组成

一个完整的尺寸包括尺寸界线、尺寸数字、尺寸线和尺寸线终端符号。如图 1-8 所示。

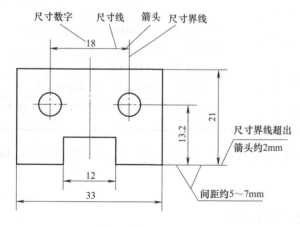

图 1-8　标注尺寸的方法

1. 尺寸线

表明度量尺寸的方向，用细实线单独绘制。

（1）线性尺寸的尺寸线平行于被标注长度。

（2）尺寸线一般不得超出尺寸界线（小尺寸除外）。

（3）轮廓线、中心线等任何图线都不能代替尺寸线（与尺寸线重合）。

（4）同一方向的尺寸线应当互相平行，且间隔一致（5~10mm）。

（5）为了图面的美观，尺寸线与轮

廓线及尺寸线间距离应保持一致。

（6）尺寸线与尺寸界线不可相交，相互平行的尺寸，应使较小的尺寸靠近图形，较大的尺寸依次向外分布。

（7）尺寸线的终端有箭头或斜线两种形式，表示尺寸的起止位置。

① 箭头型：最常用，尖端指向尺寸界线。

② 短斜线：细实线，与尺寸线成顺时针45°。对直径和半径不使用此方式。

（8）标注连串小尺寸时，中间部分的箭头可用小圆点代替，如图1-9（a）所示。且在同一张图样上只能采用同一种尺寸起止符号，且要保持大小一致。

2. 尺寸界线

表明所注尺寸的范围，用细实线绘制。

（1）尺寸界线表示尺寸的起、止位置，用细实线绘制，由图形的轮廓线、轴线或对称中心线引出，如图1-9（a）所示。

（2）尺寸界线一般应与尺寸线垂直，并超出尺寸线终端约2～3mm，必要时允许倾斜。在光滑过渡处标注尺寸时，必须用细实线将轮廓线延长，从它们的交点处引出尺寸界线，如图1-9（b）所示。

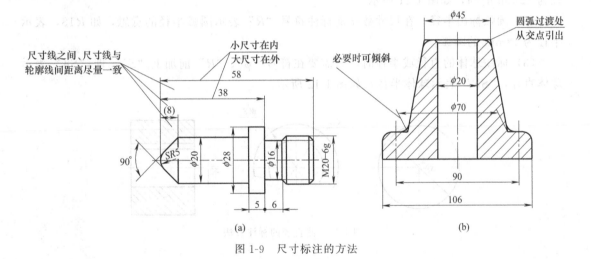

图1-9　尺寸标注的方法

3. 尺寸数字

表示机件的实际大小。

（1）尺寸数字一般注写在尺寸线上方的中部。水平方向的尺寸，尺寸数字要写在尺寸线的上面，字头朝上；竖直方向的尺寸，尺寸数字要写在尺寸线的左侧，字头朝左，如图1-9所示。

（2）当图中没有足够的位置标注尺寸时，可采用引出标注。

（3）尺寸数字不可被任何图线穿过，否则必须断开图线（不推荐）。

（4）同一图中，尺寸数字的数字及箭头的大均应保持一致。

（5）应尽可能避免在图示30°范围内标注尺寸，当无法避免时，可按图1-10所示方向标注。

三、常用尺寸标注方法总结

1. 线性尺寸

标注尺寸时，尺寸线与所标注线段平行。串联尺寸，箭头对齐在一条直线上；并联尺

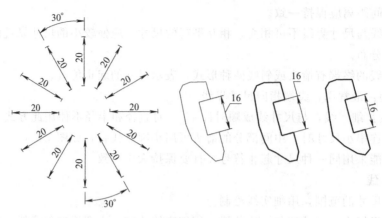

图 1-10　倾斜性尺寸的标注方法

寸，小尺寸在内侧，大尺寸在外侧，尺寸线间隔不小于 7～10mm。

2. 圆、圆弧和球的标注方法

（1）圆须标出直径，在尺寸数字前标注符号"ϕ"表示圆直径的意思，如 $\phi 18$，表示直径为 18mm 的圆，如图 1-11 所示。

（2）圆弧标出半径，在尺寸数字前标注符号"R"表示圆弧半径的意思，如 $R18$，表示半径为 18mm 的圆弧。

（3）标注球体的直径或半径时，只需要在符号"ϕ"、"R"前加上"S"，即"$S\phi$"表示球体直径，"SR"表示球体半径，如图 1-12 所示。

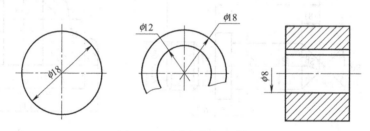

图 1-11　圆直径的标注方法

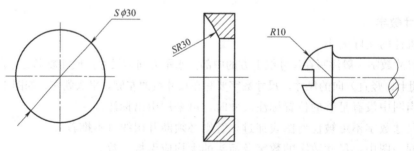

图 1-12　球体的标注方法

3. 角度、弧度、弦长尺寸标注方法

当需要在图形上标注角度大小的时候，其形式如图 1-13，尺寸线是以角顶为圆心的圆弧，角度的数字一律写成水平方向，一般写在尺寸线的中段处，必要时可以引出标注。

在图 1-13 中，注意角度、弧度、弦长标注方法的区别（尺寸线、尺寸界线、尺寸数字

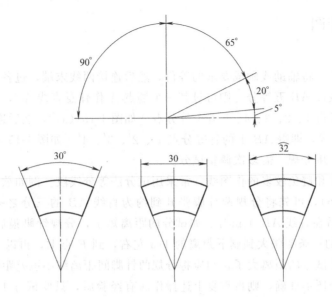

图 1-13　角度、弧度、弦长尺寸标注方法

均不同)。

4. 狭小部分尺寸标注方法

(1) 当没有足够的空间画箭头和写数字时（尺寸线过短），可以将其中之一布置在外面，也可以把箭头和数字都布置在外面，如图 1-14 所示。

(2) 标注连续小尺寸的时候，可以使用小圆点或斜线代替中间的箭头，如图 1-14 所示，但是使用小圆点或者斜线时，不可混合使用。

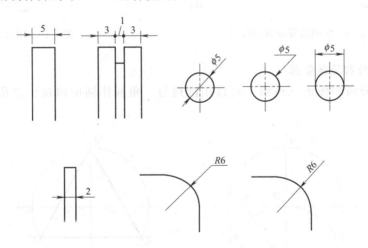

图 1-14　小尺寸标注方法示例

第三节　几何作图

任何机器部件的轮廓都是由基本的直线、圆、圆弧等几何图像通过一定的组合构成的，所以几何作图是绘图的基础。

一、等分作图

1. 等分线段

（1）辅助线法　将辅助线画成要求的等份，然后连接两线末端，过各等分点作平行线。

欲将已知直线段 AB 五等分，则可过其一个端点 A 作任意直线 AC，用分规以任意相等的距离在 AC 上量得 1、2、3、4、5 五个等分点［如图 1-15（a）］，然后连接 5B，并过各等分点作 5B 的平行线，即得 AB 上的各等分点 1′、2′、3′、4′［如图 1-15（b）］。

（2）试分法　用分规，需多次调整试分。

为了提高速度和避免较多的作图线，常采用试分法等分线段。例如欲将已知直线 AB 进行三等分（图 1-16），可先将分规两针脚张开到约为直线 AB 的三分之一左右（用目测估计），如 AC，然后在直线 AB 上试分。如试分的距离短了，分规针脚最后落到 E 点上，则可将分规过 E 点的一条腿张大到剩下距离的 1/3 左右，到 F 点上，再以 DF 长度重新试分直线。反之，如果试分的距离大了，则应将分规两针脚间距离缩小该差距的 1/3 后再试分直线。如第二次试分还不准确，则再重复上述操作。有经验后，只要试分 1～2 次即能迅速而准确地完成等分。

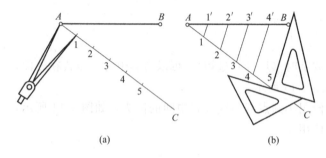
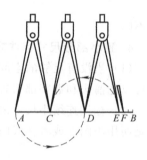

图 1-15　作图法等分直线段图　　　　　图 1-16　用试分法等分直线段

2. 圆的等分和正多变形

（1）三等分圆和作正三角形　可以用圆规与三角板作圆的内接正三角形，如图 1-17 所示。

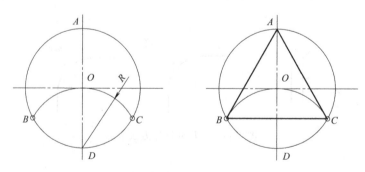

图 1-17　正三角形作法

分别以一条直径的一个端点为圆心，用该圆的半径为半径画弧，就可以将圆三等分，依次连接各点，即可得到圆的内接三角形。

（2）正四边形　用丁字尺和三角板作圆的内接正方形，如图 1-18 所示。

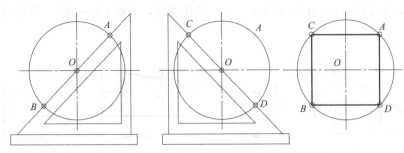

图 1-18 用丁字尺和三角板作圆的内接正方形

(3) 圆的五等分和作正五边形 以 N 为圆心，R 为半径画弧与圆相交；连接两交点得 M；以 M 为圆心，MA 为半径画弧，得以 AH 为半径在圆周上截取五个等分点；连接五点，完成，如图 1-19 所示。

(4) 六等分圆周和作六边形（两种方法）

方法一：如图 1-20（a）所示，已知外接圆，分别以 A、B 为圆心，以圆的半径截取圆周，即得圆周六等分，用三角板顺次连接六等分点，就可得到正六边形。

方法二：如图 1-20（b）所示，用 30°三角板与丁字尺配合，过点 A 作圆的弦 A1，左移三角板过点 B 作弦 B2；旋转三角板作 A3、B4 弦，用该三角板的直角边将 1 与 4、2 与 3 连接，即完成圆周的六等分和正六边形。

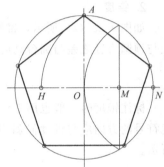

图 1-19 正五边形的作法

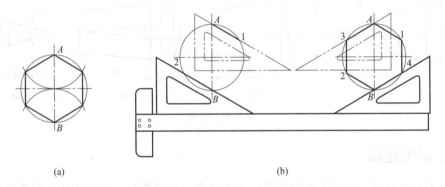

图 1-20 六等分圆周和正六边形画法

二、斜度和锥度

1. 斜度

斜度是指一直线（或平面）对另一直线（或平面）的倾斜程度。其大小为两直线（或平面）间夹角的正切值，一般将比值化为 $1:n$ 的形式，即斜度 $=\tan\alpha=H/L=1:L/H=1:n$。

如图 1-21 (a) 所示，即：

$$斜度 = \frac{H}{L} = \tan\alpha$$

作图方法：

首先根据已知尺寸作出非倾斜部分的轮廓，再过点 A 作水平线，以一个单位长度 AB

用分规截取 n 等分得点 $C(AC=nAB)$；过点 C 作垂线，并取 $CD=AB$，连接 AD 即完成该斜面的投影。

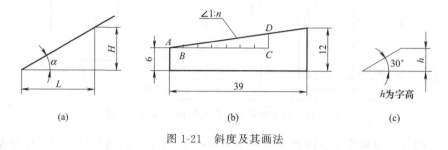

图 1-21　斜度及其画法

2. 锥度

如图 1-22（a）所示，锥度是指正圆锥底圆直径与圆锥高度之比；圆台的锥度为底圆直径与顶圆直径之差与圆台高度之比，即：

$$锥度 = \frac{D}{L} = \frac{D-d}{l} = 2\tan\alpha$$

标注锥度时一般也用 $1:n$ 的形式来表示。锥度的标注方法如图 1-21（b）所示，且锥度符号的方向应与锥度倾斜方向一致。锥度的画法及锥度符号的画法如图 1-22（c）、（d）所示。

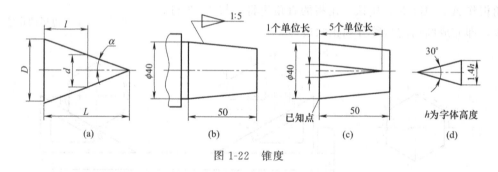

图 1-22　锥度

三、圆弧连接

绘制平面图形时，经常需要用圆弧将两条直线、一圆弧与一直线或两个圆弧之间光滑地连接起来，这种连接作图称为圆弧连接，用来连接已知直线或已知圆弧的圆弧称为连接圆弧。圆弧连接的要求就是光滑，而要做到光滑连接就必须使连接圆弧与已知直线、圆弧相切，切点称为连接点。

圆弧连接的步骤是：首先定圆心；其次求切点；最后准确连接圆弧。

1. 直线与直线的连接（已知圆弧半径 R）

以 R 为距离分别作两已知直线的平行线；交点即为圆心。以 R 为半径，交点为圆心作连接两直线的圆弧，如图 1-23 所示。

2. 连接直线和已知圆（圆弧）O_1（已知圆弧半径 R）

以圆（或圆弧）的圆心 O_1 为圆心、$R+R_1$ 为半径作已知圆的同心圆；再以 R 为距离作已知直线平行线，交点为连接直线与圆的圆弧的圆心，以 R 为半径，过圆心作圆滑弧线连接直线和圆弧，如图 1-24 所示。其中 R_1 为已知圆 O_1 半径。

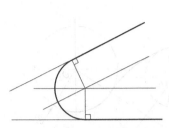

图 1-23　直线与直线的圆弧连接

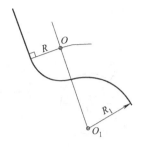

图 1-24　直线与圆的圆弧连接

3. 用半径 R 的圆弧外接两已知圆弧 O_1 和 O_2

以 O_1 为圆心、$R+R_1$ 为半径作已知圆 O_1 的同心圆；以 O_2 为圆心、$R+R_2$ 作已知圆 O_2 的同心圆；两圆的交点即为连接弧的圆心，以 R 为半径作圆弧连接，如图 1-25 所示。其中 R_1、R_2 两已知圆弧 O_1 和 O_2 半径。

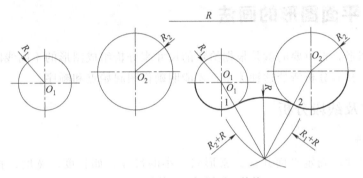

图 1-25　连接两已知圆弧（外接）

4. 用半径 R 的圆弧内接两已知圆弧 O_1 和 O_2

以 O_1 为圆心、$R-R_1$ 为半径作已知圆 O_1 的同心圆；以 O_2 为圆心、$R-R_2$ 为半径作已知圆 O_2 的同心圆；两圆的交点即为圆心。求出圆心以后，以 R 为半径，作圆滑弧线连接圆弧 O_1 和 O_2，如图 1-26 所示。

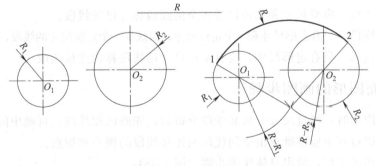

图 1-26　连接两已知圆弧（内接）

5. 半径 R 的圆弧混合连接两已知圆弧 O_1 和 O_2

以 O_1 为圆心、$R+R_1$ 为半径作已知圆 O_1 的同心圆；以 O_2 为圆心、$R-R_2$ 为半径作已知圆 O_2 的同心圆；两圆的交点即为连接弧的圆心。求出圆心以后，以 R 为半径，作圆滑弧线连接圆弧 O_1 和 O_2，如图 1-27 所示。

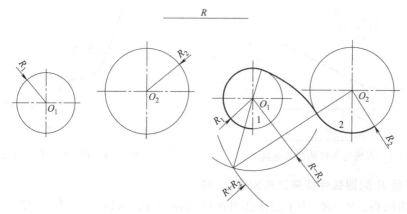

图 1-27 连接两已知圆弧（混合连接）

第四节 平面图形的画法

绘制平面图形，最重要的就是根据给定的尺寸来分析组成图形的不同线段之间的相对位置和连接关系，只有分析清楚这种关系，才能明确作图起始点和顺序。

一、尺寸及线段分析

1. 尺寸分析

（1）定形尺寸　确定平面几何元素形状大小的尺寸，如长度、宽度、直径、半径、角度等。

（2）定位尺寸　确定平面图形中几何元素相对位置的尺寸，如中心距等。

（3）尺寸基准　确定标注尺寸的起点，仅在标注定位尺寸时才有意义。在平面图形中，尺寸基准是点或者线，常用的有圆心、球心、多边形中心点、对称中心线等。

2. 线段分析

根据绘图时线段所具有的定形、定位尺寸是否齐全等情况，可以将线段分成三类。

（1）已知线段　定形尺寸和定位尺寸齐全的线段称为已知线段。

（2）中间线段　只有定形尺寸和一个定位尺寸，而缺少一个定位尺寸的线段，称为中间线段。

（3）连接线段　只有定形尺寸，没有定位尺寸的线段称为连接线段。

二、平面图形的画图步骤

在画平面图形时，经过尺寸分析和线段分析后，先画已知线段，再画中间线段，最后画连接线段。作图过程中应准确求出中间线段及连接线段的圆心和切点。

下面根据作图实例，给出具体作图步骤（图 1-28）：

（1）先定出图形的基准线［图 1-28（a）］。

（2）画已知线段［图 1-28（b）］。根据所给的尺寸就可直接把已知线段画出。如图 1-28（f）中的圆弧线段 $\phi18$、$\phi36$、下端的直线段 90 和 15 等。

（3）画中间线段［图 1-28（c）］。作图过程中，需要根据一端与其他已知线段之间的几何关系，才能确定中间线段的确切位置。如图 1-28（f）中 $R96$ 的圆弧有定形尺寸 $R96$ 和圆心的一个定位尺寸 12，但圆心的定位尺寸还缺少一个，需要根据一端与已知弧 $\phi 36$ 的圆相切才能作出，属于中间线段。

（4）画连接线段［图 1-24（d）］。作图过程中，需要根据两端与其相邻接的两线段之间的几何关系，用作图的方法将它们画出。如图 1-28（f）中，$R24$、$R12$、$R30$、$R6$ 的圆弧就属于连接线段。

（5）擦去多余的作图线，按线型要求加深图线［图 1-28（e）］。图线的加深基本原则是：先虚后实、先粗后细、先圆后直、先小后大（圆及圆弧）、先直后斜（先水平，再垂直，后倾斜）、先左后右（垂直线）、先上后下（水平线）。

（6）标注尺寸，完成全图［图 1-28（f）］。

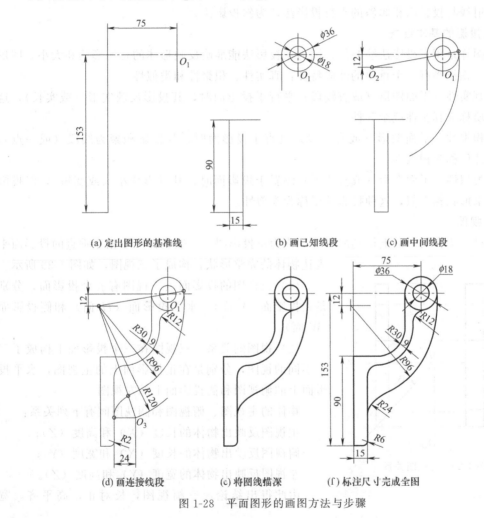

图 1-28　平面图形的画图方法与步骤

第五节　投影原理与三视图

一、投影与三视图

物体在光源的照射下，会在平面上产生影子。投影法就是根据这一自然现象，并经过科学的抽象,总结出的用投射在平面上的图形表示物体形状的方法。根据投影法所得的图形称为投影;得到投影的面,称为投影面。

1. 投影法的分类

根据投射线是否汇交于一点,投影法被分为两大类。

(1) 中心投影法　通常,认为投射线汇交于一点的投影法是中心投影法。可以理解为近距离使用点光源照射时的投影。

(2) 平行投影法　设想将投射中心移到无穷远处,此时投射线不汇交于一点,可以认为投射线互相平行,该投影法是平行投影法。平行投影法又根据投射线与投影面直接的角度关系而分成"正投影法"与"斜投影法",投射线若与投影面相互垂直的平行投影法,为正投影法;投射线与投影面相倾斜的平行投影法,为斜投影法。

2. 正投影的基本性质

机械图样是用正投影法绘制的,因为正投影法能准确反映形体的真实形状和大小,图形度量性好。正投影有三个重要的性质特征:真实性、积聚性和类似性。

(1) 真实性　平面图形(或直线段)平行于投影面时,其投影反映实形(或实长),这种投影性质称为真实性或全等性。

(2) 积聚性　平面图形(或直线段)垂直于投影面时,其投影积聚为线段(或一点),这种投影性质称为积聚性。

(3) 类似性　平面图形(或直线段)倾斜于投影面时,其投影变小(或变短),但投影形状与原来形状相类似,这种投影性质称为类似性。

3. 三视图

用正投影法在投影面上得到的图形,称为正投影图,一般选择三个相互垂直的投影面来表达物体的完整形状,构成了三视图,如图1-29所示。

(1) 三视图的投影面　三视图有三个投影面,分别是正投影面(V面)、水平投影面(H面)和侧投影面(W面)。

(2) 视图的关系　三视图在三个投影面上构成了三个不同的视图,分别是在正投影面上的主视图,水平投影面上的俯视图和侧投影面上的左视图。

物体的主视图、俯视图和侧视图间有下列关系:

主视图反映出物体的长度(X)和高度(Z);

俯视图反映出物体的长度(X)和宽度(Y);

左视图反映出物体的宽度(Y)和高度(Z)。

由此得出结论:三幅视图,长对正,高平齐,宽相等。

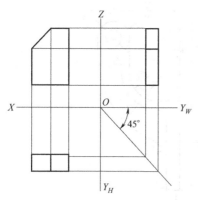

图1-29　三视图关系

二、点线面的投影

1. 点的投影

点是最基本的几何要素,为了迅速而正确地画出物体的三视图,必须掌握点的投影规律。任意一点的空间位置都可以用坐标(X、Y、Z)表示。

(1) 为了确定点在空间中的位置,建立如图1-30所示的投影体系图。把空间点A、B

置于投影体系中,用正投影法将该点分别向三个投影面投影,得到水平投影 a、b,正面投影 a'、b' 和侧面投影 a''、b''。

(2) 把投影面展开,可以直观地表示出各个点在不同投影面的水平投影和正面投影连线垂直于 OX 轴,以点 A 为例,即 $aa' \perp OX$;点的正面投影和侧面投影连线垂直于 OZ 轴,即 $a'a'' \perp OZ$;水平投影 a 到 OX 轴的距离等于侧面投影 a'' 到 OZ 轴的距离,即 $aa_x = a''a_z$。如图 1-31 所示。

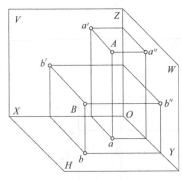

图 1-30　点的投影

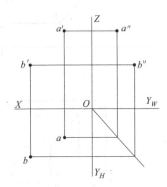

图 1-31　点的投影三视图

2. 线的投影

(1) 线的投影作法　直线在空间的位置可以由直线上任意的两个点确定,所以求线的投影与求点的投影没有本质上的区别,一般可以先作线上两点的投影,然后将这两点在各个投影面的投影依次连接即可构成线的投影。

直线可以看成是一系列点的集合,求出直线上两个端点的三面投影,连接同面投影,即得直线的三面投影。

直线的三面投影可以由直线上两点的同面投影连线来确定。如图 1-32 所示,已知直线上两端点 A(20,18,7)、B(7,7,18)的坐标,要求直线 AB 的三面投影,只需分别作出 A、B 两点的三面投影,然后用粗实线分别连接两点的同投影面上的相对投影点得出的就是直线 AB 的三面投影。

(2) 线的投影分类　在三投影面体系中,直线对投影面的相对位置可以分为三种:投影面平行线(图 1-33)、投影面垂直线(图 1-34)、一般位置直线。前两种为投影面特殊位置直线。

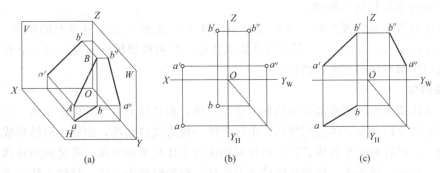

图 1-32　线的投影作法

3. 面的投影

三点或者一条直线与直线外一点均可确定一个平面,而直线又可以由直线上的两点确

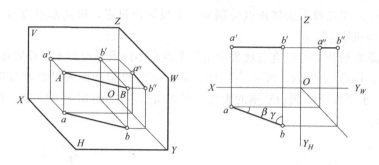

图 1-33 投影面平行线

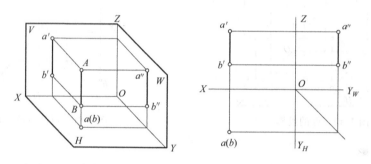

图 1-34 投影面垂直线（铅垂线）

定，所以，实质上平面的作法依然与点或线的连接没有本质的区别。

三、基本体三视图

所有的立体都是由其自身的表面组成。由若干个平面组成的立体称为平面立体；由曲面和平面或者只是由曲面构成的立体称之为曲面立体。上述立体统称基本几何体或基本体。立体表面（平面之间或平面与曲面之间）的交线，称为棱线，各个棱线的交点称为顶点。表示立体主要是画出立体的棱线（轮廓线）以及顶点的投影。

1. 平面立体

平面立体指各表面都是由平面构成的立体，常见的有两种，分别是棱锥和棱柱。图 1-35 所示为五棱柱的三视图。

绘制正五边形的三视图时，一般先绘制反映上下底面正五边形顶点的投影 $a(a_1)$、$b(b_1)$、$c(c_1)$、$d(d_1)$、$e(e_1)$，其次将其依次相连，然后按照棱柱高度画出上下底面的正面投影，最后作出棱柱的其他表面投影。

2. 回转体

曲面立体指表面全部或部分由曲面围成的立体，回转体为常见的曲面立体。

工程上常见的曲面立体是回转体。由任意的一根直线或曲线，绕轴线回转形成的曲面即为回转面。由回转面和平面或者仅由回转面构成的立体称为回转体。常见的回转体主要有圆柱、圆锥、圆球、圆环等。母线在回转面上的任一位置时称为素线。母线上任一点的运动轨迹都是圆，称为纬圆，它的半径是母线上的点至轴线的距离。纬圆所在的平面垂直于轴线。

（1）圆柱体的投影　圆柱面可以看成一直线（母线）围绕和它平行的轴线（回转轴）回转而成。圆柱的投影在与轴线垂直的投影面上反映圆柱底圆的真形；在与轴线平行的两投影

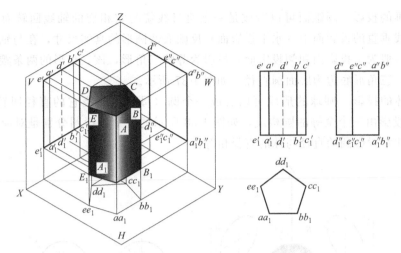

图 1-35 基本体正五棱柱的投影

面上的投影为两个全等的矩形，矩形的一组对边是对应投影面的转向轮廓线的投影，矩形的另一组对边是上、下两底面的投影积聚直线段。如图 1-36 所示。

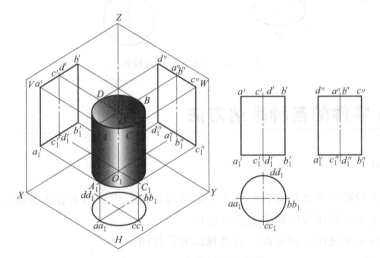

图 1-36 基本体圆柱的投影

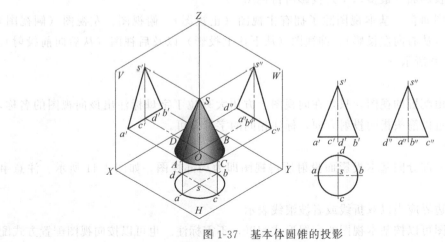

图 1-37 基本体圆锥的投影

(2) 圆锥的投影　圆锥面可以看成是一条直母线绕与它相交的轴线回转而成圆锥的投影。在与轴线垂直的投影面上（水平投影面）反映底部圆形的真实尺寸，在与轴线平行的两投影面上（一般为正投影面和侧投影面）投影为等腰三角形，该三角形的两条腰为投影面上的两条素线，三角形底边为底面圆直径。如图 1-37 所示。

(3) 球体的投影　圆球的形成可以看成一个圆（母线）围绕它的直径回转 360°形成。圆球的三面投影由三个全等的圆构成，如图 1-38 所示的三个投影圆分别是对应投影面的转向轮廓线，注意投影圆的直径与球的直径相等。

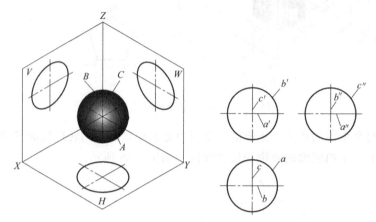

图 1-38　基本体球体的投影

第六节　零件的各种表达方法

一、视图

视图是用正投影法将机件在投影面上投射所得图形，主要用来表达零部件的外部形体特征，如有必要也可以使用虚线画出其内部结构。

视图通常有基本视图、向视图、局部视图和斜视图。

1. 基本视图

机件向基本投影面（最多六个）投影所得视图。

相比较三视图而言，基本视图除了拥有主视图（正视图）、俯视图、左视图（侧视图）外，还有右视图（从右向左投影）、仰视图（从下往上投影）以及后视图（从后向前投射）。如图 1-39、图 1-40 所示。

2. 向视图

向视图是自由配置的视图，只要在向视图上方用大写拉丁字母标注出该向视图的名称，并在相应视图附近以箭头指明投射方向，标注相同的字母即可。

3. 局部视图

将机件的某一部分向基本投影面投射所得视图即为局部视图。如图 1-41 所示。注意事项如下。

(1) 断裂处边界应当以双折线或者波浪线表示。

(2) 局部视图可以按基本视图的配置形式配置，不需标注。也可以按向视图配置方式配

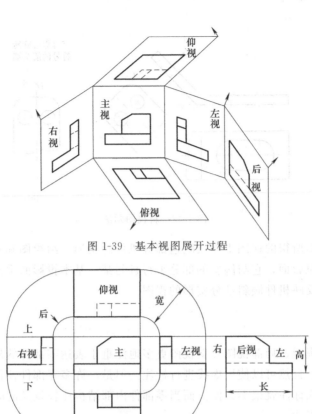

图 1-39　基本视图展开过程

图 1-40　基本视图展开成三视图

置，需要标注。

（3）一般情况下，对称零部件可以只画出 1/2 或者 1/4 的部分，并在对称中心两端画出对称符号即可。

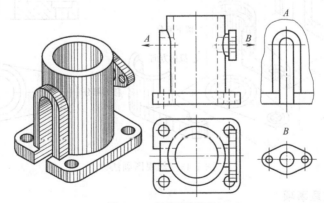

图 1-41　局部视图画法

4. 斜视图

将零部件向与基本投影面不平行的平面投射所得到的视图，为斜视图，在某些情况下，使用斜视图可以更好地表现出零部件的真实尺寸，并简化标注过程。

斜视图画法如图 1-42 所示。当机件上的一部分结构不平行于任何基本投影面时，则机

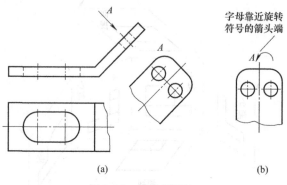

图 1-42　斜视图画法

件向基本投影面投影所得的视图不能反映这部分机件的实形,给绘图和看图带来困难。如果选择一个新的辅助投影面,它与倾斜的部分平行且与某一基本投影面垂直,这时在新投影面上投射,可以得到反映机件倾斜部分实形的视图。

二、剖视图

基本视图、向视图、局部视图和斜视图更多地注重于表达零部件的外部特征,对于内部结构简单的零部件,自然可以使用虚线进行标注。但是,许多零部件往往具有复杂的内部形体特征,此时,虚线标注就很不方便。而当零部件内部结构比较复杂的时候,需要使用剖视图就可以实现清晰表达。

1. 剖视图的原理

假想有一个平面(剖切面)剖开了零部件(机件),将处在观察者和剖切面之间的那部分移开,将其余部分投射到投影面上,所得出的图形,称为剖面图。如图 1-43 所示。

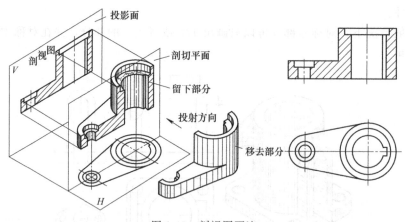

图 1-43　剖视图画法

2. 剖视图的注意事项

(1) 画剖视图,只是假想剖开零部件(机件),所以,当一个视图取剖视以后,其他视图仍然需要画出完整的零部件投影图。

(2) 确定剖切位置时,要优先选择内部孔槽结构的对称面或者轴线。

(3) 剖视图表示清楚的零部件结构,不需要再使用虚线画出,除非使用虚线可以减少视图数量。

（4）同一个零部件，各个剖切区域中的剖面线应间隔相等，方向一致，对于有多个部分均具有复制内部结构的零部件，可以在不同层面剖切。

3. 剖视图的种类和剖切面的选用

（1）剖视图的种类　剖视图有全剖视图、半剖视图和局部剖视图。

用剖切面完全剖开零部件，向投影面投射所得剖视图为全剖视图。

若零部件是对称零部件时，以对称面为界，一半画成剖视图，而另一半画成视图，得出的投影被称为半剖视图。

若某一零部件，只有某一局部内部结构较为复杂，不易使用虚线表示，那么可以用只用剖切面表示该局部，得出的剖视图被称为局部剖视图。

半剖与局部剖视图如图 1-44 所示。

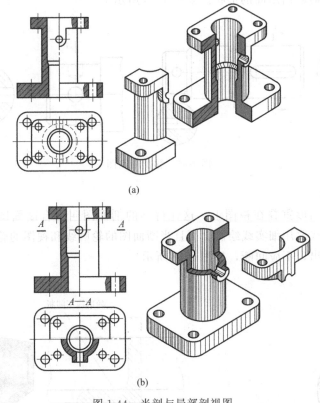

图 1-44　半剖与局部剖视图

（2）剖切面的选用　剖切面主要分成单一剖切面、多平行剖切面和相交剖切面。

单一剖切面通常是最常见的，之前讲授的，主要是单一剖切面。

多平行剖切面指的是两个或两个以上的平行的剖切平面，同时要求各剖切平面的转折处必须是直角。

当机件内部结构所处位置无法使用以上两种剖切面剖切时，可以使用几个相切的剖切面剖开机件，并将剖开结构旋转到与选定的同一投影面平行后进行投射。

三、断面图

有的零部件，采用之前的作图方法，依然无法清晰表达的，特别是涉及断面形状的，往往使用断面图为佳。

断面图：假想用剖切平面将物体的某处断开，仅画出该剖切面与物体接触部分的图形，即为断面图。

断面图与剖视图的区别在于：断面图只画出与剖切面接触部分的断面形状，而剖视图除了要画出断面形状之外，还必须画出机件上位于剖切平面后的形状。

断面图主要用来表达机件上某部分的断面形状，如肋、轮辐、键槽、小孔以及各种细长杆件和型材的断面形状等。

断面图分为：移出断面图和重合断面图。

1. 移出断面图

移出断面图的轮廓线用粗实线绘制，画在视图的外面，尽量配置在剖切位置的延长线上，一般情况下只需画出断面的形状。如图1-45所示。

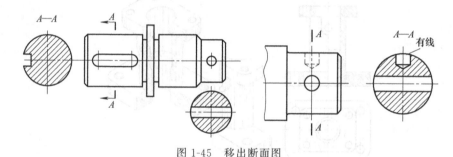

图1-45　移出断面图

2. 重合断面图

剖切后将断面图形重叠在视图上，这样得到的剖面图叫重合断面图，如图1-46所示。重合断面图的轮廓线要用细实线绘制，而且当断面图的轮廓线和视图的轮廓线重合时，视图的轮廓线应连续画出，不应间断，如图1-47所示。

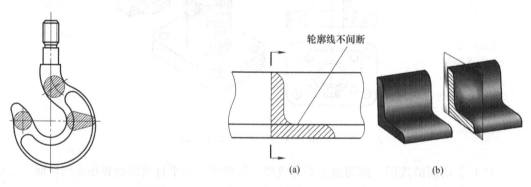

图1-46　吊钩的重合

图1-47　视图的轮廓线应连续画出

第七节　标准件和常用件的表达方法

为了便于生产和工业制造，在常用的各种机械中使用的一些零部件，如螺栓、螺钉、螺母、键、销和轴承等的结构和尺寸全部都已经被标准化，这种部件称为标准件。常用件是齿轮和弹簧等零部件。

一、螺纹及连接件

螺纹是指在圆柱或圆锥表面上，沿着螺旋线所形成的、具有规定牙型断面的连续凸起（即螺纹两侧面间的实体部分，又将其称为"牙"）。螺纹是零件上常见的结构，在圆柱或圆锥外表面上形成的螺纹称为外螺纹，在圆柱或圆锥内表面上形成的螺纹称为内螺纹。

1. 螺纹的基本要素

（1）螺纹牙型　螺纹牙型常见的有三角形、锯齿形、矩形、梯形等。

（2）直径　与牙型有关的螺纹直径有公称直径、大径、小径、中径、顶径和底径，如图1-48所示。

大径（d、D）：与外螺纹牙顶或内螺纹牙底相切的假想圆柱或圆锥面的直径。

小径（d_1、D_1）：与外螺纹牙底或内螺纹牙顶相切的假想圆柱或圆锥面的直径。

中径（d_2、D_2）：一条母线通过牙型上沟槽和凸起宽度相等处的假想圆柱或圆锥面的直径。

公称直径：代表螺纹尺寸的直径，通常指螺纹大径的基本尺寸。

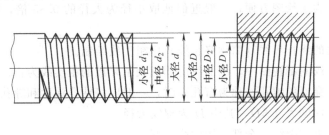

图1-48　螺纹的直径

（3）螺距和导程　螺纹上相邻两牙在中径线上对应两点间的轴向距离 P 称为螺距。在形成螺纹的同一条螺旋线上的相邻两牙在中径线上对应两点间的轴向距离 P_h 称为导程。如图1-49所示。

（4）旋向　顺时针旋转时旋入的螺纹称为右旋螺纹，逆时针旋转时旋入的螺纹称为左旋螺纹。如图1-50所示。

（5）线数　螺纹是沿一条螺旋线形成时，则该螺纹属于单线螺纹［图1-49（a）］；当螺纹是沿两条或两条以上螺旋线形成时，则该螺纹被称为多线螺纹［图1-49（b）］，如双线螺纹、三线螺纹等。

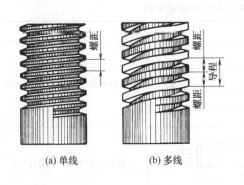

图1-49　螺纹的线数

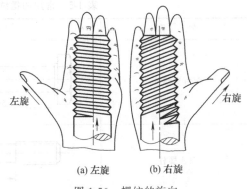

图1-50　螺纹的旋向

2. 螺纹的画法

螺纹是由空间曲线、曲面构成，其真实的投影绘制比较困难，加工制造时也不需要它的真实投影，只需要牙型尺寸即可。因此标准中规定了螺纹的简化画法。

3. 内、外螺纹的规定画法

内外螺纹画法如图 1-51 所示。

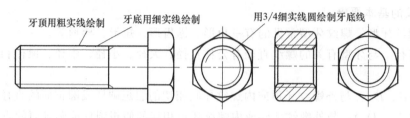

图 1-51　内外螺纹画法

（1）无论何种牙型的螺纹，螺纹的牙顶线用粗实线表示，牙底用细实线绘制，倒角或倒圆部分也应该绘出。在投影为圆的视图中，表示螺纹的细实线圆只画大约 3/4 圈，轴和孔上的倒角省略不画。为了绘图方便，一般近似地取小径为大径的 0.85 倍，即 $d_1=0.85d$（或 $D_1=0.85D$）。

（2）内外螺纹的终止界线（简称终止线）用粗实线绘制。

（3）在内外螺纹的剖视图中，剖面线应画到表示牙顶的粗实线为止。

（4）在绘制不穿通的螺孔（称为盲孔）时，一般应将钻孔深度和螺孔深度分别绘出，其钻孔深度应比螺孔深度大 $0.5D$，其中 D 为螺纹大径。

（5）对于不可见的螺纹，全部采用虚线绘制。

（6）对于非标准螺纹，其牙型可以在视图中绘出一到两个，其牙型也可以采用局部放大图表示。其余按照标准螺纹规定的画法绘出。

（7）螺纹孔与圆柱孔相交时，仅画出牙顶圆柱面与孔的交线（粗实线）；螺纹孔相交时，仅画出牙顶圆柱面的交线（粗实线）。

4. 螺纹紧固件

常见的螺纹紧固件种类很多，常见的有螺栓、双头螺柱、螺钉、螺母、垫圈等，这些零部件都是标准件，下面对其中部分紧固件连接的画法进行介绍。

（1）常见紧固件　表 1-5 列举了一些常用的螺纹紧固件的图例和标记示例，需要时可根据其标记从有关标准中查得各部分的详细尺寸。

表 1-5　常用的螺纹紧固件的图例和标记示例

名　称	图　例	标记示例
六角头螺栓	（图示，长度 50，M12）	螺栓 GB/T 5782　M12×50
双头螺柱	（图示，长度 45，M12）	螺柱 GB/T 899　M12×45

续表

名 称	图 例	标记示例
螺母	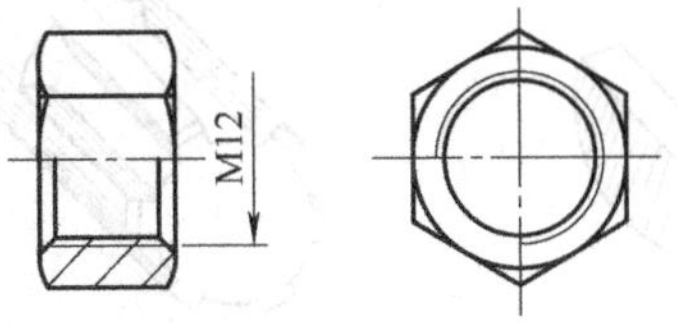	螺母 GB/T 6170 M12
平垫圈	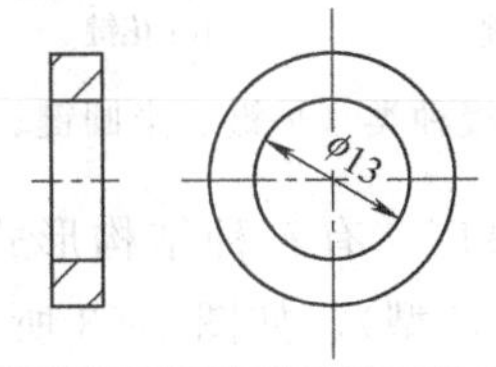	垫圈 GB/T 97.1 12-140HV
弹簧垫圈	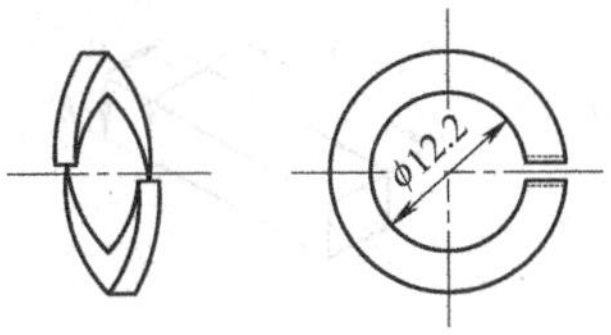	垫圈 GB/T 93 12
开槽沉头螺钉	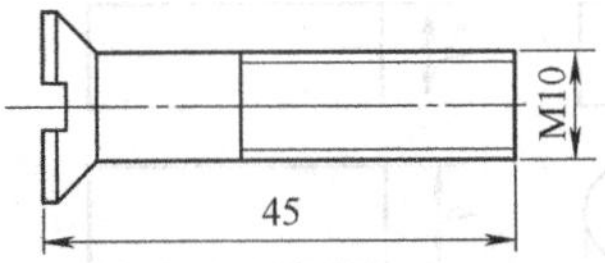	螺钉 GB/T 68 M10×45
开槽锥端紧定螺钉	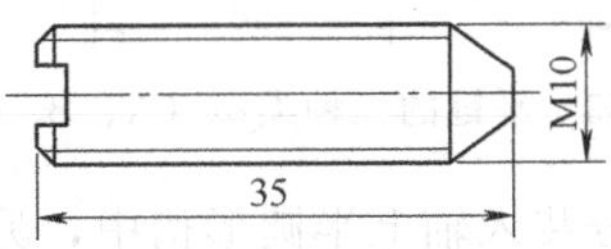	螺钉 GB/T 71 M10×35

(2) 螺栓连接　螺栓连接用于连接不太厚的并且能钻成通孔的零件。由螺栓、螺母和垫圈组成。垫圈是用以增加支承面积和防止拧紧螺母时损伤零件的表面。被连接零件的通孔直径应略大于螺纹大径（一般简化为 $1.1d$）。

(3) 双头螺柱连接　双头螺柱连接用于被连接零件中有一个较厚或由于结构上的原因不能用螺栓连接的场合。它由双头螺柱、螺母和垫圈组成。被连接零件中的一个需加工出螺孔，其余的则加工成通孔。

(4) 螺钉连接　螺钉连接一般根据其用途可以分为连接螺钉和紧定螺钉。螺钉可以单独使用，也可以与垫圈配合使用。

连接螺钉用于受力不大而且经常拆卸的场合。将螺钉直接穿过被连接零件上的通孔，然后拧入基本零件上的螺孔中，靠螺钉头部压被连接零件。

紧定螺钉通常起固定位置的作用，可以使一零件相对于另一零件不致产生位移或脱落现象。

二、键与销

1. 键连接

键通常用于连接轴和装配于轴上的零件，起到扭矩传递的作用。

常用的键种类繁多，常用的有普通平键、半圆键、花键和楔键，如图1-52所示。

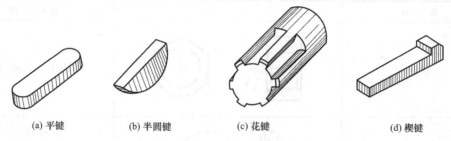

图1-52 键连接种类（平键、半圆键、花键、楔键）

（1）普通平键 普通平键应用最广，有三种结构形式：圆头普通平键（A型）、平头普通平键（B型）和单圆头普通平键（C型），如图1-53所示。

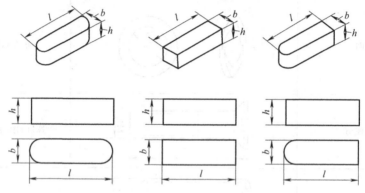

图1-53 平键的三种类型（A、B、C型）

（2）半圆键 半圆键的一部分装入轴上半圆形槽中，另一部分装入轮子的键槽中，两侧面为工作面，与轴和轮子的键槽两侧面接触，顶面留有间隙。如图1-54所示。

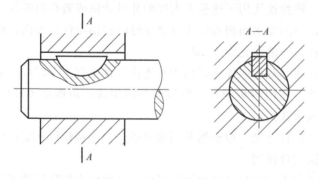

图1-54 半圆键连接方式

（3）花键 花键能传递较大的力矩，被连接件之间的同轴度和导向性好。花键的齿形有矩形、三角形和渐开线形等，矩形花键应用较广。矩形花键主要有三个基本参数，即大径D、小径d和键（槽）宽B。

2. 销连接

销是标准件，主要用于定位，也可用于连接和锁紧，常用的有圆柱销、圆锥销和开口销等。如图1-55所示为定位销、连接销和安全销。

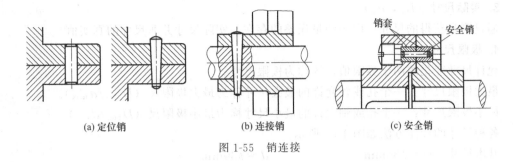

(a) 定位销　　　　　　(b) 连接销　　　　　　(c) 安全销

图 1-55　销连接

三、滚动轴承

滚动轴承是一种标准组件。由于结构紧凑，摩擦阻力小，能在较大载荷转速下工作，应用广泛。

1. 滚动轴承的构造

如图 1-56 所示，滚动轴承由内圈、外圈、滚动体、保持架等构成。一般情况下，外圈在机座的孔内，固定不动；而内圈套在转动的轴上，随轴转动。

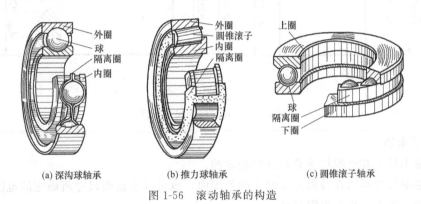

(a) 深沟球轴承　　　　(b) 推力球轴承　　　　(c) 圆锥滚子轴承

图 1-56　滚动轴承的构造

2. 滚动轴承的类型

（1）推力轴承：主要承受单向轴向载荷。

（2）径向轴承：主要承受径向载荷。

（3）径向推力轴承：能承受径向载荷与一个方向的轴向载荷。

第八节　公差与配合

一、尺寸

1. 尺寸定义

用特定单位表示长度值的数字称为尺寸。从内容上来讲，尺寸指的是长度的值，由数字和特定单位两部分组成，包括长度，宽度和中心距等。

2. 基本尺寸（D，d）

国家标准规定，设计时给定的尺寸称为基本尺寸。孔的基本尺寸用"D"表示，轴的基本尺寸用"d"表示。

3. 实际尺寸（D_a，d_a）

通过测量获得的尺寸。由于测量误差的存在，实际尺寸并非尺寸的真实值。

4. 极限尺寸

允许尺寸变化的两个界限值，统称为极限尺寸。

最大极限尺寸：一个孔或轴允许的最大尺寸称为最大极限尺（D_{max}/d_{max}）。

最小极限尺寸：一个孔或轴允许的最小尺寸称为最小极限尺（D_{min}/d_{min}）。

各种尺寸的标注方法如图 1-57 所示。

基本尺寸：$D = \phi 30 \text{mm}$ $d = \phi 30 \text{mm}$

最大极限尺寸：$D_{max} = \phi 30.021 \text{mm}$ $d_{max} = \phi 29.993 \text{mm}$

最小极限尺寸：$D_{min} = \phi 30 \text{mm}$ $d_{min} = \phi 29.980 \text{mm}$

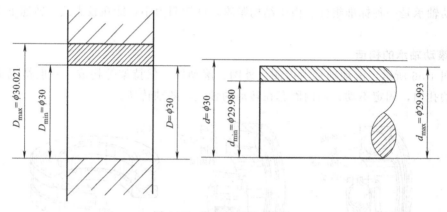

图 1-57 孔与轴的尺寸标注

5. 注意事项

（1）基本尺寸和极限尺寸是设计时给定的。

（2）基本尺寸可以在极限尺寸确定的范围内，也可以在极限尺寸所确定的范围外。即基本尺寸大于、等于、小于极限尺寸。

（3）尺寸合格的条件为：最小极限尺寸≤实际尺寸≤最大极限尺寸。

二、公差与偏差

在讨论公差和偏差之前先介绍互换性含义。为达到产品设计、制造的最佳经济效益，对产品零件、部件及构件的几何参数、物理参数，规定公差，使同类零、部件在几何量的形状和位置上、尺寸和功能上具有相互替换的性能。

1. 尺寸公差

（1）定义   零件尺寸的允许变动量。

$$公差 = 最大极限尺寸 - 最小极限尺寸$$

（2）尺寸公差计算（T）

定义：尺寸公差是最大极限尺寸减最小极限尺寸之差，即上偏差减下偏差之差。T_h——孔的公差，T_s——轴的公差。

在数值上公差等于最大极限尺寸与最小极限尺寸之代数差的绝对值。

表达式为：
$$T_h = |D_{max} - d_{min}| = |ES - EI|$$
$$T_s = |d_{max} - d_{min}| = |es - ei|$$

如图 1-58 所示，可以计算出

孔的公差：$D_{max} - D_{min} = 30.021 - 30 = 0.021$mm；

轴的公差：$d_{max} - d_{min} = 29.993 - 29.980 = 0.013$mm。

2. 尺寸偏差

(1) 定义　尺寸偏差是指某一尺寸减其基本尺寸所得的代数差。由于尺寸有极限尺寸、实际尺寸之分，因此偏差可分为极限偏差和实际偏差。

公差＝上极限偏差－下极限偏差

(2) 极限偏差　极限尺寸减其基本尺寸所得的代数差称为极限偏差。

由于极限尺寸有最大极限尺寸和最小极限尺寸之分，极限偏差又可分为上偏差和下偏差。

① 上偏差：最大极限尺寸减基本尺寸所得代数差，$ES = D_{max} - D$，$es = d_{max} - d$。

② 下偏差：最小极限尺寸减其基本尺寸所得的代数差，$EI = D_{min} - D$，$ei = d_{min} - d$；偏差可以为正值、负值、零值。

③ 上、下偏差在图纸上的标注为：基本尺寸$^{上偏差}_{下偏差}$，例 $\phi 30^{+0.03}_{-0.01}$。

【例】　已知某孔基本尺寸为 $\phi 50$mm，最大极限为 $\phi 50.068$mm，最小极限尺寸为 $\phi 50.011$mm，试求上偏差、下偏差各为多少？

解　　　　　　　$ES = D_{max} - D = 50.068 - 50 = +0.068$mm

　　　　　　　　　$EI = D_{min} - D = 50.011 - 50 = +0.011$mm

3. 零线与尺寸公差带图

(1) 零线　表示基本尺寸的一条直线称为零线。

(2) 画法　通常将零线沿水平方向绘制，在其左端画出表示偏差大于的纵坐标轴并标上"0"和"＋"、"－"号，在其左下方画上单向箭头的尺寸线，并标上基本尺寸值。

正偏差位于零线上方，负偏差位于零线下方，零偏差与零线重合。

(3) 公差带　在公差带图中，由代表上、下偏差的两条直线所限定的一个区域称为尺寸公差带，简称公差带。

为了清晰地表达上述各量及相互关系，一般采用极限与配合公差带图，在图中将公差和极限偏差部分放大，如图 1-58 所示。

公差带图解定义：不必画出孔与轴的全形，只要按着标准的规定将有关的部分放大画出来的图示方法称为尺寸公差带图解。

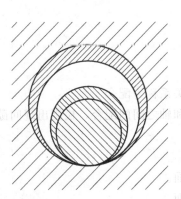
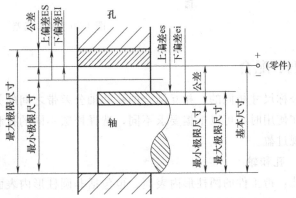

图 1-58　公差图示

三、标准公差与基本偏差

1. 标准公差

公差带由公差带大小和公差带相对零线的位置（如基本偏差）两个要素确定。公差带大小由标准公差来确定。标准公差有 20 个等级：IT01、IT0、IT1、IT2、…、IT17、IT18。IT 表示标准公差，数字表示公差等级。IT01 公差值最小，精度最高；IT18 公差值最大，精度最低。

选用公差等级的原则是：在满足机器使用要求的前提下尽量采用较低等级，以降低制造成本。通常：

IT01～IT1——用于精密量块和计量器具等的尺寸公差。

IT2～IT5——用于精密零件的尺寸公差。

IT5～IT12——用于有配合要求的一般机器零件的尺寸公差。

IT12～IT18——用于不重要或没有配合要求的零件的尺寸公差。

2. 基本偏差

由国家规定的确定公差带相对于零线位置的上或下极限偏差，一般为靠近零线的那个偏差。孔和轴分别规定了 28 个基本偏差。代号使用拉丁字母按顺序表示，大写字母表示孔的基本偏差代号，小写字母表示轴的基本偏差代号，如图 1-59 所示。

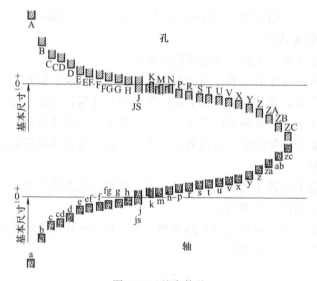

图 1-59 基本偏差

四、配合

公称尺寸相同的、相互结合的孔和轴公差带之间的关系称为配合。

在使用时，可以根据要求不同，选择松紧不同的孔和轴之间的配合，松则出现间隙，紧则出现过盈。

1. 孔和轴

孔：指工件的圆柱形内表面，也包括非圆柱形内表面。

轴：指工件的圆柱形外表面，也包括非圆柱形外表面。

2. 配合

基本尺寸相同的，相互结合的孔和轴公差带之间的关系称为配合。

3. 配合的种类

（1）间隙配合　具有间隙（包括最小间隙等于零）的配合。孔的公差带在轴的公差带之上。

① 最小间隙（$X_{\min}$）　对于间隙配合，孔的最小极限尺寸减轴的最大间隙尺寸所得的代数差称为最小间隙。

$$X_{\min}=D_{\min}-d_{\max}=(D+\text{ES})-(d+\text{es})=\text{EI}-\text{es}$$

② 最大间隙（$X_{\max}$）　对于间隙配合，孔的最大极限尺寸减轴的最小极限尺寸所得的代数差称为最大间隙。

$$X_{\max}=D_{\max}-d_{\min}=(D+\text{ES})-(d+\text{ei})=\text{ES}-\text{ei}$$

最大间隙也等于孔的上偏差减去轴的下偏差的代数差。

（2）过盈配合　具有过盈（包括最小过盈等于零）的配合。孔的公差带在轴的公差带之下。

（3）过渡配合　可能具有间隙或过盈的配合。孔的公差带与轴的公差带相互交叠。

五、配合的基准制

当尺寸确定之后，为了得到孔与轴之间各种不同性质的配合，如果孔和轴公差带都可以任意变动，则配合的情况变化过多，不利于零件的设计和制造，所以国家标准规定了两种不同的配合制度：基孔制配合；基轴制配合。

（1）基孔制配合　基本偏差为一定的孔的公差带与不同基本偏差的轴的公差带形成各种配合的一种制度，称为基孔制配合。

（2）基轴制配合　基本偏差为一定的轴的公差带，与不同基本偏差的孔的公差带形成各种配合的一种制度，称为基轴制配合。

第九节　技术测量的基本知识

一、技术测量的概念

测量：将被测几何量与作为计量单位的标准量进行比较，从而确定被测几何量是计量单位的倍数或分数的过程。

检验：指只确定被测几何量是否在规定的极限范围之内，从而判断被测对象是否合格，而无须给出具体的数值。

1. 常用测量工具

精度不高的尺寸测量可以使用钢直尺和内、外卡钳。精度要求较高的尺寸则需要使用游标卡尺或者千分尺等紧密量具。

2. 游标卡尺的使用

（1）游标卡尺的结构和用途

① 三用游标卡尺：由尺身、游标、深度尺、刀口内测量爪、外测量爪组成。
② 双面游标卡尺：由尺身、游标、深度尺、刀口内测量爪、外测量爪、微动装置等组成。
③ 单面卡尺：由尺身、游标、深度尺、刀口内测量爪、微动装置等组成。
适用范围：测量外径、孔距、壁厚、沟槽及深度等。

(2) 游标卡尺的刻线原理和读法

分类：按测量精度分 1/20mm（0.05mm）和 1/50mm（0.02mm）两种，其中 1/50mm 应用广泛。

刻线原理：

① 1/20mm（0.05mm）游标卡尺 尺身上每小格是 1mm，当两量爪合并时，游标上的 20 格刚好与尺身上的 19mm 对正，主副尺格差为 1－19/20＝0.05mm，所以其测量精度为 0.05mm。

② 1/50mm（0.02mm）游标卡尺 尺身上每小格是 1mm，当两量爪合并时，游标上的 50 格刚好与尺身上的 49mm 对正，主副格差为 1－49/50＝0.05mm，所以其测量精度为 0.05mm。

(3) 读法

① 读出副尺上零线左面主尺的毫米整数；
② 读出副尺上与主尺刻对齐的那条刻线的数值；
③ 把两个数值相加即为测得尺寸。

(4) 使用游标卡尺的注意事项 将卡尺的测量面用软布擦干净，卡尺的两个量爪合拢，应密不透光。测量时，保持合适的测量力。读数时，视线应与尺身表面垂直，避免产生视觉误差。

二、几何公差

1. 几何公差的定义和作用

零件在加工过程中由于受各种因素的影响，加工后的零件不仅有尺寸误差，构成零件几何特征的点、线、面的实际形状或相互位置与理想几何体规定的形状和相互位置还不可避免地存在差异，这种差异统称为几何公差，根据各自特征细分为形状公差、方向公差、跳动公差和位置公差。

作用：在加工中，对零件的尺寸误差加以限制，根据零件的使用要求，并考虑到制造的工艺性和经济性，规定出合理的几何公差，用以限制形状和位置误差，保证零件的使用性能。

2. 几何公差的代号

在机械制图中，几何公差往往使用代号标注，只有当无法使用代号标注的时候，才会考虑使用文字说明。形位公差代号由以下几部分组成：公差符号、框格、公差值、指引线、基准代号和其他相关符号组成。

3. 几何公差框格及基准代号

几何公差符号见表 1-6，几何公差框格及基准代号如图 1-60 所示。

指引线箭头指向被测要素表面或其延长线，箭头方向一般为公差带方向。框格中字符高度与尺寸数字高度相同。基准中字母一律水平书写。

表 1-6 几何公差符号

公差	特征项目	符号	有无基准	示 例
形状	直线度	—	无	— 0.1
	平面度	⌓	无	⌓ 0.01
	圆度	○	无	○ 0.1
	圆柱度	⌭	无	⌭ 0.1
轮廓	线轮廓度	⌒	有或无	⌒ 0.04 A
	面轮廓度	⌓	有或无	⌓ 0.1 A
定向	平行度	∥	有	∥ 0.01 C
	垂直度	⊥	有	⊥ 0.03 A
	倾斜度	∠	有	∠ 0.1 A
定位	位置度	⊕	有或无	⊕ φ0.3 A B
	同轴(同心)度	◎	有	◎ φ0.05 A-B
	对称度	≡	有	≡ 0.05 A

续表

公差	特征项目	符号	有无基准	示例
跳动	圆跳动	∕	有	
	全跳动	∕∕	有	

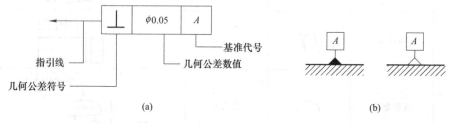

图 1-60 几何公差框格及基准代号

4. 几何公差的公差带定义说明示例

（1）直线度 所有点在一条直线上的情况，公差由两条平行线组成的区域确定。

（2）平面度 表面上的点，都在一个平面上，公差由两个平行平面形成的区域来表示。

（3）圆度 表面上的点都在圆周上，公差由两个同心圆限制的区域来确定。

在垂直于轴线的任一正截面上，该圆必须位于半径差为公差值 0.02 的两同心圆之间。

（4）圆柱度 旋转表面上的所有点都与公共轴等距，圆柱公差制定了两个同心圆柱所形成的公差区域，此旋转表面必须在此区域中。

（5）轮廓度 控制不规则表面、线条、弧形或普通位面的定义公差方式。轮廓可适用于单个线条元件或者零件的整个表面。轮廓公差指定了沿着实际轮廓的唯一边界。

（6）倾斜度 表面与轴处于指定角度的情况。公差区域是由两个平行平面定义的，这两个平行平面与数据平面或轴成指定的基本角度。

（7）垂直度 表面或轴与数据平面或轴成直角的情况。垂直公差指定了下列情况之一：由垂直于数据平面或轴的两个平面定义的区域，或者由垂直于数据轴的两个平行平面所定义的区域。

（8）平行度 表面与轴上所有点与数据平面或轴等距的情况。平行度公差指定了下列情况之一：平行于数据平面或轴的两个平面或线定义的区域，或者其轴平行于数据轴的圆柱公差区域。

（9）同轴度 旋转表面的所有交叉可组合元素的轴，是数据特征的公共轴。同心度公差指定了其轴与数据轴一致的圆柱公差区域。

三、粗糙度

1. 表面粗糙度

零件表面经加工后看起来很光滑，但在显微镜下观察，便会发现有很多高低不平的粗糙度痕迹,如图 1-61 所示。这种零件表面上所存在的较小间距和峰谷组成的微观几何特征为表面粗糙度。

粗糙度是评定零件质量的重要指标,对零部件的耐磨性、耐腐蚀性、疲劳强度等都有较大影响。

2. 评定表面结构常用的轮廓参数

零件表面结构的状况,可以使用轮廓参数、图形参数、支撑率曲线参数加以评定。

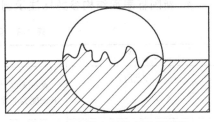

图 1-61 光滑表面放大后的图样

算术平均偏差 Ra。指在一个取样长度内,纵坐标 $Z(x)$ 绝对值的平均值。

$$Ra = 1/n(|Y_1| + |Y_2| + \cdots + |Y_n|)$$

Ra 参数能充分反映表面微观几何形状高度方面的特性,且测量方便,因而标准推荐选用 Ra。

算术平均偏差示意图如图 1-62 所示。

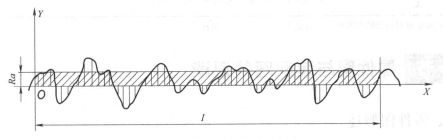

图 1-62 算术平均偏差示意图

3. 图形符号及含义

在图样中,可以用不同的图形符号来表示对零件表面结构的不同要求。表面结构的图形符号及其含义如表 1-7 所示。

表 1-7 表面结构图形符号及其含义

符号名称	符号样式	含义及说明
基本图形符号	√	未指定工艺方法的表面;基本图形符号仅用于简化代号标注,当通过一个注释解释时可单独使用,没有补充说明时不能单独使用
扩展图形符号	▽	用去除材料的方法获得表面,如通过车、铣、刨、磨等机械加工的表面;仅当其含义是"被加工表面"时可单独使用
	▽	用不去除材料的方法获得表面,如铸、锻等;也可用于保持上道工序形成的表面,不管这种状况是通过去除材料或不去除材料形成的
完整图形符号	▽ ▽ ▽	在基本图形符号或扩展图形符号的长边上加一横线,用于标注表面结构特征的补充信息
工件轮廓各表面图形符号	▽ ▽ ▽	当在某个视图上组成封闭轮廓的各表面有相同的表面结构要求时,应在完整图形符号上加一圆圈,标注在图样中工件的封闭轮廓线上

4. 新国标表面结构参数标注示例（表 1-8）

表 1-8　新国标表面结构参数标注示例

代　号	含义/说明
∇ Ra 1.6	表示去除材料，单向上限值，默认传输带，R 轮廓，粗糙度算术平均偏差 1.6μm，评定长度为 5 个取样长度（默认），"16％规则"（默认）
∇ Rz max 0.2	表示不允许去除材料，单向上限值，默认传输带，R 轮廓，粗糙度最大高度的最大值 0.2μm，评定长度为 5 个取样长度（默认），"最大规则"
∇ U Ra max 3.2 L Ra 0.8	表示不允许去除材料，双向极限值，两极限值均使用默认传输带，R 轮廓，上限值：算术平均偏差 3.2μm，评定长度为 5 个取样长度（默认），"最大规则"，下限值：算术平均偏差 0.8μm，评定长度为 5 个取样长度（默认），"16％规则"（默认）
铣 ∇ -0.8/Ra3 6.3 ⊥	表示去除材料，单向上限值，传输带：根据 GB/T 6062，取样长度 0.8mm，R 轮廓，算术平均偏差极限值 6.3μm，评定长度包含 3 个取样长度，"16％规则"（默认），加工方法：铣削，纹理垂直于视图所在的投影面

注：新国标和旧国标的参数标注位置是不同的，这一点请注意。

第十节　零件图与装配图的识读

一、零件图概述

机器是由不同零部件按一定的技术要求装配而成。零件图是表示零件结构、大小及技术要求的图样，是生产加工过程中进行加工制造与检验零件质量的重要技术文件。

零件图的基本内容由以下部分构成：

（1）视图　用视图、剖视图、断面及其他画法，正确、完整、清晰地表达出零件的结构和形状。

（2）完整尺寸　正确、完整、清晰、合理地标注出零件加工所需全部尺寸。

（3）技术指标　使用国家标准规定的代号、数字、字母和文字准确简明地给出零件加工、制造和检验时应达到的各项技术要求及标准。（尺寸公差、几何公差、表面粗糙度和热处理）。

（4）标题栏　注明零件名称、材料、件数、比例以及设计、审核和批准人员的签名和签名时间等。

二、零件图的识读

1. 读图的要求

读零件图，目的是了解零件的名称、所用材料和它在机器或部件中的作用，同时应全面分析、理解设计意图，拟定合理的加工方案。通过识读零件图应熟悉和掌握零件各部分的形状和相对位置关系及其加工工艺和技术要求。

2. 读图的方法及步骤

（1）看零件图的方法　形体分析、线面分析、典型零件类比法。

（2）看零件图的步骤

① 首先看标题栏，整体把握，了解零件的名称、材料、比例等，初步认定零件属于哪一类及其外观特征、大致用途，并通过装配图查询相关技术资料。

② 纵览全图，详细分析视图，想象出零件的形状。先看主要部分，再看次要部分。使用形体分析法抓特征部分，分别将组成零件的各个形体的形状想象出来。局部不懂的地方，采用线面分析法仔细分析，辨别清楚。最后综合起来考虑总体。

③ 分析尺寸和技术要求。根据零件的类型，分析尺寸标注的基准及标准形式，找出定形、定位和总体尺寸，分析尺寸是否完整标注。确定零件各部分表面粗糙度要求，配合部分的精度要求。

三、装配图

1. 装配图的作用

用来表达机器或部件的结构组成、装备关系、技术要求并反映其工作原理的图样，称为装配图。表达一台完整机器的图样称为总装配图；表达某一部件的图样称为部件装配图。

机器或部件在生产过程中，需要先进行设计，制作出装配图，然后根据装配图画出零件图；制造部门先根据零件图制造零件，然后再根据装配图将零件装配成机器。装配图是安装、调试、操作和检修机器或部件必不可少的技术资料。

2. 装配图的内容

完整装配图包括以下四个方面内容：

(1) 一组视图　用来表达装配体的构造、工作原理、零件间的装配与连接关系以及主要零件的结构形状。

(2) 必要的尺寸　标注出装配体零件间的配合、连接关系和装配体规格、外箱尺寸等。

(3) 技术要求　用文字符号说明机器或零件在装配、检验、调整等方面的要求。

(4) 零件序号、明细栏和标题栏　要求对装配图中的组成零件编写序号，并填写标题栏和明细栏。

3. 装配图画法

之前所学的基本视图、断面图、剖视图等各种常用表达方法，均适用于装配图。当然，装配图具有自身的特点，即更着重表达装配体的结构特点、工作原理以及各零件间的装配关系。国家标准规定了基本画法规定和特殊画法规定。

在装配图中，为了明显区别不同零件，并确切表达出各零件之间的装配关系，有以下规定画法。

(1) 接触面和配合面的画法　两零件相邻，接触面和配合面只画一条线，两基本尺寸不同的非配合面和非接触面，即使间隙较小，必须画成两条线。

(2) 剖面线画法　同一零件的剖面线在各剖视图、断面图中必须保持方向的一致性，间隔也要求相等。

相邻两零件的剖面线方向应相反，无法做到相反（多个零件邻接）其间隔可以不等。

当装配图中零件剖面厚度小于 2mm，允许以剖面涂黑代替剖面线。

(3) 紧固件和实心零件画法　对于实心零件和紧固零件（螺栓、螺母、螺栓、垫圈、键、销、实心轴和连杆等），若剖切平面通过它们的轴线或者对称平面，则这些零件均按不剖绘制；需要时，使用局部剖视图。当剖切平面垂直于紧固件或者实心零件的轴线剖切时，这些零件按剖视绘制。

4. 装配图的尺寸标注

装配图与零件图由于用途的不同，所以其标注方法有区别，最重要的区别在于，装配图无需注出零件全部尺寸，只需要标注与部件性能、规格、装配、安装、运输、使用有关的尺寸。

（1）装配尺寸　用于表达机器上各零件之间的装配关系的尺寸，被称为装配尺寸，用于保证机器的工作精度和性能要求，包括配合尺寸和相对位置尺寸。

（2）性能规格尺寸　表达机器及部件的性能、规格和特征的尺寸。在设计时给定，作为依据，用于设计、了解和选用机器。

（3）安装尺寸　将机器部件安装到其他机器上或者其他工作位置上需要确定的尺寸。

（4）外形尺寸　表示机器的外形轮廓的尺寸，例如整体长度、整体宽度和机器的高度。反映出机器所占空间尺寸，也是机器在包装、运输和安装时所需要的数据。

（5）其他重要尺寸　设计中通过计算而确定的尺寸，如运动极限位置尺寸，主要零件重要尺寸等，在作拆装图时，不能改变。

5. 装配图的技术要求

技术要的各项内容，一般使用文字或者表格书写在图样空白处，内容较多时，可以另附技术文献，但公差配合与表面结构要求应当标注在视图上。

一般要求标注出以下几个方面：

（1）装配要求（装配过程中）　装配过程中的注意事项及装配后应当达到的标准。

（2）使用说明（装配后）　对机器使用、保养、维修时的要求。如工作温度、绝缘要求、工作速度要求等。

（3）性能检验要求（装配后）　对基本性能检验试验方法及应达到的技术指标的要求与说明。

（4）其他要求　部件性能、规格、运输时注意事项等要求。

实训　减速器零件测绘

一、实训内容

减速器是位于原动机和工作机之间，用以改变转速和转矩的机械传动装置。常用的减速器已经标准化和规格化，用户可根据各自的工作条件进行选择。对于单级齿轮减速器，传动比 $i=n_1/n_2=z_2/z_1$。减速器种类较多，本次测绘为单级直齿圆柱齿轮减速器。

（1）减速器的结构认知与拆装　拆卸、装配减速器，测量、记录相关尺寸，徒手绘制减速器装配示意图，分析减速器附件结构，绘制减速器装配图、减速器附件非标准零件工作图。

（2）轴系零件的结构分析与测绘　拆卸轴上全部零件，分析轴系结构，测量、记录零件尺寸，徒手绘制零件示意图，绘制轴、齿轮轴、蜗杆、轴承端盖、轴套、调整环等零件工作图。

（3）传动零件的结构分析与测绘　分析齿轮、蜗轮、圆锥齿轮结构，测量、记录零件尺寸，徒手绘制零件示意图，绘制齿轮、蜗轮、圆锥齿轮零件工作图。

二、实训目的

根据实物,先画出零件草图,再画出装配图和零件图,这一过程即部件测绘。生产实际中,维修机器或技术改造在没有现成技术资料的情况下,常需要对现有机器或部件进行测绘,以获得相关资料。学习中,进行零部件测绘是实训和检验绘制机械图样基本能力的重要实践性环节。

(1) 巩固前期机械识图制图的基础知识;

(2) 熟悉机械传动原理,机械零件的结构特点,结构设计,标准件的选择,零件材料的选择等一系列问题;

(3) 加深理解零件各项技术要求的意义和标准方法;

(4) 进一步提高绘图能力。

三、实验器材

常用拆装工具一套、制图工具一套。

四、操作步骤

1. 了解分析和拆卸部件

(1) 对测绘对象全面了解和分析是测绘工作的第一步。

仔细观察减速器,掌握它的性能、功用、工作原理、运动传递关系和运转情况;分析零件直接的连接和装配关系;分析减速器的拆装顺序、外轮廓尺寸,主要部件的相对位置等。

(2) 拆卸部件。

拆卸部件时要认真地研究每个零件的作用、结构特点及零件之间的装配关系,正确判断配合性质和加工要求。如减速器,应按上下箱体及其附件、上下箱体连接件、两轴系零件这三大部分划分。

要注意正确拆卸,合理使用工具,防止零件碰伤、丢失、损坏,保证再行装配。对于已经拆解下的零部件,要分类,分组编号保存。

图 1-63 单级直齿圆柱齿轮减速器示意图

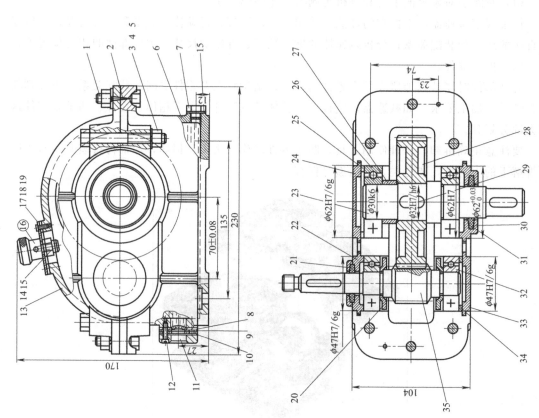

图 1-64 减速器装配图

2. 测绘零件，画出零件草图

零件草图是画装配图和零件图的依据。

3. 画出装配图

装配示意图是以简单的线条和国标规定的简图符号，以示意方法表示每个零件位置、装配关系和部件工作情况的记录性图样。

画单级齿轮减速器装配图，建议按如下步骤进行：

（1）先画主视图　在主视图中，应以底面为基准先画下箱体；再画上箱体及其附件、上下箱体连接件；然后对几处作必要的局部剖视。

（2）画俯视图　沿箱体结合面剖切，按投影关系定准两轴中心距，画下箱体的轴承座孔、内壁和周边凸缘、螺栓孔、螺栓断面、定位销断面和油沟等结构；再将两轴座落在下箱体的轴承座孔上，依次画出两轴系零件及其轴承端盖，注意轴上零件的轴向定位关系和画法。俯视图亦可沿结合面作全剖视，即不保留上箱体的局部外形。

（3）画左视图　按投影关系，处理好左视图上应反映的外部结构形状及其位置，注意过渡线画法。下箱体底缘上的安装孔，如不在主视图上作局部剖视，亦可改在左视图上作此处局部剖视。

4. 标注装配图上的尺寸和技术要求

（1）尺寸　装配图中需标注五类尺寸：

① 性能（规格）尺寸；

② 装配尺寸（配合尺寸和相对位置尺寸）；

③ 安装尺寸；

④ 外形尺寸；

⑤ 其他重要尺寸。

（2）技术要求　装配图中的技术要求包括配合要求，性能、装配、检验、调整要求，验收条件，试验与使用、维修规则等。

单级直齿圆柱齿轮减速器示意图如图 1-63 所示。减速器装配图如图 1-64 所示。

复习与思考题

一、填空题

1. 纸幅面按尺寸大小可分为五种，图纸幅面代号分别为_____、_____、_____、_____、_____。
2. 绘图比例可分为_____、_____和_____三种。
3. 三视图投影对应关系是_____、_____和_____。
4. 剖视图主要有_____、_____和_____三种。
5. 尺寸三要素分别为_____、_____和_____。
6. ϕ 是指平面上_____，$S\phi$ 是_____，而 R 则表示_____。EQS 表示_____。
7. 螺纹的五要素是_____。
8. 在工程技术中为了准确地表达机械、仪器、建筑物等物的形状、结构和大小，根据投影原理标准或有关规定画出的图形，叫做_____。
9. 机件的真实大小以图样上所标注的尺寸数值为依据与_____无关。
10. 一张完整的零件图应包括下列四项内容：_____、_____、

_____、_____。

11. 表达机件的外部结构形状的视图通常有_____、_____、_____和_____。

12. 极限尺寸减其基本尺寸所得的代数差称为_____。

13. 基本尺寸相同的、相互结合的孔和轴公差带之间的关系，称为_____。

14. 根据孔和轴之间的配合松紧程度，可以分为三类：_____、_____和_____。

二、简答题

1. 互换性的定义以及其意义。
2. 基本偏差和上下偏差。
3. 公差及公差带的定义。
4. 间隙配合和过盈配合的概念。
5. 断面图与剖视图的区别。

三、根据给出的形体部分投影，作出完整三视图。

1.

2.

3.

4.

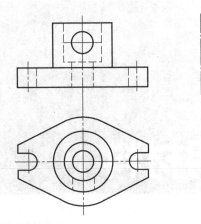

四、作出指定位置的剖视图。

1.

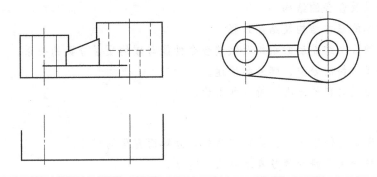

2.

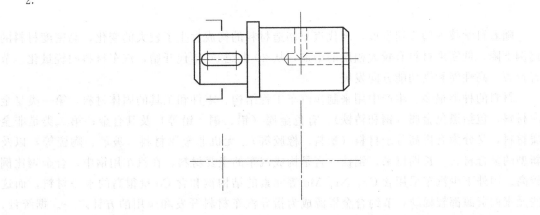

第二章 汽车常用材料

知识目标

1. 了解金属及合金的结构。
2. 了解晶体的基本结构及结晶过程。
3. 掌握铁碳合金结晶后的组织及铁碳合金性能与碳的质量分数的关系。
4. 了解金属材料的分类、牌号和用途。
5. 了解非金属材料的分类、特点和用途。

能力目标

1. 掌握铁碳合金的组织及性能随碳的质量分数而变化的规律。
2. 掌握各种金属材料的牌号表示方法及特点。
3. 掌握金属材料和非金属材料在汽车上的应用。

随着科学技术的飞速发展，现代汽车制造材料的构成发生了较大的变化，高密度材料的比例下降，低密度材料有较大幅度的增加，从 20 世纪 90 年代开始，汽车材料向轻量化、节省资源、高性能和高功能方向发展。

材料的种类很多。生产中用来制作汽车工程结构、零件和工具的固体材料，第一类是金属材料，包括黑色金属（钢和铸铁）、有色金属（铝、铜、铅等）及其合金；第二类是非金属材料，又分为有机高分子材料（塑料、橡胶等）、无机非金属材料（玻璃、陶瓷等）以及新型的复合材料。长期以来，钢铁一直是构成汽车的主要材料，在汽车用钢中，合金钢比例较高。国外不少汽车采用含 Cr、Ni、Mo 等元素的结构钢和含 Co 量很高的永磁材料，而这些元素的资源都较稀缺，节约合金资源成为指导汽车材料开发和应用的方针之一。据统计，构成汽车的零件约有两万多个，汽车上的零部件采用了四千余种不同的材料加工制造，其中约 86％是金属材料，而在金属材料中，钢铁材料占了 80％。金属材料之所以能够广泛应用，是由于它具有优良的使用性能和工艺性能，易于制成性能、形状都能满足使用要求的机械零件、工具和其他制品。而金属材料中的钢铁材料性能较好，价格不高，是汽车的主要用材，在现代轿车中钢铁材料超过 2/3。有色金属材料（常用为铝、铜合金）在汽车中使用不如钢铁普遍，但其具有钢铁材料所不及的特性，在汽车中应用正在稳步上升。

非金属材料及复合材料也各有特点，与汽车的安全性、经济性、舒适性密切相关，在汽车中的应用正在逐步增加。

第一节　金属材料的性能

材料的性能与其成分、组织及加工工艺密切相关，金属材料可通过不同的热处理方法来改变金属的表面成分和内部组织结构，以获得不同的性能，从而满足不同的使用要求。

金属材料实际上是以一种金属元素为基体，加入其他金属元素或非金属元素而形成的具有金属特性的材料。

金属材料的性能一般分为两大类，使用性能和工艺性能见表2-1。

表2-1　金属材料的性能

		力学性能	强度、塑性、硬度、冲击韧性、抗疲劳性等
使用性能	金属材料在使用过程中所表现出来的特性	物理性能	密度、导电性、导热性、热膨胀性、磁性等
		化学性能	抗氧化性、抗腐蚀性等
		其他性能	耐磨性、吸振性等
工艺性能	金属材料在加工制造过程中表现出来的特性	铸造性能、压力加工性能、焊接性能、切削加工性能、热处理性能等	加工制造过程中，表现出来的是否容易被加工成型及加工特性等

所有性能中，力学性能最为重要，它是产品设计和选择材料时的主要依据，所以熟悉和掌握金属材料的力学性能非常必要。

一、金属材料的力学性能

（一）强度

强度是抵抗永久变形和断裂的能力。按载荷的作用形式分为拉伸、压缩、弯曲、剪切、扭转等几种，载荷的作用形式不同，金属的强度判据不同。拉伸强度判据应用最普遍、测试方法最简单，通常采用拉伸试验法，在拉伸试验机上进行。

试验前，先按国家标准GB/T 228—2010规定将材料制成一定形状和尺寸的标准试样，如图2-1所示。图中 d_0 为试样的直径；l_0 为试样的原始标距长度。

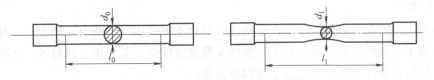

图2-1　普通低碳钢圆形拉伸试样

试验时，在一根标准试样的两端缓慢地施加试验力，随着力不断增加，试样长度逐渐增加，直至拉断为止。在整个拉伸试验过程中，将拉力 F 与其所对应的试样的伸长量绘成曲线，便得到拉伸曲线。图2-2为低碳钢的拉伸曲线。

从图2-2可看出低碳钢拉伸过程分为下面几个变形阶段：

Oe——弹性变形阶段。试样的变形量与外加载荷成正比，载荷卸掉后，试样恢复到原来的尺寸。这一阶段，试

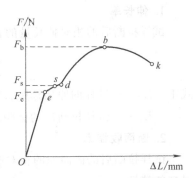

图2-2　低碳钢的应力-应变曲线

样变形量与载荷成正比。这时如果卸除载荷，试样便会恢复到试验前的原有状态，这种变形称为弹性变形。

es——屈服阶段。此时不仅有弹性变形，还发生了塑性变形，即载荷卸掉后，一部分形变恢复，还有一部分形变不能恢复。s 点为屈服点。当外载荷增大超过 F_e 后，试样进一步变形，且外载荷去除后一部分变形消失，另一部分变形不能消失，即试样不能完全恢复到原来的形状。这种不能恢复的变形称为塑性变形。

sd——明显塑性变形阶段。该段载荷不再增加，试样却继续变形。在此阶段，尽管外载荷不增加或增加很少，但变形量继续增大，在拉伸图上出现近似水平线，这种现象称为屈服。

db——强化阶段。为使试样继续变形，载荷必须不断增加。随着塑性变形增大，材料变形抗力也逐渐增加。当外载荷超过 F_s 后，尽管外载荷增加不大，但试样变形量却很大，直至 b 点。且 b 点的外载荷 F_b 为最大。

bk——缩颈阶段。当载荷达到最大值时，试样的直径发生局部收缩，称为"缩颈"，此时变形所需的载荷逐渐降低。当载荷增大到 F_b 后，试样的某一部位的截面开始急剧减小，产生缩颈现象，其抵抗外载荷的能力下降，此时即使不增加外载荷，试样仍然被拉断。工业上使用的金属材料，有些是没有屈服现象的。有些脆性材料不仅没有屈服现象而且也不产生缩颈。

k 点——试样发生断裂。

金属材料的强度指标根据其变形特点分为以下几个：

弹性极限值，表示材料保持弹性变形，不产生永久变形的最大应力；

屈服极限（屈服强度），表示金属开始发生明显塑性变形的抗力；

强度极限（抗拉强度），表示金属受拉时所能承受的最大应力。

以上三个强度指标具有重要的实际意义。例如，汽车上许多零件都不允许产生过量的塑性变形，像汽缸盖螺栓，就是以屈服极限为设计依据。强度极限也是设计零件时的主要依据之一。

（二）塑性

塑性是指材料在载荷作用下，产生塑性变形而不被破坏（不断裂）的能力。材料的良好塑性，有利于金属的冷冲压成型加工。如汽车驾驶室外壳、车厢板、油箱等，在其成型过程中，若金属材料塑性不好，则在成型时容易开裂。

衡量材料塑性好坏的指标是伸长率和断面收缩率。

1. 伸长率

试样拉断后的相对伸长量的百分比，称为伸长率，用符号 A 表示。

$$A = \frac{L_u - L_0}{L_0} \times 100\%$$

式中　L_0——试样的原始标距长度；

　　　L_u——试样拉断后的标距长度。

2. 断面收缩率

试样拉断后的截面积的相对收缩量称为断面收缩率，用 Z 表示，Z 比 A 更能真实反映材料的塑性。

$$Z = \frac{S_0 - S_u}{S_0} \times 100\%$$

式中　S_0——试样原始横截面积；

　　　S_u——试样拉断处的横截面积。

（三）硬度

硬度是指材料表面抵抗局部塑性变形、压痕或划痕的能力。它是材料的一个重要力学性能。硬度测试应用最广泛的是压入法，即在一定载荷作用下，将比工件更硬的压头缓慢压入被测工件表面，使金属局部塑性变形而形成压痕，然后根据压痕面积大小或压痕深度来确定硬度值。

虽然硬度与强度间没有严格的对应关系，但可以通过大量实验数据找出粗略的换算关系。

而硬度试验设备简单，操作容易，性能测试时又不损坏金属零部件。所以，可通过硬度试验检验工具和零件的质量。

广泛应用的硬度试验有布氏硬度和洛氏硬度试验等。

1. 布氏硬度

(1) 测定原理与方法　布氏硬度试验原理是用直径为 D（mm）的硬质合金刚球作为压头，以规定的压力 F（N），将其压入被测试样表面，如图 2-3 所示，保持规定时间 t（s）后卸除试验力，试样表面将留下球形压痕。压痕平均直径 $d = \frac{d_1 + d_2}{2}$，其中 d_1、d_2 为两互相垂直方向测量的压痕直径。当 F 单位为 kN，d 单位为 mm 时，布氏硬度值为

$$布氏硬度值 = 0.102 \frac{2F}{\pi D(D - \sqrt{D^2 - d^2})}$$

通常，布氏硬度值不标出单位。布氏硬度表示方法为：硬度值、硬度符号 HBW、硬质合金球直径、试验力、试验力保持时间（10～15s 不标出），其中后三项之间各用斜线隔开。如 350HBW5/750、600HBW1/30/20。

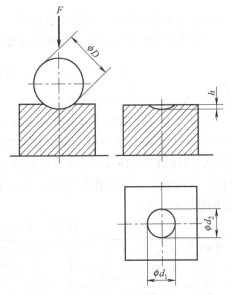

图 2-3　布氏硬度试验原理

(2) 试验规范　硬度值测定时，由于金属材料有软有硬，被测工件有薄有厚，有大有小，如果只采用一种标准的试验力 F 和压头直径 D，有些材料和工件则不适应，国家标准规定了常用布氏硬度试验规范。

(3) 布氏硬度的测量　工程实际中，硬度值无需按照数学公式计算。布氏硬度计标准配置中一般都包括一个 20 倍的压痕读数显微镜，用于读取压痕直径 d，根据压痕直径与布氏硬度对照表可查出相应的布氏硬度值，这是目前普遍采用的测量手段。但会造成较大的人为测量误差，而且工作效率极低。随着电子技术的进步，一种全新的、高智能化的便携式布氏压痕自动测量仪已逐渐被采用，当在被测件上压好压痕后，只要将测量头放置在压痕上，即可通过硬度仪器的显示屏直接读取压痕直径 d，有的甚至还可直接读取布氏硬度值。

(4) 布氏硬度测量特点　一般来说，布氏硬度值越小，材料越软，其压痕直径越大；反之，布氏硬度值就越大，材料越硬。布氏硬度测量的优点是具有较高的测量精度，压痕面积

大，能在较大范围内反映材料的平均硬度，而不受个别组成相及微小不均匀性的影响。测得的硬度试验数据稳定，重复性强。

（5）应用范围　布氏硬度测量法适用于铸铁、非铁合金、各种退火及调质钢，不宜测定太硬、太小、太薄和表面不允许有较大压痕的试样或工件。

2. 洛氏硬度

洛氏硬度试验以测量压痕深度表示材料的硬度值。

（1）原理与测定方法　洛氏硬度试验以顶角为$120°$的金刚石圆锥或直径为$1.588mm$的硬质合金球作为压头，先施加初载荷F_0使压头与试样表面良好接触，再施加主载荷F，保持规定时间后卸掉主载荷，根据压入试样表面留下的深度来测

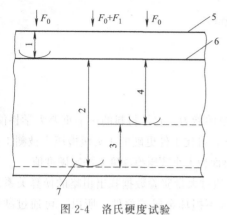

图 2-4　洛氏硬度试验
1—初试验力F_0下的压入深度；2—由主试验力F_1引起的压入深度；3—卸除主试验力F_1后的弹性回复深度；4—残余压力深度h；5—试样表面；6—测量基准面；7—压头位置

定材料的洛氏硬度值，用符号 HR 表示，洛氏硬度试验原理如图 2-4 所示。

材料的压痕深度越浅，其洛氏硬度越高；反之，洛氏硬度越低。计算公式为

$$洛氏硬度 = N - \frac{h}{S}$$

式中　N、S——常数（表 2-2）；

h——卸掉主载荷后残余压入深度，mm。

（2）试验条件及应用　根据压头的种类和总载荷的大小，洛氏硬度常用的表示方式有 HRA～HRH 和 HRK，常见洛氏硬度的试验条件、使用范围及 N、S 值见表 1-2。其中以 HRC 应用最广，如洛氏硬度表示为 62HRC，表示用金刚石圆锥压头，总载荷为 1471N 测得的洛氏硬度值。

表 2-2　常见洛氏硬度的试验条件及使用范围

硬度符号	总载荷	硬度值范围	使用范围	N	S
HRA	599.4N(60kgf)	70～85HRA	硬质合金、表面淬硬层、渗碳层等	100	0.02
HRB	980.7N(100kgf)	25～100HRB	有色金属、退火及正火钢等	130	0.02
HRC	1471N(150kgf)	20～67HRC	调质钢、淬火钢等	100	0.02

实际测定时，硬度值的大小直接由洛氏硬度计表盘或液晶屏上读出。

（3）优缺点　洛氏硬度测定设备简单，操作迅速方便，可用来测定各种金属材料的硬度。压痕小，可在工件上进行试验，且不损坏零件，因而适合于成品检验。但由于压痕小，低表性差，需多点测量，一般取 3 点，然后取平均值。若材料中有偏析及组织不均匀等缺陷，则所测硬度值重复性差，分散度大。此外，不同标尺测得的硬度值彼此没有联系，不能直接比较。

（四）韧性

在汽车运行时，汽车的许多零件要受到一些突然施加的外力作用。如发动机曲轴、弹簧钢板、大梁、前工字梁等在汽车启动、制动及速度突然改变时，都会受到突然施加的力作用。这种突然作用的力称为冲击载荷。

受冲击载荷作用的零件不仅要有较高的强度和一定的硬度，还要有足够的韧性，以防止零件受冲击载荷作用而破坏。

目前，衡定材料韧性的方法是摆锤式一次能量冲击试验。

把带有缺口的试样放在一次摆锤试验机上，测定金属承受冲击载荷的能力。如图 2-5 所示。在实际应用中，直接从试验机上读出摆锤打断试样所作的冲击功 A_k，然后将冲击功 A_k 的值除以试样缺口处的横截面积 A 便得到冲击韧度值 a_k。

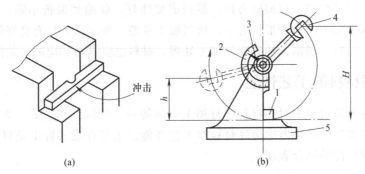

图 2-5　摆锤式冲击试验原理示意图
1—试样；2—刻度盘；3—指针；4—摆锤；5—机架

a_k 值大，表示材料韧性好，耐冲击。有些材料在一般室温时测定的 a_k 值不低，而在低温时，稍受冲击即产生脆性断裂，因为塑性材料随着温度的降低也会逐渐变脆，说明不同温度范围材料的冲击韧度不同，这一点对低温工作的零件影响较大。

（五）疲劳

许多汽车零件，如齿轮、轴、弹簧等，往往在工作时并不产生明显的塑性变形而会突然发生断裂，具有很大的危险性。这些零件在工作中受到大小或大小及方向随时间呈周期性变化的应力作用，此应力称为交变应力。在交变应力的作用下，虽然零件所承受的应力远低于材料的抗拉强度（强度极限），有时甚至小于屈服极限时就发生断裂，这种现象称为金属的疲劳或疲劳断裂。

材料承受的交变应力，与材料断裂前承受交变应力的循环次数 N 之间的关系可用疲劳曲线来表示，如图 2-6 所示。金属承受的交变应力越大，则断裂时应力循环次数 N 越少。当应力低于一定值时，试样可以经受无限周期循环而不破坏，此应力值称为材料的疲劳极限（亦叫疲劳强度），用 σ_{-1} 表示。由于无数次应力循环次数的试验是无法完成的，工程上一般规定：对于钢铁循环次数为 10^7，所对应的应力即为 σ_{-1}；有色金属、不锈钢则规定 $N=10^8$。

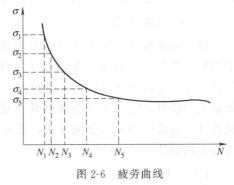

图 2-6　疲劳曲线

金属的疲劳极限受到很多因素的影响，主要有工作条件、表面状态、材质、残余内应力等。改善零件的结构形状、降低零件表面粗糙度以及采取各种表面强化的方法，都能提高零件的疲劳极限。

疲劳断裂破坏的原因一般认为是：由于材料内部有气孔、疏松、夹杂等组织缺陷，表面有划痕、缺口等引起应力集中的缺陷，导致产生微裂纹，随着循环次数的增加微裂纹逐渐扩展，最后造成工件突然断裂破坏，因此，提高材料、工件疲劳强度的途径，除改善内部组织、外部形状和表面状态，减小和避免应力集中外，还可通过表面强化处理和减小表面粗糙度值，如表面滚压、喷丸处理等，进一步提高疲劳强度。

金属零件、结构，都是将金属坯料进行一系列加工处理而制成的。工艺性能是反映金属材料接受各种加工和处理时难易的适应程度，对产品质量、加工生产率和生产成本等，都有很大影响，不同的成型、加工和处理方法，对材料有不同的工艺性能要求。如浇注成型，要求材料易熔化、流动性好、充型能力好，凝固成型性好，收缩和偏析小等；塑性变形成型，要求材料塑性变形能力大而变形抗力小；切削加工成型，要求材料具有良好的切削加工性能等。进行焊接、胶接、切割、热处理等加工处理，材料也应具有相应的工艺性能。

二、金属材料的工艺性能

机械零件在制造过程中对其材料进行加工，如铸造、焊接、切削等。为了使工艺简单、产品质量好、成本低，必须考虑金属材料的工艺性能。工艺性能实际上是材料的力学性能、物理性能和化学性能的综合表现。

（一）铸造性能

铸造是将熔化的金属或合金，注入铸型型腔内，待其凝固后而得到一定形状和性能的零件的方法。金属的铸造性能是指能否将金属材料用铸造方法制成优良铸件的性能。它取决于金属的流动性、收缩性和偏析等。生产中常根据金属的铸造性能，调整铸造工艺，以获得合格的铸件。流动性好的金属材料有充满铸型的能力，浇注后的铸件轮廓清晰，无浇注不足现象，能够铸出大而薄的铸件。收缩性是指金属浇注后在铸型中凝固时铸件体积的收缩量，收缩率小的金属，铸件冷却后缩孔小，表面无空洞，不容易因收缩不均匀而引起开裂，尺寸比较稳定。铸件的几种主要缺陷如裂纹、疏松、变形等，都与金属的收缩率有关。因此，要获得性能良好的铸件，应选用收缩率小的金属。偏析是指铸件凝固后各处化学成分的不均匀性，若偏析严重，将使铸件力学性能变坏。

铸造能生产其他加工方法难以加工的箱体、壳体等形状复杂、大小不等的零件或毛坯。铸铁、钢、有色金属是常用的铸造材料，其中灰铸铁和青铜铸造性能较好。

（二）锻造性能

锻造是使加热后的工件坯料利用静压力或冲击力作用而产生塑性变形，从而获得一定形状工件的工艺方法。常以生产零件毛坯为主，精密锻造也可以直接制成零件。金属的锻造性能是指金属锻压的难易程度。若金属在锻压时塑性好，变形抗力小则说明该金属锻造性能好，它取决于金属的化学成分、组织结构及变形条件。在高温下材料一般锻造性好。与高碳钢和合金钢相比，低碳钢、中碳钢及部分有色金属和合金锻压性能良好，铸铁不能锻造。

（三）焊接性能

焊接是将两部分金属，通过加热或加压借助原子间的结合力，使它们牢固地连接成整体的工艺方法。金属材料的焊接性能是指材料在通常的焊接方法和焊接工艺条件下，能否获得质量良好的焊缝的性能。焊接性能好的材料，易于用一般的焊接方法和工艺进行焊接，焊缝中不易产生气孔、夹渣或裂纹等缺陷，其强度与母材接近。焊接性能差的材料要用特殊的方法和工艺进行焊接。焊接后金属产生裂纹的可能性与金属本身的化学成分和性能有关。例如，碳钢的焊接性能比合金钢好；合金元素含量低的焊接性能就比合金元素含量高的好；含碳量低的碳钢焊接性能比含碳量高的好。铸铁由于组织中存在石墨，所以焊接性较差。

焊接的优点：减轻零件或结构件的重量，生产周期短，效率高，成本低；焊接结构的强度高，气密性好；能节约金属，减少切削加工量，并能制造锻造、铸造等加工工艺无法生产的大型容器和框架结构件等。例如，汽车车身、车架一般是焊接而成。

（四）切削加工性能

切削加工性能是指工件材料进行切削加工的难易程度。金属的切削加工性能好，即它经过切削加工成为合格产品的难度小，且刀具寿命长；反之切削性能差。切削加工性能好的材料易于高效获得加工表面质量好的零件，而加工性能不好的材料，不易获得高质量表面的工件，甚至不能切削加工。金属材料的切削加工性能，不仅与材料本身的化学成分、金相组织有关，还与刀具有关。通常，可根据材料的强度和韧性对切削加工性能作大致的判断。硬度过高或过低以及韧性过大的材料，切削加工性能较差。碳钢硬度为150~250HBS时，有较好的切削加工性能。材料硬度过高，使刀具寿命短或不能切削加工；材料硬度过低，不易断屑，容易粘刀，加工后表面粗糙。灰铸铁具有良好的切削加工性能。

（五）热处理性能

金属的热处理性能是指金属能否通过热处理工艺来改善或提高金属的力学性能。有色金属一般不易进行热处理。通常碳钢、合金钢可以用热处理来改变其内部组织结构，甚至改变金属表面一定厚度的化学成分，以达到改善材料力学性能的目的。中碳钢、高碳钢及中碳合金钢、高碳合金钢具有较好的热处理工艺性。

第二节 黑色金属（钢、铸铁及其合金）

工业上，通常把金属材料分为两大类：黑色金属（铁基）和有色金属（非铁基）。黑色金属是以铁为基本元素的合金，如钢、铸铁及其合金，它们在工业中得到极其广泛的应用；有色金属是指除钢铁等材料以外的其他所有金属材料，如铝、铜、镁及其合金。

一、金属与合金的内部结构

材料的性能取决于其化学成分与内部的组织结构。材料的化学成分不同，性能当然不同；然而化学成分相同的材料，通过热处理改变其组织结构，性能也会差别很大。所以，首先应该了解金属及合金的组织结构。金属和合金的内部结构主要是指晶体结构和显微组织。

（一）金属晶体结构基本知识

所有的固态金属和合金都属于晶体。晶体结构是指原子的结合方式及原子在金属和合金内部的排列方式。显微组织是指显微镜下观察到的晶粒及各种组成相的不同形态、大小、数量及分布。

1. 晶格

为了便于描述晶体内部原子排列的规则，可将原子近似地看成一个点，称为结点；再用假想的直线连接结点，形成空间几何格架，这种假想的空间格架称为结晶格子，简称晶格。

2. 晶胞

由于晶体中原子排列规律，因此可以在晶格内取一个能代表晶格特征的、由最少数目的原子排列成最小结构单元来表示晶格，称为晶胞。晶格就是由许多形状、大小和位向相同的晶胞在空间重复叠堆而成的。

晶胞三个棱边的长度称为晶格常数，用 a、b、c 表示，棱边夹角用 α、β、γ 表示。当 $a=b=c$ 和 $\alpha=\beta=\gamma$ 时，这种晶胞称为简单立方晶胞。简单立方晶格与晶胞示意图如图 2-7 所示。

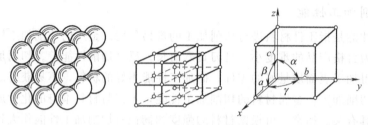

图 2-7　简单立方晶格与晶胞示意图

3. 金属晶格的基本类型

在金属元素中，常见的晶格类型有体心立方晶格、面心立方晶格和密排六方晶格三种。

(1) 体心立方晶格　这种晶格的晶胞是一个立方体，立方体 8 个顶角和立方体中心各有 1 个原子，如图 2-8 所示。晶胞顶角的原子，实际上是晶格中邻近的 8 个晶胞所共用，只有晶胞中心的原子为该晶胞独有，所以体心立方晶格每个晶胞的实有原子数为 2 个。

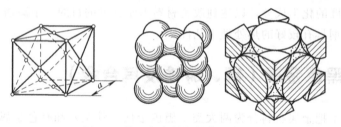

图 2-8　体心立方晶格晶胞示意图

属于体心立方晶格的金属有铬、钼、钒、钨和 α 铁等。

(2) 面心立方晶格　这种晶格的晶胞也是立方体，8 个顶角和 6 个面的中心都各有 1 个原子，如图 2-9 所示。同样，晶胞顶角原子为邻近 8 个晶胞共有，各面中心的原子为相邻 2 个晶胞共有，所以面心立方晶格晶胞的实有原子数为 4 个。

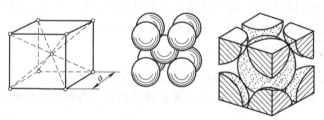

图 2-9　面心立方晶格晶胞示意图

属于面心立方晶格的金属有铝、铜、镍、金、银和 γ 铁等。

(3) 密排六方晶格　这种晶格的晶胞是一个正六方柱体，12 个顶角和上、下面中心各有 1 个原子，晶胞内部还有 3 个原子，如图 2-10 所示。密排六方晶格晶胞的实有原子数为 6 个。

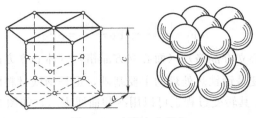

图 2-10 密排立方晶格

属于密排六方晶格的金属有镁、锌、铍、钛等。

4. 晶体的各向异性

晶体中不同的晶面和晶向上原子密度不同，原子间结合力也不同，因此晶体在不同晶面和晶向上表现出不同的性能，即各向异性。但在实际金属材料中，一般却见不到它们具有这种各向异性的特征，这是因为实际晶体结构与理想晶体结构有很大的差异所致。

（二）金属的实际晶体结构

晶体内部的晶格位向完全一致的晶体称为单晶体。金属的单晶体只能靠特殊的方法制得。

实际使用的金属材料都是由许多晶格位向不同的微小晶体组成，每个小晶体都相当于一个单晶体，内部晶格位向是一致的，而小晶体之间的位向却不相同。这种外形呈多面体颗粒状的小晶体称为晶粒。晶粒与晶粒之间的界面称为晶界。由许多晶

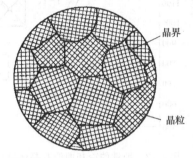

图 2-11 金属的多晶体结构

粒组成的晶体称为多晶体，如图 2-11 所示。由于多晶体的性能是位向不同晶粒的平均性能，故可认为金属（多晶体）是各向同性的。

二、碳钢

以铁为基础的铁碳合金统称为钢铁材料，它是由多种材料组成的复杂合金，但最基本的元素是铁和碳两种元素，因此通常称为铁碳合金。

含碳量低于 2.11% 的铁碳合金称为碳素钢，简称碳钢；含碳量大于 2.11% 的铁碳合金称为铸造生铁。认识铁碳合金的本质，首先从铁开始，然后研究铁和碳的相互作用，以便掌握铁碳合金成分、组织结构与性能之间的关系。

（一）纯铁的同素异晶转变

一般金属冷却结晶后，晶格类型不再变化，一直保持至室温，如铜等金属。但有一些金属，如铁、钴、锰、钛、锡等，在固态因温度变化而会发生晶格类型的变化。金属这种在固态时随温度变化而晶格类型发生变化的现象，称为同素异晶转变，也称同素异构转变。

研究纯铁的冷却结晶过程，发现纯铁具有典型的同素异晶转变特征。纯铁熔液从高温冷至 1538℃ 以下，结晶成具有体心立方晶格的 δ-Fe；固态的 δ-Fe 继续冷却至 13940℃ 以下，铁原子重新排列，由体心立方晶格的 δ-Fe 转变为面心立方晶格的 γ-Fe；再继续冷至 912℃ 以下，面心立方晶格的 γ-Fe 又转变为体心立方晶格的 α-Fe。再继续冷却，晶格类型不再发生变化，一直保持体心立方晶格的 α-Fe 至室温。如果将室温的纯铁进行加热，上述转变可

逆向进行，即：

$$\delta\text{-Fe} \xrightleftharpoons{1394℃} \gamma\text{-Fe} \xrightleftharpoons{912℃} \alpha\text{-Fe}$$

（体心立方晶格）（面心立方晶格）（体心立方晶格）

纯铁的同素异晶转变是钢铁热处理的主要基础，也是钢铁材料的性能可以调节改善并得到广泛应用的重要原因。其转变过程也可以用冷却曲线表示，如图 2-12 所示。

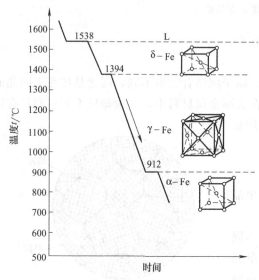

图 2-12　纯铁的冷却曲线及晶体结构变化

（二）铁碳合金的基本组织

纯铁有良好的塑性，但强度较低，一般不用其制造机械零件。在纯铁中加入少量碳，强度和硬度便可得到提高，因为铁和碳互相结合，形成了合金组织。在固态铁碳合金中，铁和碳的结合方式有两种：一种是碳原子溶解到铁的晶格中形成固溶体；另一种是铁和碳原子按一定比例相互化合形成化合物。

因此铁和碳相互作用而形成的基本组织有：铁素体、奥氏体、渗碳体、珠光体和莱氏体。

1. 铁素体（F）

铁素体是碳溶于 α-Fe 中形成的间隙固溶体，用 F 表示。铁素体保持 α-Fe 的体心立方晶格。碳在 α-Fe 中的溶解度很小，室温下接近于零，在 600℃时 $w_C=0.008\%$，至 727℃时有最大溶解度 $w_C=0.0218\%$。铁素体强度、硬度很低，塑性和韧性好，性能近似工业纯铁，一般很少单独用作工程结构材料。铁素体是单相固溶体，是铁碳合金组织中的重要基本相。

2. 奥氏体（A）

奥氏体是碳溶于 γ-Fe 中形成的间隙固溶体，用 A 表示。奥氏体保持 γ-Fe 的面心立方晶格。由于面心立方晶格原子间的空隙比体心立方晶格大，所以能溶解较多的碳，即奥氏体的碳溶解度较大，在 727℃时 $w_C=0.77\%$，在 1148℃时达最大值 $w_C=2.11\%$。由于 γ-Fe 通常在高温条件下存在，所以在一般情况下奥氏体也只能在高温下存在。

奥氏体有一定的强度、硬度和良好的塑性、韧性，适于进行锻压加工。奥氏体也是单相固溶体，是铁碳合金组织中存在于 727℃ 以上温度的重要高温相。

3. 渗碳体（Fe_3C）

渗碳体是铁和碳形成的具有复杂晶格的金属化合物，用 Fe_3C 表示。其碳的质量分数 $w_C=6.69\%$，硬度高而塑性、韧性极低，熔点为 1227℃，是铁碳合金中性能硬脆的重要强化相，能以片状、球状和网状等不同大小形态、不同数量和分布状况存在于铁碳合金组织中，对铁碳合金性能有重大影响。渗碳体是亚稳定金属化合物，在一定条件下可分解为铁和石墨（C），是铸铁石墨化的重要机理。

4. 珠光体（P）

珠光体是由铁素体和渗碳体组成的两相复合组织，用 P 表示。珠光体是碳的质量分数 $w_C=0.77\%$ 的奥氏体在 727℃时固态转变分解的产物，因此珠光体的碳的质量分数也是

0.77%，其转变过程是从单相固溶体奥氏体中，同时析出两种互不相溶的组织，即铁素体和渗碳体，组成两相复合组织，这一转变称为共析转变，相应的温度和成分称共析温度和共析成分，产物（珠光体）称共析体。

珠光体的显微组织为黑白交替的片层状组织，组织致密，性能介于铁素体和渗碳体之间，具有较高的强度、硬度和足够的塑性、韧性，是铁碳合金组织中的重要基本组织。

5. 莱氏体（Ld）

莱氏体是由奥氏体和渗碳体组成的复相组织，用 Ld 表示。莱氏体是碳的质量分数 $w_C=4.3\%$ 的铁碳合金熔液在 1148℃ 时直接由液态结晶转变的产物。其转变过程是从熔液中同时结晶出固态的奥氏体和渗碳体，组成复相组织，这种转变称为共晶转变，相应的成分、温度和产物，称为共晶成分、共晶温度和共晶体。

随着温度下降至 727℃（共析温度），莱氏体中的奥氏体将发生共析转变而转变为珠光体。因此在此温度以下，莱氏体组织转变为珠光体和渗碳体，这种莱氏体称为低温莱氏体或变态莱氏体。

莱氏体和变态莱氏体的渗碳体含量大，性能与渗碳体相近，硬度高、脆性大、塑性差，是铁碳合金组织中的脆性组织。

（三）铁碳合金相图

铁碳合金相图是表示不同成分的铁碳合金在缓慢加热、冷却条件下，不同温度时的组织状态的图形，又称铁碳合金状态图或铁碳合金平衡图。铁碳合金相图是制订热加工工艺和选材的重要依据，也是钢铁热处理的主要理论基础。

铁碳合金中的碳，可以溶入铁的晶格而形成固溶体，也可以与铁形成 Fe_3C、Fe_2C 和 FeC 等一系列金属化合物。由于碳的质量分数高的 Fe_2C 和 FeC 脆性很大，无实用价值，因此一般只研究碳的质量分数 $w_C<6.69\%$ 的铁碳合金。所以通常说的铁碳合金相图，实际上只是 $Fe-Fe_3C$ 这一部分相图。图 2-13 为简化后的 $Fe-Fe_3C$ 相图，左上角部分已简化，这只是为了便于研究分析。

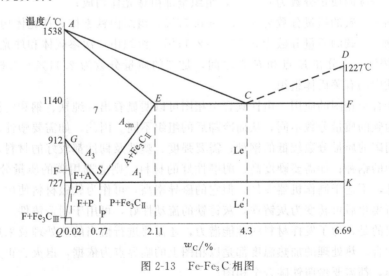

图 2-13 $Fe-Fe_3C$ 相图

（1）铁碳合金相图中主要点、线的意义　相图的纵坐标表示温度，横坐标表示碳的质量分数。横坐标左端（原点）为 $w_C=0\%$，是纯铁；右端为 $w_C=6.69\%$，是 Fe_3C。

ACD——液相线。此线以上全部为液态金属，冷却到此线时开始结晶凝固。碳的质量分数在此线范围结晶出奥氏体；在 CD 线范围结晶出渗碳体，称为一次渗碳体，用符号 Fe_3C_I 表示。

$AECF$——固相线。合金在此线以下为固态，加热到此线时开始熔解。

ECF——共晶线。液态合金冷却到此线时发生共晶反应。

GS——亦称 A_3 线。奥氏体冷却到此线时，开始析出铁素体。

ES——亦称 A_{cm} 线，是碳在奥氏体中的溶解度曲线。奥氏体冷却到此线时，碳以渗碳体形式开始析出，称为二次渗碳体（Fe_3C_{II}）。

S——共析点。碳的质量分数 0.77% 的奥氏体冷却到此点时，就同时析出铁素体和渗碳体而组成机械混合物，即珠光体 P。

GP——奥氏体冷却到此线时，全部转变成铁素体。

PSK——亦称 A_1 线。各种成分的液态铁碳合金冷却到此线时，其中奥氏体的碳的质量分数都成为 0.77% 而发生共析反应形成珠光体，所以此线亦称共析线。

PQ——碳在铁素体中的溶解度曲线。铁素体冷却到此线时析出渗碳体，称为三次渗碳体 Fe_3C_{III}。

C——共晶点。碳的质量分数 4.3% 的液态合金冷却到此点时发生共晶反应，形成奥氏体和渗碳体的机械混合物，称为高温莱氏体 Le。继续冷却到 727℃ 时发生共析转变，形成珠光体与渗碳体的机械混合物，称为低温莱氏体 Le'。

(2) 铁碳合金的分类　在铁碳合金相图中，按照组织和性能，可分为工业纯铁、钢和白口铸铁三类。

① 工业纯铁：成分在 P 点左面，是碳的质量分数小于 0.02% 的铁碳合金。其组织全部由铁素体构成，工业上应用较少。

② 钢：成分在 P 点与 E 点之间，是碳的质量分数为 0.02%～2.11% 的铁碳合金。根据室温下组织的不同，可以 S 点为界分为：

共析钢——碳的质量分数为 0.77%，组织全部由珠光体构成；

亚共析钢——碳的质量分数为 0.02%～0.77%，组织由铁素体和珠光体构成；

过共析钢——碳的质量分数为 0.77%～2.11%，组织由二次渗碳体和珠光体构成。

③ 白口铸铁：成分在 E 点和 F 点之间，是碳的质量分数为 2.11%～6.69% 的铁碳合金。白口铸铁中均有莱氏体组织。

(3) 铁碳合金相图的应用　由铁碳合金相图可以明显看出，纯铁、钢和铸铁之所以性能不同，是因为碳的质量分数不同，从而冷却后的组织不同。因此，如需要塑性、韧性高的材料，则可选用碳的质量分数较低的钢种；需要强度、塑性及韧性都较好的材料，可选用碳的质量分数适中的钢种；如需要硬度高、耐磨性好的材料，则应选用碳的质量分数高的钢种。纯铁的强度低，不适于制作机器零件，但它的磁导率高，可作为软磁材料使用。白口铸铁硬而脆，但经石墨化后可转变为灰铸铁，灰铸铁的流动性好，可用于制造铸件。

需要指出的是，为了发挥材料的性能潜力，还需要进行恰当的热处理及采用合理的加工工艺与之相配合。热处理的加热温度都是以相图上的临界点为依据，退火、正火、淬火等加热温度的选择，都需要参照铁碳合金相图。

(四) 碳及几种杂质元素对碳素钢性能的影响

碳素钢是工业上用量最多的金属材料。碳素钢的冶炼简便，价格低廉，在一般情况下均能满足使用要求。它广泛应用于建筑、交通运输及机械制造业中。例如，汽车的外壳、车架、车桥、转向系等，其中的零部件材料很多采用的是碳素钢。

在实际使用的碳素钢中，由于冶炼的原因，都含有少量的硅、锰、硫、磷等杂质元素。这些元素对碳钢的性能产生一定的影响，为此对其在钢中的含量均有严格的控制。

1. 碳

碳是决定钢性能的主要元素。当钢中的碳的质量分数低于0.77%时，其碳的质量分数越高，钢的强度和硬度也越高，而塑性和韧性也越低。当超过1.0%以后，钢的硬度仍将升高，但钢的强度、塑性和韧性都将显著下降，脆性也增大。

碳的质量分数对钢的加工工艺性能也有较大的影响。碳的质量分数低的钢的强度低，塑性好，容易锻造和冷加工成型（如冷弯、冷冲压、冷挤、冷铆）。此外，碳的质量分数低的钢的焊接性能良好，采用一般的焊接方法就能获得良好的焊接质量。反之，碳的质量分数高的钢的塑性变形抗力增加，塑性变形能力差而不易冷压力加工成型，且随着钢中碳的质量分数的增大其可焊接性能逐渐变差。

2. 锰

锰是炼钢时作为脱氧除硫的元素，它以锰铁合金形式加入钢中。锰具有很好的脱氧能力，它与钢液中的氧结合，形成氧化锰（MnO）钢渣，降低钢中含氧量，从而改善钢的质量。锰的另一个重要作用是与硫化合，形成硫化锰（MnS），以消除硫在钢中的有害作用。锰也能溶于铁素体和渗碳体形成$(FeMn)_3C$，提高钢的强度和硬度，但也降低了钢的塑性。碳素钢的含锰量一般为0.5%～0.8%，锰在钢中为有益元素。一般锰在钢中的质量分数控制在0.25%～0.8%，最多也不超过1.2%。

3. 硅

硅在钢中也是一种有益元素。它能与钢液中的氧化合，形成二氧化硅（SiO_2），再与其他氧化物（FeO，MnO，Al_3O_2）结合形成硅酸盐钢渣，降低钢的含氧量，可使钢质致密。硅在碳钢中含量一般小于0.5%，它能溶于铁素体，使铁素体强化，从而使钢的强度、硬度、弹性提高，而塑性、韧性降低。

4. 硫

硫是随生铁、废钢和燃料进入钢中的有害元素。硫在钢中不溶于铁，以FeS形式存在，其熔点为1190℃。而FeS还会与Fe反应形成熔点只有985℃的共晶硫化物（FeS-Fe）分布在晶界上。当对钢铁材料进行轧制和锻造热加工时，由于钢材的热压加工温度均高于共晶硫化物温度，而造成共晶硫化物在晶界熔化而引起钢材的开裂，这种现象称为"热脆"。

钢中硫的含量应有严格的控制。普通钢硫的质量分数不得大于0.055%，优质钢和高级优质钢硫的质量分数应分别小于0.040%和0.030%。

5. 磷

磷也是随同矿石、生铁和废钢进入钢中的有害杂质。磷在钢中全部溶入铁素体中，可使钢的强度、硬度有所提高，却使室温下钢的塑性、韧性急剧降低，尤其是低温更为严重。这种在低温时使钢严重变脆的现象，称为"冷脆"。在易切削钢中适当地提高硫、磷的含量，增加脆性，可以提高切削效率，延长刀具寿命。

（五）碳素钢的分类及应用

碳素钢的分类方法很多，可按冶炼方法、碳的质量分数、品质、金相组织及用途等进行分类，下面介绍几种主要的分类方法。

按碳的质量分数分：低碳钢（$w_C \leq 0.25\%$）、中碳钢（$w_C = 0.25\% \sim 0.60\%$）、高碳钢（$w_C > 0.60\%$）。

按用途分：结构钢、工具钢、特殊性能钢。

按质量分：普通钢、优质钢、高级优质钢。

(1) 普通碳素结构钢　普通碳素结构钢简称为普通碳钢。由于普通碳素结构钢的价格便宜，在性能中能满足一般工程构件及普通零件的要求，又具有良好的工艺性能，如焊接性能、冷冲压性能等，因此用途极广，用量甚大。

我国碳素结构钢标准（GB/T T00—1988）规定普通碳素结构钢的牌号由钢材屈服强度"屈"字汉语拼音首位字母Q、屈服强度值（单位MPa）、质量等级符号（A、B、C、D）、脱氧方法符号（F为沸腾钢，B为半镇静钢，Z为镇静钢）四部分按顺序组成。其中A级的硫、磷等杂质的含量最高。

普通碳素结构钢的规定牌号有Q195、Q215、Q235、Q255、Q275五类。例如：Q235-A、F即表示屈服强度值为235MPa（MN/m²）的A级沸腾钢。

牌号规定了A、B、C、D四种质量等级，除了A级钢中的硫、磷含量与原普通结构钢（GB/T 700—2006）相同外，其余三种等级的质量均有所提高，C、D级已属于优质钢，可作为重要焊接结构用。

常用结构钢的牌号、化学成分、性能及应用见表2-3。

表2-3　常用结构钢的牌号、性能及应用

类别	钢号	抗拉强度/MPa	布氏硬度 HBS	工艺性	淬火硬度 HRC	应用
普通碳素钢	Q235A	235	—	焊接性好，切削加工性不好，良好的韧性和锻造性	—	车厢板件、制动器底板、拉杆、销、键、法兰轴、螺钉等
优质碳素钢	08	327	131	焊接性好，切削加工性差，良好的韧性和冷冲性	—	驾驶室、油箱、离合器等
	15	372	143		56~62 渗碳	离合器分离杠杆、风扇叶片、驻车制动杆等
	35	529	187	切削加工性好		
	45	597	197		30~40 45~55	凸轮轮、曲轴、转向节主销等

普通碳素结构钢含硫、磷及其他非金属杂质较多，但价格便宜，产量高，所以大量用于金属结构或汽车上要求不高的零件。

Q195、Q215、Q235等几种钢的塑性较好，焊接性能良好，适用于金属构件的制造；而Q255、Q275钢的强度较高，适用于制造承受中等载荷的机械构件。

碳素结构钢的用途如下。

Q195、Q215钢：对强度要求不高的零件，如铆钉、垫圈、开口销等。因塑性好，可用于冲压零件。

Q235钢：对强度要求一般的零件，如螺钉、螺母、螺栓、心轴拉杆等。

Q255、Q275钢：对强度要求较高的零件，如转轴、摇杆、齿轮等。

(2) 优质碳素结构钢　碳的质量分数为0.05%~0.9%，有害杂质含量很少，塑性和韧性较好，一般均需进行热处理以提高力学性能。由于其性能比普通碳素结构钢好，所以应用广泛，主要用于制造较重要的机械零件，比如汽车中的大部分零件。

优质碳素结构钢的牌号用两位数字表示，其两位数字表示钢中平均碳的质量分数的万分数。如 40 钢，表示平均碳的质量分数为 0.40% 的优质碳素结构钢。钢中锰的质量分数较高（0.7%～1.2%），在数字后面附以符号"Mn"，如 65Mn 钢，表示平均碳的质量分数 0.65%，并含较多锰（0.9%～1.2%）的优质碳素结构钢。高级优质钢在数字后面加"A"；特级优质钢在数字后面加"E"。

优质碳素结构钢按碳的质量分数又可分为低碳钢（碳的质量分数在 0.25% 以下）、中碳钢（碳的质量分数为 0.25%～0.60%）和高碳钢（碳的质量分数为 0.60%～0.85%）。

低碳钢强度低，塑性、韧性好，易于冲压加工，主要用于制造受力不大、韧性要求高的汽车车驾驶室、车门、散热器罩等冲压件和焊接件。

中碳钢强度较高，塑性和韧性也较好，一般需经正火或调质处理后使用，应用广泛。主要用于制作齿轮、连杆、轴类、套筒、丝杠等零件。

高碳钢经热处理后，可获得较高的弹性极限、足够的韧性和一定的强度，常用来制作弹性零件和易磨损的零件，如转向系接头弹簧、弹簧垫圈和各种卡环、锁片等。

优质碳素结构钢中有害杂质硫、磷的含量较少，钢厂既保证钢的化学成分又保证钢的力学性能。这类钢多在热处理后广泛使用，用于制造要求较高的零件。

08F、08、10 等钢的碳的质量分数较低、塑性好，广泛应用于冷冲压成型构件，如汽车驾驶室外壳、油箱等。

15、20 等几类钢塑性好，有良好的冷冲压性能和焊接性能，用于冷冲压构件和需经过热处理（如渗碳、氮化）而尺寸较小但需承受一定载荷的零件，如凸轮、小齿轮、摩擦片、活塞销、摇臂、挺柱、变速叉等。

30、35、40、45 等钢，经调质处理后具有良好的综合力学性能，广泛应用在轴类（如曲轴）、齿轮、飞轮齿圈、连杆等零件的制造。

60、65、65Mn 等属于碳素弹簧钢，这几种钢经过热处理后，可用于要求具有较高韧性和强度的弹性零件或耐磨零件。

(3) 碳素工具钢　碳素工具钢碳的质量分数为 0.65%～1.35%，一般需热处理后使用。这类钢经热处理后具有较高的硬度和耐磨性，主要用于制作低速切削刃具，以及对热处理变形要求低的一般模具。其按质量分优质和高级优质碳素工具钢两种。

牌号用"T"（"碳"字汉语拼音字首）和数字组成。数字表示钢的平均碳的质量分数的千分数。如 T8 钢，表示平均碳的质量分数为 0.8% 的碳素工具钢。若牌号末尾加"A"，则表示为高级优质钢，如 T8A、T12A 等。

碳素工具钢一般都经热处理后使用，硬度可达 60～65HRC 之间，其耐磨性也好，广泛应用于各种刃具、磨具、量具的制造。但随着含碳量的增加，游离渗碳体增加，从而钢的耐磨性增加，韧性下降。

常用碳素工具钢的牌号、性能及用途见表 2-4。

表 2-4　常用碳素工具钢的牌号、性能及用途

牌号	布氏硬度 HBS	淬火硬度 HRC	特性与应用
T10、T10A	197	62	有一定的韧性和较高硬度，用做不受突然冲击且刃口有韧性要求的刀具，如丝锥、冷冲模等
T12、T12A	207	62	韧性较小，具有较高的耐磨性，用做不受振动的高硬度工具，如钻头、铰刀、量规等

三、合金钢

虽然碳钢的应用较广泛，但随着生产的发展，越来越满足不了要求，原因是碳钢的淬透性低、绝对强度低、回火抗力差，不能用于大尺寸、重载荷的零件，也不能用于耐腐蚀、耐高温、高磁性或无磁性、高耐磨性等特殊要求的零件，而且热处理工艺性能不佳。

所谓合金钢，就是在碳钢基础上，为改善碳钢的性能，在冶炼时有目的地加入一种或几种合金元素所形成的钢。通常加入的合金元素有硅、锰、铬、镍、钼、钨、钒、钛等。

由于合金元素的加入，合金钢的性能较碳钢好，提高了淬透性和综合力学性能。但应注意，使用合金钢时要进行热处理，以获得优良的综合力学性能及一些特殊的物理、化学性能，充分发挥合金元素的作用。另外合金钢优点虽多，但也存在一些缺点，如合金钢的冲压、切削性能一般比较差；成本较高，价格较贵。因此在使用金属材料时，在满足零件性能要求的前提下应尽量使用碳钢。

合金钢按合金元素的质量分数分低合金钢、合金钢；按用途又分为结构钢、工具钢和特殊性能钢。

（一）合金结构钢

合金结构钢包括低合金结构钢（合金元素总量小于3%）和较高合金元素的合金结构钢两类。按国标规定，这两类钢的牌号用"两位数字＋合金元素＋数字"来表示。其中前两位数字表示钢中碳平均含量的万分数；合金元素用化学元素符号（或汉字）表示；后面的数字表示该元素平均含量的百分数，当平均含量低于1.5%时，只标元素符号，而不标其含量。例如20Cr，表示碳平均含量为0.20%，铬含量小于1.5%的铬钢；60Si2Mn，表示碳平均含量为0.6%，硅含量为2%，锰含量小于1.5%的硅锰钢。

1. 低合金结构钢

低合金结构钢，一般是在低碳钢的基础上，加入少量合金元素（合金元素总量小于3%）而形成的合金钢。这类钢冶炼比较方便，生产成本与碳钢相近，但强度比一般低碳钢高10%～30%，并具有足够的塑性和韧度，故又称低合金高强度钢。此类钢通常在热轧或正火状态下使用，一般不再进行热处理。

低合金结构钢主要用于制造工程结构，如桥梁、船舶、车辆和大型钢结构等。对于汽车上的零件，如汽车大梁、球头销、活塞销、汽油箱托架、半轴齿轮及汽缸盖螺栓等，若用低合金结构钢代替普通碳素钢，在同样的承载能力下，至少可使结构零件的质量减轻20%～30%，还可提高耐腐蚀性。

合金结构钢在汽车上的应用：

09MnRe——水箱固定架底板、风扇叶片、横梁。

16Mn——纵梁前加强板、横梁、角撑、保险杠。

16MnRe——车架纵横梁、蓄电池固定框后板、汽油箱托架。

10Ti——车架前横梁、中横梁前保险杠、角撑等。

2. 较高合金元素的合金结构钢

这类合金结构钢根据使用不同又分为以下几种。

（1）合金调质钢　在中碳钢的基础上加入一些合金元素（Mn、Si、Cr、Ni、B），经调质处理后使用。包括40Cr、40MnVB、35CrMo等中碳合金钢，这类钢碳的质量分数在0.25%～0.50%之间，具有良好的综合力学性能。若零件表面有耐磨性要求，调质后再进行表面淬火或化学热处理。

主要用于制造承受较大循环载荷与冲击载荷或各种复合应力下工作的零件，如曲轴等轴类零件、连杆、发动机螺栓等。调质钢是结构钢中用量较大的钢种。

（2）合金渗碳钢　包括 20Cr、20CrMnTi、20MnVB 等低碳合金钢，经表面渗碳、淬火和低温回火处理后，用于要求表面承受强烈摩擦磨损和冲击载荷的零件，如汽车中的变速齿轮、凸轮轴、活塞销等。

（3）合金弹簧钢　包括 55Si2Mn、60Si2Mn、50CrVA 等碳的质量分数在 0.45%～0.75%之间，以 Si、Mn 为主加元素的中高碳合金钢。经淬火和中温回火后，具有高弹性和足够的强韧度，用作重要的弹性零件，如汽车气门弹簧、离合器的压紧弹簧等。

（4）滚动轴承钢　滚动轴承钢是用于制造滚动轴承元件滚动体和内、外套圈的专用结构钢。滚动轴承要求承受强烈摩擦磨损和很大的交变载荷，钢材应具有高强度、高硬度、高的耐磨性和疲劳强度，并有一定的抗蚀性。滚动轴承钢一般为高碳（0.95%～1.10%）含铬的合金钢，其牌号首位用 G（滚字汉语拼音首位字母）表示，后面为合金元素化学符号和表示该元素平均含量千分数的数字，碳含量通常不再标注。如 GCr15，表示铬平均质量分数为 1.5%的滚动轴承钢，碳质量分数 0.95%～1.05%。常用的滚动轴承钢有：GCr19、GCr15、GCr15NiMn 等。

含量较低的渗碳轴承钢，如 20CrMo、G20Gr2、G20Cr2Ni4 等，经渗碳淬火处理后，表面耐磨性好，心部有良好的韧度，用作承受大冲击载荷的轴承。GCr15 是轴承钢中应用最多的钢，主要用于制造壁厚小于 12mm、外径小于 50mm 的套圈，直径为 25～50mm 的钢球。

（二）合金工具钢

合金工具钢是在碳素工具钢的基础上加入合金元素（Si、Mn、Cr、V、Mo 等）制成的。合金元素的加入改善了热处理性能，因而提高了材料的热硬性、耐磨性。合金工具钢常用来制造各种量具、模具和切削刀具，也可对应地分为量具钢、模具钢和刃具钢，其化学成分、性能和组织结构也不同。

合金工具钢的牌号表示方法与合金结构钢基本相似，不同的是质量分数的表示方法，平均质量分数≥1%时不标出，<1%时，则以一位数字表示，表示平均碳的质量分数的千分数。如 CrWMn 钢表示碳的质量分数大于 1%，Cr、Mn、W 的质量分数小于 1.5%的合金工具钢；又如，9Mn2V 表示平均碳的质量分数为 0.9%、锰的质量分数为 2.0%、钒的质量分数小于 1.5%的钢。

刃具钢：应具有高硬度（60HRC 以上）、高耐磨性、高的热硬性、足够的强度和韧性等基本性能。

模具钢：应具有高硬度（58～62HRC）、高耐磨性、足够的强度和韧性，同时还要求具有较高的淬透性、抗疲劳能力和较小的热处理变形倾向，主要用于制造各种模具，如冷冲模、冷挤模、热锻模等。

量具钢：应具有高硬度以及尺寸稳定性，同时还要求具有良好的磨削加工性。主要用于制造各种量具，如量规、块规、样板等。

四、特殊性能钢

特殊性能钢是指具有某些特殊的物理、化学或力学性能，因而能在特殊的环境、工作条件下使用的钢。常用的特殊性能钢有不锈钢、耐热钢、耐磨钢。

(一)不锈钢

不锈钢是指在空气、水、酸、碱等介质中具有较强抗腐蚀能力的合金钢。不锈钢的主要合金元素是铬和镍。对不锈钢性能要求中最重要的是耐蚀性能,还要有合适的力学性能,良好的冷、热加工和焊接工艺性能。不锈钢按化学成分分为铬不锈钢和铬镍不锈钢两种;按金相组织分为马氏体不锈钢、奥氏体不锈钢、铁素体不锈钢。

铬是不锈钢获得耐蚀性的基本合金元素,当铬的含超过11.7%时使钢的表面形成致密的Cr_2O_3保护膜,避免形成电化学原电池。加入铬、镍等合金元素,还可提高被保护金属的电极电位,减少原电池极间的电位差,从而减小电流,使腐蚀速度降低,或使钢在室温下获得单相组织(奥氏体、铁素体或马氏体),以免在不同的相之间形成微电池;通过提高对化学腐蚀和电化学腐蚀的抑制能力,提高钢的耐蚀性。

铬不锈钢(Cr13型)牌号有1Cr13、2Cr13、3Cr13、4Cr13等。这类钢由于淬火后为马氏体组织,故又称为马氏体不锈钢。其质量分数小于0.4%,铬的质量分数均大于13%。主要用于制造对力学性能要求相对较高而对耐蚀性要求不太高的零件,如汽轮机叶片、医疗器械等。

铬镍不锈钢属单相奥氏体不锈钢,质量分数低于0.2%,铬质量分数一般大于18%,镍质量分数大于9%,主要钢号是1Cr18Ni9,主要用于制造各种腐蚀介质使用的设备零件、容器、管道等,在不锈钢中应用最广。

还有一类高铬的铁素体不锈钢,0Cr13、1Cr17、2Cr28、1Cr17Ti,其用途范围与铬镍不锈钢类似,俗称"不锈铁"。

(二)耐热钢

耐热钢是指在高温下不发生氧化并具有较高强度的钢。为提高耐蚀性和高温强度,常加入较多的Cr、Si、Al、Hi等合金元素。耐热钢用于制造在高温条件下工作的零件,如内燃机气阀、加热炉管道、汽轮机叶片等。常用的耐热钢有1Cr13Si13、4Gr14Ni14W2Mo、0Cr13A等。在汽车上常用的耐热钢是4Cr9Si2、4Cr10Si2Mo等,用于制造发动机排气门等。

(三)耐磨钢

常用的一种是高锰钢,其牌号是ZGMn13,成分特点是高碳、高锰,碳的质量分数0.9%~1.3%、锰的质量分数11.5%~14.5%。适用于制造在强烈冲击下工作要求耐磨的零件,如铁路道岔、坦克履带、挖掘机铲齿等。这类零件要求必须具有表面硬度高、耐磨、心部韧性好、强度高的特点。该钢切削加工困难,大多铸造成形,因此高锰钢的牌号用铸钢的汉语拼音字首"ZG"、锰元素符号及其百分含量、序号表示。

五、铸铁

碳的质量分数高于2.11%的铁碳合金称为铸铁。与钢相比,铸铁中含碳及含硅量较高。工业上常用的铸铁是碳的质量分数为2%~4%,且比碳钢含有较多的锰、硫、磷等杂质的铁、碳、硅多元合金。由于铸铁具有良好的铸造性能、切削性能及一定的力学性能。所以在机械制造中应用很广。按质量计算,汽车、拖拉机中铸铁零件约占60%以上。根据碳在铸铁中存在形式的不同,铸铁可分为以下几种:

(一)白口铸铁

碳在铁中以渗碳体形式存在，断口呈亮白色，称白口铸铁。由于有大量的硬而脆的渗碳体，故其硬度高、脆性大，极难切削加工。除要求表面有高硬度和耐磨并受冲击不大的铸件，如轧辊、犁、球磨机的磨球等铸件外，一般不用来制造机械零件，而主要用作炼钢原料。

(二)灰铸铁

碳在铸铁组织中以片状石墨形式存在，断口呈灰色。它的性能是软而脆，但具有良好的铸造性、耐磨性、减振性和切削加工性。灰铸铁常用于受力不大、冲击载荷小、需要减振或耐磨的箱体、叉架、壳体类零件，如缸盖、缸体、变速拨叉、变速器壳等；还用于承受压应力且有减振要求的零件，如床身、机架、立柱等。灰铸铁是生产中使用最广的铸铁。

灰铸铁的牌号是以"HT"和其后的一组数字表示，其中"HT"表示灰铁二字的汉语拼音字首，其后一组数字表示其最小抗拉强度，如HT250，表示是最小抗拉强度为250MPa的灰铸铁。灰铸铁的牌号、性能、用途见表2-5。

表2-5 灰铸铁的牌号、性能、用途

牌 号	最小抗拉强度/MPa	应 用
HT100	100	端盖、油盘、支架、手轮、重轮、外罩、小手柄
HT150	150	机座、床身、曲轴、带轮、轴承座、飞轮、进排气歧管、盖缸、变速器壳、制动盘、法兰
HT200 HT250	200 250	缸体、缸盖、液压缸、齿轮、阀体、联轴器、飞轮、齿轮箱、床身、机座
HT300 HT350	300 350	大型发动机曲轴、缸体、缸盖、缸套、阀体、凸轮、齿轮、高压液压缸、机座机架

(三)可锻铸铁

碳在铸铁组织中以团絮状石墨形式存在，它是由一定成分的白口铸铁经过较长的高温退火而得的铸铁。团絮状石墨对金属基体的割裂作用较片状石墨小得多，所以可锻铸铁有较高的力学性能，强度、塑性和韧性比灰铸铁好，尤其是塑性和韧性有明显提高，常用于制造汽车、拖拉机的薄壳零件、低压阀门和各种管接头等。

可锻铸铁的牌号为"KT"加两组数字组成，第一组数字表示最小抗拉强度，第二组数字表示最小伸长率。如KT300-06，表示最低抗拉强度为300MPa，最小伸长率为6%的可锻铸铁。

应注意的是，因可锻铸铁的属性和韧性比灰铸铁好，故称为可锻铸铁，但并非可以锻打。

(四)球墨铸铁

碳在铸铁组织中以球状石墨形式存在。球墨铸铁是将铁液经过球化处理和孕育处理而得到的，球化处理是在浇注前向一定成分的铁水中，加入一定数量的球化剂（镁或稀土镁合金）和孕育剂（硅铁或硅钙合金），使石墨呈球状，减少其对基体的割裂作用，并减少应力集中，球墨铸铁具有较好的力学性能，抗拉强度甚至优于碳钢，因此广泛应用于机械制造、交通、冶金等行业制造气缸套、曲轴、活塞等零件。球墨铸铁牌号用"QT"加两组数字表示，"QT"为"球铁"汉语拼音字首，后两组数字表示与可锻铸铁相同，如QT400-18。

QT400-18适用做汽车、拖拉机的牵引框、轮毂、离合器及减速器的壳体；QTT00-2适用作柴油机和汽油机的曲轴、连杆、凸轮轴等零件。球墨铸铁的牌号、性能、用途见表2-6。

表 2-6 球墨铸铁的牌号、性能、用途

牌号	最小抗拉强度/MPa	A/%	HB	汽车中的应用
QT400-18	400	18	130～180	汽车轮毂、驱动桥壳、差速器壳、离合器壳、拨叉、辅助钢板弹簧支架、齿轮箱等
QT400-15	400	15	130～180	
QT400-10	400	10	160～210	
QT500-7	500	7	170～230	机油泵齿轮、飞轮、转动轴、铁路车辆轴瓦等
QT600-3	600	3	190～270	柴油机曲轴、连杆、缸套、凸轮轮、缸体、进排气阀座、摇臂、后牵引支撑座等
QT700-2	700	2	225～305	
QT800-2	800	2	245～335	
QT900-2	900	2	280～360	汽车后桥弧齿锥齿轮、转向节、传动轴、曲轴、凸轮轴等

（五）合金铸铁

在灰铸铁或球墨铸铁中加入一定量的合金元素，可使铸铁具有某些特殊性能，如耐热、耐蚀、耐磨、高强度等，这种铸铁称为合金铸铁。汽车中常用的合金铸铁有以下几种。

1. 耐热铸铁

在铸铁中加入硅、铝、铬等合金元素，可在铸件表面形成一层致密的、牢固的、均匀的保护膜，如 Al_2O_3、SiO_2、Cr_2O_3，使铸件高温下具有抗氧化性，称为耐热铸铁。在汽车上，耐热铸铁可用于制造进、排气门座及排气管密封环等。

2. 耐磨铸铁

在铸铁中加入少量的 P、Cu、Ti、Mn、Mo 等合金元素，可大大提高铸铁的耐磨性，获得耐磨铸铁。目前在汽车、拖拉机行业中汽缸套筒、排气门座圈、活塞环等零件常使用耐磨铸铁。

当灰口铸铁的磷质量分数提高到 0.4%～0.6%，再加入 Cr、W、Cu、Ti 等合金元素构成合金高磷铸铁。它的强度、韧性和耐磨性都较高。这类铸铁属于耐磨合金铸铁。汽车的汽缸套和活塞环一般用耐磨合金铸铁制造，而主要以高磷系列的合金铸铁为主。活塞环一般是用含钨、铬、锰的高磷耐磨铸铁制造。而 CA1093 发动机的活塞环用耐磨性更好的含铌合金铸铁制造。EQ1092 的汽缸套用高磷铸铁铸造。

六、钢的热处理

热处理是将钢在固态加热到一定温度，并在此温度保持一定时间，然后以选定的冷却速度冷却，改变钢的内部组织，从而获得所需要性能的一种金属加工工艺。热处理只改变材料的组织和性能，而不改变其形状和尺寸，是强化钢材、使其发挥潜在能力的重要工艺措施。汽车、拖拉机工业中 70%～80% 的零件需经过热处理这道工序，所有的量具、刃具、模具、滚动轴承等均需进行热处理。

钢的热处理分为普通热处理和表面热处理两类。

普通热处理按加热温度和冷却速度的不同又分为退火、正火、回火和淬火；表面热处理又分为表面淬火和化学热处理。

不同的热处理方法，都由加热、保温和冷却三个阶段组成，只要掌握钢在这三个阶段中组织变化规律,就能了解不同热处理的实质和特点。

(一) 退火

退火是将钢加热到适当温度,保温后缓冷,以获得接近于平衡组织的热处理工艺。退火的具体目的主要是:降低硬度,以利切削加工;消除残余应力,以防变形、开裂;细化晶粒、改善组织,以调整钢的力学性能,为最后热处理做好组织准备。

钢的退火方法很多,常用的有完全退火、球化退火和去应力退火等。

1. 完全退火

这是将钢加热至 A_{c3} 以上 20~60℃,保温后随炉缓冷至 600℃ 以下,再出炉空冷,以获得接近平衡状态组织的退火工艺。

完全退火又称普通退火,可细化晶粒、改善组织、消除应力,提高塑性和韧度,为继续加工和最终热处理作好组织准备。主要用于亚共析钢的铸件、锻件、热轧型材和焊接结构件的退火。但是,完全退火费时间、效率低,所以在条件许可时常用等温退火或正火来代替。

2. 球化退火

球化退火是将钢加热到 A_{c1} 以上 20~40℃ 后,经充分缓冷到 600℃ 出炉空冷。球化退火主要消除共析钢和过共析钢组织中的粗片珠光体,降低硬度和提高塑性。

3. 去应力退火

将钢加热到 A_{c1} 以下温度(一般为 500~650℃),保温后随炉缓冷至 200~300℃ 出炉空冷的退火方法。主要用于消除铸件、焊件及切削加工件的应力,减小变形,稳定形状尺寸。其加热温度较低,工艺过程中内部组织无相变发生。

退火一般作为预备热处理,为以后加工或处理做准备。

在汽车工业上,凡能用正火代替退火的零件,就不采用退火处理,碳质量分数在 0.25%~0.5% 范围内的中碳钢常用正火热处理。

(二) 淬火

将钢件加热到 A_{c3} 或 A_{cm} 以上 30~50℃,保温一段时间后在水、盐水或油中快速冷却的热处理工艺称为淬火。淬火是钢最经济、最有效的强化手段之一。其目的是获得马氏体组织,使钢具有高硬度和高耐磨性。

经过淬火处理的零件或工具不仅要有高的强度和硬度,而且还要求有足够的塑性和韧性相配合,因此淬火后需进行回火。淬火为回火做好了组织准备,而回火则决定了零件的使用性能和寿命。

1. 淬火温度及冷却介质

(1) 淬火温度 亚共析钢的淬火温度为加热至上 A_{c3} 以上 30~50℃,获得单相的细小晶粒奥氏体后快冷淬火,可获得均匀细致的马氏体组织。共析钢和过共析钢的淬火加热温度为 A_{c1} 以上 30~50℃,得到奥氏体和渗碳体组成的两相组织,再快冷淬火后,得到马氏体和少量渗碳体的组织。在实际生产时,确定淬火加热温度还需根据工件形状、尺寸、淬火介质以及有关技术要求综合考虑。

(2) 淬火冷却介质

① 水,价廉易得,是应用最广泛的淬火冷却介质。水的冷却能力较强,但在 650~500℃ 温度范围的冷速并不很大,而在 300~200℃ 时冷速又过大,易使工件变形开裂。因此,一般用于形状简单、尺寸不大的碳钢工件作为淬火冷却介质。在水中加入 5%~10% 的

盐或碱，可改善水的冷却能力，用作形状简单而尺寸较大的低、中碳钢工件的淬火冷却介质。

② 油也是广泛应用的冷却介质。常用淬火油有柴油、机油、变压器油等。油类的冷却能力较弱，冷却速度较慢，零件不易变形和开裂，但也不易淬硬、淬透，所以不适用于超过5~8mm厚的碳素钢，被广泛用作各种合金钢和碳素钢小型零件的淬火冷却介质。

③ 熔化的 $NaNO_3$、$NaOH$ 等，其冷却能力在水和油之间，常用于截面不大、形状复杂、变形要求严格的碳素工具钢、合金工具钢。

2. 淬火冷却方法

实际应用的水、盐水或碱水、油等任一种冷却介质都满足不了理想淬火速度的要求，通常采用两种冷却介质分段冷却来实现。

（1）单液淬火法　它是将加热钢件放到一种淬火介质中连续冷却到室温的操作方法。其优点是操作简单实现自动化。但单一冷却介质难以达到理想效果，易产生淬火缺陷，故它的应用受到一定的限制。

（2）双液淬火法　将加热钢件先放到冷却能力较强的介质（水或盐碱溶液）中，待温度降到300~400℃时出，并迅速投入冷却速度较弱的油中，冷却的方法叫双液淬火法。此方法可有效地降低内应力，防止钢件的变形和开裂。

（3）分级淬火法　将加热钢件先放入50~260℃的盐浴或碱浴中冷却，停留一段时间，待其心部与表面的温差减少后再取出放在空气中冷却的方法叫分级淬火法。这是防止钢件变形和开裂的一种有效方法，而硬度也较均匀。分级淬火比较理想，操作也容易，适用于形状复杂、尺寸较小、要求精密的零件。

（4）等温淬火法　将加热的钢件放到温度稍高于230℃的盐浴液中，停留较长时间后取出在空气中冷却的方法称为等温淬火。经等温淬火的钢件虽然硬度较低，但能在获得高强度的同时还具有良好的塑性。淬火后，钢件的内应力和变形都很小。对于碳钢和低碳合金钢等温淬火后可不再进行回火处理，故常用于形状复杂，强度和韧性要求较高的钢件。

3. 钢的淬透性与淬硬性

（1）淬透性　在淬火中，对大多数的工件，希望表面和心部都能得到高硬度。若表面硬度已达到要求，而心部的硬度偏低，这种情况表示零件"未淬透"。淬透性是指钢在一定条件下淬火时淬硬层所能进入的深度。若某种材料的淬硬层深，就说它的淬透性好或大。因此，淬透性是衡量材料热处理性能好坏的重要指标之一。

（2）淬硬性　指钢在理想条件下淬火所能达到最高硬度的能力。它取决于马氏体中碳的百分含量，即含量越高，淬硬性越好。应当明确，淬透性好的钢，其淬硬性不一定高。两者概念不同，不可混为一谈。

4. 淬火缺陷及防止方法

由于淬火工艺控制不当，加热温度高、冷却剧烈，易产生以下缺陷。

（1）硬度不足　主要是加热温度过低，保温时间不足或冷却速度过慢造成的。硬度不足可通过正火后重新淬火的方法来消除。

（2）过热或过烧　当淬火加热温度过高或保温时间过长时，会引起钢内部微小晶粒变得粗大，此现象称为过热。过热会使钢的脆性增加、强度低、塑性和韧性变差。可用正火或退火后重新淬火来消除。

加热温度更高时，不仅钢内晶粒粗大，而且在晶粒表面有熔化或氧化的现象，称为过烧。一般过烧的工件只能按报废处理。

（3）变形与开裂　变形与开裂的主要原因是钢件在加热和冷却时，由于工件表层与心部温差较大而造成热胀冷缩不同步所引起的。变形可校正过来，裂纹只能报废。

（三）回火

回火是把淬火后的钢重新加热到 A_{c_1}（临界温度）以下某一温度保温一定时间，再以适当的冷却速度冷却到室温的热处理工艺。

由于淬火时冷却速度比较快，工件内部产生很大的内应力，且淬火后的组织不稳定，故淬火后必须立即回火，其间隔时间最长也不宜超过 1h。回火通常是热处理的最后工序。

回火的目的是消除或减少淬火应力，降低脆性，防止零件变形开裂；稳定组织，从而稳定零件尺寸；调整硬度、强度，提高塑性，使工件获得较好的综合力学性能。

淬火钢回火的性能，与回火时加热温度有关，硬度和强度随回火温度的升高而降低。实际生产中，根据钢件的性能要求，按其温度范围可以分为以下三类。

1. 低温回火（150～250℃）

低温回火的目的是降低淬火内应力、减小脆性、保持工件的高硬度和耐磨性。

低温回火主要用于要求硬度高、耐磨性的零件，如各种工模具、滚动轴承等。此外，对渗碳及碳氮共渗淬火后的工件也要进行低温回火。

一般淬火后低温回火硬度为 58～64HRC。

2. 中温回火（350～500℃）

回火组织为回火托氏体，具有高的弹性极限和屈服强度，一定的韧性，且内应力基本消除。

中温回火主要应用于各种弹簧和某些模具。回火后硬度一般为 35～50HRC。

3. 高温回火（500～650℃）

淬火加高温回火的复合热处理又称为调质处理。回火组织为回火索氏体，具有良好的综合力学性能，硬度约为 25～40HRC。高温回火常用于各种重要的结构件，特别是交变载荷下工作的曲轴、连杆、半轴、齿轮、螺栓等。所以典型的中碳范围的结构钢又称调质钢。

七、钢的表面热处理

汽车上许多零件如传动齿轮、曲轴、凸轮轴、活塞销、花键轴等，是在各种交变、冲击载荷及摩擦作用下工作的，因此要求零件表面具有高的硬度和耐磨性，心部具有足够的强韧性。若选用高碳钢，硬度虽能达到，但心部韧性不足；若选用低碳钢，心部虽能有足够的韧性和塑性，但表面硬度很低。这就很难用一般的热处理方法满足其性能要求。生产中的解决办法是选用综合性能良好的材料（中碳钢、中碳合金钢、碳素工具钢低合金工具钢、球磨铸铁）并对其进行表面热处理。

常用表面热处理方法为表面淬火和化学热处理两类，前者只改变表面组织而不改变表面成分，后者同时改变表面成分和组织。

（一）表面淬火

表面淬火，是通过快速加热，使钢件表层奥氏体化，然后迅速冷却，使表层形成一定深度的淬硬组织——马氏体，而心部仍保持原来塑性、韧度较好的组织（退火、正火或调质处理组织）的热处理工艺。对于表面淬火的钢，碳的质量分数多在 0.4%～0.5%，原因是碳的质量分数低导致表面硬度不够，碳的质量分数高则心部韧性不好。为了使心部韧性好，表面淬火前零件一般须进行正火或调质处理，表面淬火后要进行低温回火。

表面淬火的快速加热方法很多，常用的为感应加热和火焰加热。

1. 感应加热表面淬火

利用感应电流通过零件时产生的热效应，使零件表面迅速达到淬火温度，随即快速冷却的淬火工艺称为感应加热表面淬火。如图 2-14 所示，将零件放入空心铜管绕成的感应器中，感应器中通入一定频率的交流电以产生交变磁场，于是在零件内部就会产生频率相同、方向相反的感应电流。分布在零件表层的感应电流密度大，心部密度小，称为"集肤效应"，频率越高，"集肤效应"越明显。电阻热使零件表层迅速升温到淬火温度，而心部温度基本不变，随即喷水冷却，从而达到表面淬火的目的。

这种表面淬火的优点是加热迅速，生产率高，淬硬的深度易于控制且硬度均匀。缺点是对形状和尺寸不同的零件需不同的感应线圈，设备较贵，只适宜于大批量生产才能降低成本。

感应加热表面淬火淬硬层的深浅，主要取决于电流频率的高低。频率越高，淬硬层越薄。感应加热表面淬火又分为：

高频（200～300kHz），淬硬深度为 0.5～2mm，主要适用于要求淬硬层较薄的中小型零件；

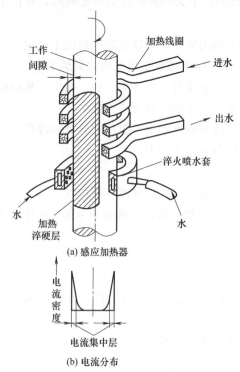

图 2-14　感应加热表面淬火

中频（2.5～8kHz），淬硬深度为 2～10mm，主要适用于大模数齿轮及直径较大的轴等；

工频（50Hz），淬硬深度为 10～15mm，主要适用于大直径零件。

2. 火焰加热表面淬火

如图 2-15 所示，利用氧-乙炔火焰（或其他可燃气体）对零件表面进行加热使其快速升温达到淬火温度，然后迅速喷水冷却的热处理工艺称为火焰加热表面淬火。淬硬层深度一般为 2～6mm。火焰加热表面淬火相对来说操作简单方便、成本低，但因其淬火质量不易控制、生产效率低使应用受到了限制，主要用于单件小批生产或中碳钢、中碳合金钢大型零件或复杂件的局部表面淬火。

（二）化学热处理

化学热处理是将钢件置于活性介质中加热并保温，使介质分解析出的活性原子渗入工件表层，改变表层的化学成分、组织和性能的热处理工艺。化学热处理的目的是提高

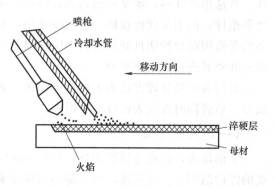

图 2-15　火焰加热表面淬火

工件表面的硬度、耐磨性、疲劳强度、耐热性、耐蚀性和抗氧化性能等。常用的化学热处理有渗碳、渗氮、碳氮共渗和渗金属等多种。

但无论哪一种均通过以下三个过程来实现：

分解——介质在一定温度下，发生化学分解，产生渗入钢中的活性原子。

吸收——活性原子由钢的表面进入铁的晶格中形成固溶体，甚至可能形成化合物。

扩散——活性原子由表面向内部扩散，形成一定厚度的扩散层。

1. 渗碳

低碳钢的表面渗入碳原子的过程称为渗碳。渗碳介质可以是气态、液态、固态，生产中应用最广的是气体渗碳。

气体渗碳是将钢件放在密封的加热炉中，滴入煤油、丙酮、甲醇（或直接通入渗碳气体，如煤气、石油液化气）等渗剂，并加热到900～950℃。这些渗碳剂在高温下分解产生活性碳原子，这些活动碳原子被钢件表面吸收，随着保温时间的延长，逐渐向内部扩散，最后形成一定深度的渗碳层。

气体渗碳工件的加热及渗碳层厚度较均匀，不易过热，劳动条件好，质量容易控制。一般每保温1h，渗碳层厚度可增加0.2～0.3mm。

汽车上有许多零件是在受较强烈的冲击作用和受磨损的条件下进行工作的。这样的零件一般都采用低碳钢或低合金钢通过渗碳淬火和低温回火处理，这样就能使零件不仅表面具有高的硬度和耐磨性，而且心部具有较高的韧性和适当的强度。渗碳适用于承受冲击载荷和强烈摩擦的低碳钢或低碳合金钢工件，如汽车和拖拉机的齿轮、凸轮、活塞销、摩擦片等零件。渗碳层深度一般为0.5～2mm，渗碳层的碳质量分数为0.8%～1.1%。渗碳后应进行淬火和回火处理，才能有效地发挥渗碳的作用。

2. 渗氮（氮化）

钢的渗氮是利用氨气在一定温度范围（500～560℃）所分解的活性氮原子向钢的表层扩散而形成铁氮化合物，从而改变钢件表层的理化性能和力学性能的一种方法。目的是提高工件表面硬度、耐磨性、耐蚀性和疲劳强度。

渗氮通常在专用设备或井式渗氮炉中进行。将零件放入密闭的炉内，加热到570℃左右，通入氨气（NH_3）或氮气（N_2），气体分解出活性氮原子，被零件表面吸收，与钢中的金属元素形成氮化物，并向心部扩散，当炉温降至200℃以下停止供介质，零件出炉，渗氮层深度一般为0.1～0.6mm。

渗氮处理的特点是：渗氮后不需再淬火便有很高的表层硬度。渗氮是在低温下进行的，工件变形很小，且疲劳强度可提高15%～35%。另外，氮化后零件在水中、热蒸汽中及碱性介质中有较高的抗蚀性。但渗氮生产周期长、氮化层薄而脆，不宜承受集中的重载荷，并需要专用的氮化钢等。主要用于精密齿轮、精密丝杆、精密机床主轴等零件。

渗氮前零件需进行调质处理，以保证心部的综合力学性能。渗氮后不必淬火回火。典型的渗氮钢有38CrMoAlA、18CrNiW等。

工件渗氮后表面硬度可达67～72HRC，比渗碳具有更高的硬度、耐磨性、疲劳强度及更好的耐蚀性、红硬性，且变形小，但生产周期长、成本高。

3. 碳氮共渗（氰化）

碳氮共渗是向零件表面同时渗入碳原子和氮原子的化学热处理工艺。碳氮共渗的方法有液体碳氮共渗和气体碳氮共渗两种，目前主要使用的是气体碳氮共渗。

气体碳氮共渗又分为高温（820~880℃）以渗碳为主的气体碳氮共渗和低温（560~580℃）以渗氮为主的气体碳氮共渗两类。常用的共渗介质是尿素、甲酰胺和三乙醇胺。

气体碳氮共渗的共渗层比渗碳层硬度高，耐磨性、抗蚀性和疲劳强度更好；比渗氮层深度大，表面脆性小而抗压强度高；共渗速度快，生产率高，变形开裂倾向小。广泛应用于自行车、缝纫机、仪表零件、齿轮、轴类等机床、汽车的小型零件，以及模具、量具和刃具的表面处理。

第三节　有色金属及其合金

通常把铁和铁碳合金称为黑色金属，把黑色金属以外的金属及其合金称为有色金属。有色金属与钢铁相比较，产量低，价格高。但有色金属具有许多特殊的优良性能，汽车上一些零件必须用有色金属材料制作，以满足特殊要求。汽车上常用的有色金属主要有铝、铜及其合金。

一、铝及铝合金

工业纯铝呈银白色，纯铝显著的特点是密度小（约 $2.7g/cm^3$），仅约为钢、铜或黄铜的三分之一；熔点低，只有 660℃；导电导热性优良，强度低（$\sigma_b=80MPa$ 左右）、硬度低、塑性好；有良好的耐蚀性。故纯铝主要用于做导电、导热材料或耐蚀零件。现在汽车加热器、散热器、蒸发器、油冷却器多用铝制作；另外纯铝还可做装饰件、铭牌等。

铝中加入硅、铜、镁、锌、锰等制成铝合金，不仅强度提高，还可通过变形、热处理等方法进一步强化，以至有些铝合金强度可超过 600MPa，与低碳钢相当，比强度（强度与密度之比）则胜过某些合金钢。同时还保持铝耐蚀性好、导热性好、质量轻的优点。随着汽车节能降耗和轻量化的迫切要求，铝及铝合金在汽车上的用量迅速增加。

铝合金按其成分和工艺性能，可分为变形铝合金和铸造铝合金两类。

（一）变形铝合金

这类铝合金的特点是塑性好，可进行冷热状态下的压力加工。一般由冶金厂加工成各种型材（板、带、管等）产品供应。可分为防锈铝、硬铝、超硬铝和锻铝等。

1. 防锈铝

防锈铝属于铝-锰系和铝-镁系合金。其强度适中，塑性优良，耐蚀性好，具有较好的抛光性，光泽可长期保持。主要用于制作耐蚀性好的容器及车辆装饰，及受力小的结构件、铆钉等。

防锈铝的代号用"LF"（"铝"及"防"的汉语拼音字母字头）及一组顺序号表示。

2. 硬铝

硬铝分铝-铜-镁和铝-铜-锰两类合金。这类合金通过淬火、时效处理可以显著提高强度。由于密度小，强度与密度的比值较高，故名硬铝。常用于制作铆钉、蒙皮等。硬铝的耐蚀性比纯铝差，故常在表面包一层纯铝，以提高其耐蚀性。硬铝的代号用"LY"和一组顺序号来表示。

3. 超硬铝

超硬铝是在硬铝中再加入锌形成的铝-铜-镁锌系合金。经淬火、时效处理，其硬度超过硬铝，故称为超硬铝。其耐蚀性较差，一般表面要包一层纯铝，以增加抗蚀能力。主要用于飞机上的一些构件。

4. 锻造铝

锻造铝的化学成分和硬铝相似，能通过时效处理来提高强度。在加热状态下有良好的塑性，可进行热变形加工。锻铝有较高的强度，用于制作飞机零件。

其代号用"LD"和一组顺序来表示。

（二）铸造铝合金

铸造铝合金简称铸铝。其种类很多，常用的有铝-硅系、铝-铜系、铝-镁系和铝-锌系等合金。

铝-硅系合金是最常用的铸造铝合金，俗称硅铝。这种合金有着优良的铸造性能，同时还具有密度小、抗蚀能力好、力学性能较好等优点，所以广泛用来制造形状复杂、要求有较高强度和耐蚀性的零件。

铸铝的代号用"ZL"及三位数字表示。第一位表示铝合金的类别（1—铝-硅系，2—铝-铜系，3—铝-镁系，4—铝-锌系），第二、三位表示合金的顺序号。

轿车上应用的铝合金以铸铝为主。发动机部分汽缸体是大尺寸的铝铸件；采用铝铸件的还有曲轴箱、汽缸盖、活塞、滤清器、发动机架等。尤其是活塞几乎都用铝合金。我国应用铝硅合金 ZL108、ZL109、ZL111 比较多。另外底盘上采用铝铸件的零件也不少，有离合器壳、变速器壳等；车轮辋也有用铝合金铸造的。

二、铜及铜合金

纯铜外观呈紫红色，又称紫铜，又因它是用电解法获得的，故又名电解铜。纯铜的密度 $8.9g/cm^3$，熔点 $1083℃$，纯铜具有良好的塑性、导电性和耐蚀性。但纯铜的强度不高，硬度较低，且价格贵。纯铜广泛应用于制作电线、电缆等各种导电材料。在汽车上只有个别场合应用纯铜，例如汽缸垫、进排气管垫、轴承垫片、一些管接头、制动管、散热管、油管和电器接头等。

铜合金比纯铜强度高，且具有许多优良的物理化学性能，所以汽车制造业主要使用铜合金。铜合金按化学成分不同分为黄铜、青铜和白铜等。常用的铜合金是黄铜和青铜。

（一）黄铜

黄铜是以锌为主加元素的铜合金。按化学成分的不同，黄铜又分为普通黄铜和特殊黄铜。

1. 普通黄铜

仅由铜和锌两种元素组成。其牌号用"黄"字的汉语拼音字头"H"加数字表示，数字表示铜的百分含量，其余为锌。如 H68 表示含铜 68%，其余为锌的普通黄铜。

普通黄铜常用来制作汽车上的散热器分水管、汽油滤清器滤芯、化油器零件、管接头、垫圈、螺钉等。

2. 特殊黄铜

在普通黄铜中加入其他合金元素所组成的合金，称为特殊黄铜。常加入的合金元素有锡、硅、锰、铅和铝等，分别称为锡黄铜、硅黄铜、锰黄铜等。

特殊黄铜的牌号用"H+元素符号+若干组数字"表示。第一组数字表示铜的百分含量,第二组数字表示主加元素的百分含量,数字间用短线分开。如 HPb59-1 表示含铜59%、铅1%的铅黄铜。

特殊黄铜在汽车上用作耐磨损的零件,如转向节衬套、钢板弹簧衬套等。

(二) 青铜

除了黄铜和白铜(铜和镍的合金)外,所有的铜基合金都称为青铜。按化学成分的不同,分为锡青铜和无锡青铜。

1. 锡青铜

锡青铜是以锡为主加元素的铜合金。它有良好的强度、硬度、耐腐蚀性和铸造性。它的铸造收缩率是合金和有色金属中最小的。因此,它适用于铸造形状复杂、壁厚较大的零件,常用作轴承材料。

其牌号用"青"字的汉语拼音首字"Q"和几组数字组成。第一组数字为主加元素的百分含量,后几组数字为其他添加元素的百分含量,如 QSn4-4-2.5 表示含铝量约4%,含锌约4%,含铅约2.5%的锡青铜。

锡青铜用作水箱盖出水阀弹簧等弹性件,也可用作发动机摇臂衬套、连杆衬套等耐磨件。

2. 无锡青铜

由于锡的价格较高,所以出现了在铜中不加锡元素,而是添加铝、镍、锰、硅、铍、铅等元素,这些青铜称为无锡青铜或特殊青铜。

无锡青铜具有高的强度、耐磨性及良好的耐腐蚀性,有的还有高的导电性、导热性和热强性,因而是锡青铜很好的代用品。

无锡青铜的牌号与锡青铜的相似。

常用的锡青铜有铝青铜、铍青铜、铅青铜、硅青铜等。无锡青铜各有特点,应用也有不同,铝青铜可做轴套、齿轮、涡轮,铅青铜可做轴承、曲轴止推垫圈,硅青铜可做弹簧。

三、轴承合金

轴承包括滑动轴承和滚动轴承两大类。滑动轴承传动效率不如滚动轴承,目前机器中滚动轴承应用范围很广。但滑动轴承因工作平稳能承受较大的压力,在轴的旋转速度很高和承受较重载荷的场合下,大多采用滑动轴承,因此,滑动轴承便成为汽车上不可缺少的重要零部件,如汽车发动机的连杆轴承和曲轴轴承等。

轴承合金是用来制造滑动轴承的材料。轴承是支承轴并保证其正常运转的零件。因此轴承合金应具备特有的性能,如疲劳强度、耐磨减摩性、顺应性、抗咬合性、嵌藏性、耐蚀性、导热性和承载能力。

为满足上述要求,轴承合金的理想组织,应由塑性好的软基体和均匀分布在软基体上的硬质点(一般为化合物)构成。

常用的轴承合金有锡基轴承合金、铅基轴承合金、铜基轴承合金、铝基轴承合金等。

轴承合金的牌号:按国家标准 GB/T 1174—1992 规定,用"轴"字汉语拼音首字母"Z"加基本元素符号与主加元素符号及百分含量表示。

例如:ZSnSb4Cu4,Cu 后的"4"表示平均含铜量为4%,Sb 后的"4"表示平均含锑量为4%,"ZSn"表示锡基轴承合金。

1. **锡基、铅基轴承合金**（巴氏合金）

锡基和铅基轴承合金牌号表示方法为 Z+基本元素符号+主加元素符号及质量分数+辅加元素符号及质量分数。例如，ZPbSb15Sn5 为铸造铅基轴承合金，主加元素锑质量分数为15%，辅加元素锡质量分数为 5%，其余为铅。

锡基和铅基轴承合金强度较低，不能承受高压，故常用离心浇注法将其镶铸在钢制的轴瓦上（08钢），形成一层薄而均匀的内衬（<0.1mm），这种方法称为挂衬。

（1）锡基轴承合金（锡基巴氏合金） 是以锡（Sn）为基体元素，加入锑（Sb）、铜（Cu）等元素组成的合金。锡基轴承合金的软基体是铅中溶有锑的固溶体，硬质点是金属化合物 SnSb、Cu_3Sn 等。这类合金摩擦系数小，并有较好的塑性和韧性，优良的导热性和耐蚀性。常用于高速、重载下的重要的轴承，如汽轮机、内燃机、压气机等机器的高速轴承。缺点是价格昂贵（因锡是稀有金属），抗疲劳强度差，工作温度不能超过 150℃。

（2）铅基轴承合金（铅基巴氏合金） 是以 Pb 为基体，加入 Sn、Cu 元素组成的合金。铅基轴承合金摩擦系数较大，耐冲击性不高，但价格便宜，因此一般用于工作温度不超过120℃，中速中载无明显冲击载荷的轴承。因此，铅基轴承合金常用来制造承受中低载荷的中速轴承，如电动机、破碎机、压缩机及真空泵等轴承（如汽车曲轴、连杆轴承、电机轴承等）。但其价格较低，故在可能的情况下，尽量代替锡基轴承合金使用。

2. **铜基轴承合金**

铜基轴承合金是以钢为基础，加入适量的锡、铅、锌及磷、锰等元素组成的合金。

铜基轴承合金的优点是：具有良好的润滑作用，摩擦系数低，其抗压强度、疲劳强度、硬度、导热性及耐热性都很高。因此，可用于承受高载荷、高速度及高温下工作的轴承。

3. **铝基轴承合金**

铝基轴承合金有铝镁锑合金、低锡铝合金（含锡6%左右）和高锡铝合金（含锡20%以上）。前二者的塑性、韧性等力学性能良好，且屈服强度较高，因此其负载能力较强。主要用于低速柴油机等轴承上。而高锡铝合金有较高的疲劳强度、良好的导热性和耐热性，又有良好的耐磨、减摩性和抗蚀性。因此，被广泛用于汽车、拖拉机、内燃机上。但线膨胀系数大、抗咬合性差。通常采用加大轴与轴承之间的间隙来防止咬合。也可降低轴与轴承表面粗糙度或镀锡等办法改善磨合性，减少运动时发生咬合的危险性。又因本身强度较高，使轴易磨损，故应提高轴的硬度。

第四节 橡胶、塑料、胶黏剂

在汽车制造中，除使用金属材料外，还广泛使用非金属材料，如常见的汽车灯罩、仪表板壳、转向盘、坐垫、风窗玻璃、轮胎、传动带等都是由各种非金属材料制成的。非金属材料因具有许多优良的理化性能，可以满足某些特殊要求，而且原料来源丰富，加工简便，因此得到广泛使用。

非金属材料的种类很多，本章主要介绍塑料、橡胶、胶黏剂、石棉、纸板、玻璃等非金属材料的基本知识，以及它们在汽车上的应用。

一、橡胶

橡胶是一种有机高分子材料，汽车上有许多零件是用橡胶制造的，如风扇传动带、缓冲垫、油封、制动皮碗等。仅汽车轮胎一项，在汽车运输成本中就占了10%左右。因此，对汽车使用与维修人员来说，了解橡胶及其制品的基本知识是非常重要的。

（一）橡胶的基本性能

1. 极高的弹性

这是橡胶独特的性能，橡胶的伸长率可达100%～1000%。橡胶在起初受负荷时变形量很大，但随外力的增加，橡胶又具有很强的抵抗变形的能力。因此，橡胶可作为减振材料，用于制造各种减轻冲击和吸收振动的零件。

2. 良好的热塑性

橡胶在一定温度下失去弹性而具有塑性，称为热塑性。橡胶处于热塑性状态时，容易加工成各种形状和尺寸的制品，而且当加工外力去除后，仍能保持该变形下的形状和尺寸。根据这一特性，可把橡胶加工成不同形状的制品。

3. 具有良好的黏结性

黏结性是指橡胶与其他材料黏结成整体而不分离的能力。橡胶有很强的吸附能力，能与其他材料黏结成整体，如汽车轮胎就是利用橡胶与棉、毛、尼龙等，牢固地黏结在一起而制成的。

4. 良好的绝缘性

橡胶大多数是绝缘体，是制造电线、电缆等导体的绝缘材料。

此外，橡胶还具有良好的耐寒、耐蚀和不渗漏水、气等性能。橡胶的缺点是导热性差，硬度和抗拉强度不高，尤其是容易老化等。

所谓橡胶老化是指橡胶在储存和使用中，其弹性、硬度、抗溶胀性及绝缘性发生变化，出现变色、发黏、变脆及龟裂等现象。引起橡胶老化的主要原因是受空气中氧、臭氧的氧化以及光照（特别是紫外线照射）、温度的作用和机械变形而产生的疲劳等。因此，为减缓橡胶制品老化，延长使用寿命，橡胶制品在使用和储存中应避免与酸、碱、油及有机溶剂接触，尽量减少受热和日晒、雨淋。

（二）橡胶的组成

橡胶主要是以生胶为原料，加入适量的配合剂而制成。

1. 生胶（生橡胶）

生胶是橡胶工业的主要原料，按其来源可分为天然橡胶和合成橡胶两种。

（1）天然橡胶　是从热带橡胶树上采集的胶乳，经凝固、干燥、加压等工序而成的一种高弹性材料。加工后的天然橡胶通常呈片状固体，其单体为异戊二烯。

（2）合成橡胶　主要是以煤、石油和天然气为原料用化学合成方法获得的。按其性质和用途，分通用和特种两大类。通用合成橡胶的性能与天然橡胶相近，物理性能、力学性能和加工性能较好。特种合成橡胶具有某种特殊性能，如耐热、耐寒、耐油及耐化学腐蚀等。合成橡胶种类较多，常用的有丁苯橡胶、丁基橡胶、氯丁橡胶和丁腈橡胶等。

2. 配合剂

配合剂是为了提高和改善橡胶制品性能而加入的物质。主要有硫化剂、硫化促进剂、补强剂、软化剂、防老剂等。用于制造各种减轻冲击和吸收振动的零件。

硫化剂的作用与塑料中的固化剂相类似，常用的有硫黄、氧化硫、硒等；硫化促进剂起加速硫化过程，缩短硫化时间的作用，常用的有氧化锌、氧化铝、氧化镁以及醛胺类有机化合物等；补强剂用以提高橡胶的力学性能和耐磨、耐撕裂性能，常用的有炭黑、氧化硅、滑石粉等；软化剂能提高橡胶的柔软性和可塑性；防老剂主要是防止橡胶老化。

（三）汽车上的橡胶制品

橡胶在汽车上用量最大的制品是轮胎，目前全世界生产的橡胶约有80％为制造轮胎所用。此外，橡胶还广泛用于各种胶带、胶管、减振配件以及耐油配件等。汽车常用橡胶的种类、特性及用途见表2-7。

表2-7 汽车常用橡胶的种类、特性及用途

类别	名称	优点	缺点	用途举例
通用橡胶	天然橡胶（NR）	抗撕性强,耐磨性好,加工性良好,易与其他材料黏合	耐候性差,耐油性不好,不耐热	轮胎,胶带,胶管
	丁苯橡胶（SBR）	耐磨性突出,耐老化和耐热性超出天然橡胶,其他性能接近天然橡胶	加工性差,自黏性差,弹性差,生胶强度低	轮胎,胶板,胶布
	顺丁橡胶（BR）	弹性、耐油性好,耐磨性优良,耐候性好,易与金属黏合	加工性差,自黏性差,抗撕裂性不好	内胎,电线包皮,橡胶弹簧,减振器
	氯丁橡胶（CR）	力学性能好,耐候性、耐油性、耐热性优,耐化学腐蚀	密度大,绝缘性差,不易加工	胶带,胶管,减振零件,胶黏剂,油封,汽车门窗嵌条,密封件
	异戊橡胶（IR）	绝缘性好,吸水性低,耐老化,回弹性好,抗撕裂,耐磨	成本较高,耐油,耐臭氧,加工性差	胶管,胶带
	丁基橡胶（JIR）	耐老化,抗化学腐蚀,良好的气密性、耐热性、吸振性、耐候性、耐油性	弹性大,加工性差,耐光老化性差,动态生热大	内胎,防水胎,防震制品
	丁腈橡胶（NBR）	良好的耐油性,耐热性,耐磨性,耐老化性,耐气体介质优良,阻燃性好	耐寒、耐臭氧性较差,加工性不好	输油管,耐油密封圈,皮碗,O形圈,耐油制品
特种橡胶	聚氨酯橡胶（UR）	优异的耐磨性,良好的抗拉强度、耐油性	耐水性、耐蚀性、耐高温性差,动态生热大	耐油胶管,耐油垫圈,同步齿形带,耐磨制品,实心轮胎
	硅橡胶（Q）	耐水性、耐老化性、耐候性良好,化学惰性大,防雷性好	机械强度较低,不耐油,不耐酸碱	耐高温制品,高温绝缘品,油封
	氟橡胶（FPM）	耐蚀性极好,耐高温性良好,抗辐射	加工性差,黏着性差,耐寒性不好,价格高	发动机耐热、耐油制品,高级密封件,垫圈,垫片
	丙烯酸酯橡胶（ACM）	耐油性极好,耐老化,耐臭氧,气密性及耐屈挠性优良	不耐寒,不耐水	油封,皮碗,火花塞护套

二、塑料

塑料在汽车上的应用发展很快，从最初的内饰件和小机件，发展到可代替金属制造各种配件，近年来，全塑料车身汽车也已问世。仅用塑料代替金属，既可获得汽车轻量化的效果，还可改善汽车某些性能，如耐磨、防腐、避振、减少噪声等。因此，随着汽车工业的不断发展，塑料越来越受到人们的重视。

（一）塑料的组成

塑料是以合成树脂为基体，再加入一些用来改善使用性能和工艺性能的添加剂而制成的高分子材料。但有些塑料本身不需加任何添加剂，例如有机玻璃。

合成树脂是主要组成物，它决定塑料性能，含量一般为30％～100％（不含添加剂的塑料称单组分塑料，其余称多组分塑料）。因此，大多数塑料都是以树脂名称来命名的。

1. 合成树脂

在一定的温度和压力下，从煤、石油和天然气中提炼的高分子化合物能塑造成各种合成树脂，在常温下呈固体或黏稠液体。合成树脂是塑料的主要成分，它的种类、性质及加入量

的多少对塑料的性能起着很大的作用。因此，大部分的塑料是以所加树脂的名称来命名。例如，聚氯乙烯塑料的树脂就是聚氯乙烯。

2. 添加剂

加入添加剂是为了改善塑料的性能，以扩大其使用范围。它包括填料、增塑剂、稳定剂、固化剂、着色剂等。

填料主要是起强化作用，同时也能改善或提高塑料的某些性能，如加入云母、石棉粉可以改善塑料的电绝缘性和耐热性；加入氧化硅可提高塑料的硬度和耐磨性等；增塑剂是用于提高塑料的可塑性与柔软性；稳定剂的作用是防止成型过程中高聚物受热分解和长期使用过程中塑料老化；稳定剂可以提高塑料在光和热作用下的稳定性，以延缓老化；固化剂在塑料加工过程中可使树脂硬化，从而达到使用要求；着色剂可使塑料制品色彩美观，以适应不同的使用需要。各类添加剂加入与否和加入量的多少，均视塑料制品的性能和用途而定。如加入铝粉可提高塑料的光反射能力及防止老化；加入银、铜等金属粉末，可制成导电塑料；加入石棉，可改善塑料的耐热性。

（二）塑料的分类和主要特性

1. 塑料的分类

（1）按树脂的热性能可分为热塑性塑料和热固性塑料两大类。

热塑性塑料通常为线形结构，能溶于有机溶剂，加热可软化，故易于加工成型；冷却后变硬，当再次受热时又软化并能反复使用。这类塑料加工成型方便、力学性能较好，但耐热性相对较差、容易变形。热塑性塑料数量很多，约占全部塑料的80%，常用的有聚氯乙烯、聚苯乙烯、尼龙、ABS等。热固性塑料通常为网状结构，固化后重复加热不再软化和熔融，亦不溶于有机溶剂，不能再成型使用。常用的有酚醛树脂、环氧树脂等。

（2）按使用范围可分为通用塑料和工程塑料两大类。

通用塑料是一种非结构材料。它的产量大，价格低，性能一般，可作为日用品、农用及包装材料。目前主要有聚乙烯、聚丙烯、聚氯乙烯、聚苯乙烯、酚醛塑料和氨基塑料。

工程塑料可作为结构材料。一般力学性能较好，且耐高温、耐辐射、耐腐蚀，电绝缘性能好，因而有时可代替金属在汽车、机械、化工等部门用来制造机械零件及工程结构，主要有聚酰胺（尼龙）、聚碳酸酯、ABS、聚甲醛等。在实际使用中，通用塑料和工程塑料没有严格的界限。

2. 塑料的主要特性

塑料具有许多优良的物理、化学性能和力学性能。

① 质量轻、强度低、刚度低。一般塑料的密度在 $(0.9\sim2.2)\times10^3 kg/m^3$ 范围内，仅是钢铁的 $1/8\sim1/4$。强度一般为 $30\sim150MPa$，刚度仅为金属的 $1/10$，因此，用塑料制备汽车零部件，可大幅度减轻汽车的质量，降低油耗。但只能制作承载不大的零件。

② 化学稳定性好。一般的塑料对酸、碱、盐和有机溶剂都有良好的耐蚀性能。如聚四氟乙烯，能抵抗"王水"的腐蚀。因此，在腐蚀介质中工作的零件可采用塑料制作，或采用在表面喷塑的方法提高其耐蚀能力。

③ 良好的电绝缘性。塑料几乎都有良好的电绝缘和耐电弧特性，它可与陶瓷、橡胶和其他绝缘材料相媲美。因此，汽车电气零件广泛采用塑料作为绝缘体。

④ 优良的耐磨、减摩性。大多数塑料的摩擦系数较小，耐磨性好，能在半干摩擦甚至完全无润滑条件下良好地工作。所以可作为耐磨材料，制造齿轮、密封圈、轴承、衬套等。

⑤ 优良的吸振性和消声性。采用塑料轴承和塑料齿轮的机械，在高速运转时，可平稳无声地转动，大大减少噪声，降低振动。

⑥ 耐热性较差。一般只能在100℃以下长期工作，只有高温塑料可在200℃左右使用。

⑦ 导热性差。其导热系数只有钢的1/200～1/600。

⑧ 易老化、易燃烧、温度变化时尺寸稳定性差。

（三）塑料在汽车中的应用

由于塑料具有诸多金属和其他材料所不具备的优良性能，因此在汽车上的应用很广。常用于制作各种结构零件、耐磨减摩零件、隔热防振零件等。

汽车常用塑料的种类、特性及应用见表2-8。

表2-8 汽车常用塑料的种类、特性及应用

名称	符号	主要特点	应用举例
聚乙烯	PE	耐磨性、耐蚀性、绝缘性好,耐寒、耐高温	车厢内饰件、油箱、轮毂防尘盖、挡泥板、转向盘、发动机罩、空气导管
聚丙烯	PP	机械强度较高,耐热性、绝缘性、耐蚀性好,但低温发脆,不耐磨,易老化	冷却风扇、风扇罩、保险杠、接线板、分电器盖、调解器盖、蓄电池盖
聚氯乙烯	PVC	耐化学性,阻燃自熄,耐磨,消声减振,强度较高,电绝缘性较好,但热稳定性差	汽车仪表板板皮、坐垫套、地板隔热垫、车门装饰条、方向盘、车门内衬、操纵杆盖板等占车用塑料的20%～30%
聚氨酯树脂	PU	弹性好,机械强度高,化学稳定性好,容易改变形态	仪表盘、方向盘、车门扶手、座椅缓冲件、遮阳板、密封条
ABS树脂	ABS	较好的综合性能；耐冲击、耐蚀性、绝缘性好,易成型和机械加工	仪表盘、控制箱、灯壳、挡泥板、变速杆、散热器护栅
有机玻璃	PMMA	透光性好；强度较高,耐蚀性、绝缘性好；易成型；但性脆,易表面擦毛	灯罩、油杯、镜片、遮阳板、标牌、油标
聚酰胺(尼龙)	PA	坚韧；耐磨性好；耐疲劳；抗霉菌；耐冲击；硬度较高；但吸水性大,尺寸不稳定	冷却风扇、滤网、把手、钢板弹簧销衬套、散热器副油箱
聚甲醛	POM	良好的综合性能、耐油、耐磨、电绝缘性好,吸水性小,尺寸稳定性好	万向节轴承、半轴和行星齿轮垫片、汽油泵盖、转向节衬套
酚醛塑料	PE	优良的耐热、耐磨、电绝缘、化学稳定性、尺寸稳定性和抗蠕变性,但脆性,抗冲击能力差	分电器盖、分火头、水泵密封垫片、制动摩擦片、离合器摩擦片等
聚碳酸酯	PC	强度高,尺寸稳定性、抗蠕变性、透明性好,吸水性小。耐磨性和耐疲劳性不如尼龙和聚甲醛,可在-60～120℃长期使用	保险杠、刻度板、壳体、水泵叶轮

（四）汽车上的塑料制品及发展趋势

1. 塑料在汽车结构件上的应用

目前，在汽车结构中广泛采用的塑料有聚氨基甲酸酯、氯化聚乙烯、聚丙烯、ABC共聚物、聚乙烯等10余种。

（1）聚氨基甲酸酯 一般被用来制造座椅头、扶手、转向盘等，它不仅可以减轻汽车重量并提高舒适性，而且在碰撞的情况下可以减少人身伤亡事故。现在，这种塑料还被用来制造车门、发动机罩、行李箱盖、散热器挡隔板等。今后，还将使用它来制造车轮罩、阻流板、车身壁板、内饰件、绝热件、空心零件和防腐零件等。

（2）氯化聚乙烯 主要被用来制造驾驶室中的内饰件，如侧板、顶篷和座椅的蒙皮、地毯、挡风玻璃密封条和窗框等。

（3）聚丙烯 主要被用来制造大型的汽车零件，如保险杠、金属保险杠的盖板、车门

袋、车轮罩、通风系统管道、整流罩转向柱饰面、驾驶室侧柱等。除此之外，聚丙烯还被大量用来制造壳体零件，如风扇、齿轮传动和带轮传动装置的外罩、蓄电池底板等。

（4）塑料玻璃　主要被用来制造车身板和散热器带窗孔的前板，今后在承重零件的生产中（载重车的悬挂、底盘、车架、钢板弹簧）也将会大量采用塑料玻璃。

（5）ABC共聚物　是汽车工业中应用最广泛的塑料之一，其优点是外观好、力学性能好，但价格较贵。这种材料被广泛用来制造仪表板及其元件、转向柱外套、扶手、照明设备、测量仪外罩、抗冲击板、车门等。

2. 塑料在汽车内装件上的应用

目前，汽车制造商在汽车内饰方面追求的是进一步提高车内部空间的舒适性、安全性和装饰性，并向高级化方向发展。这种高级化体现在采用多种性能各异的材料，使车内所有表面软饰化（纤维织物、真皮革、植毛）并力求美化（花纹深粗、木纹、颜色匹配）。

现在，软饰表面材料可以与内部吸音吸振材料和骨架材料一起复合成车内顶棚、豪华仪表板、方向盘、座椅等。当然，这种发展趋势实际上是与材料的再生利用、降低成本相矛盾的，因此，开发出既满足内饰高级化、软饰化、个性化，又满足轻量化、低成本、材料再生利用要求的内饰用新材料是当务之急。目前，汽车和内饰制造商们正在不断选择新型的内饰材料，以保证在不增加费用的情况下满足用户舒适性和安全性方面的要求。

聚丙烯由于价格低而迅速在美国汽车上得到广泛应用。例如，克莱斯勒公司在其Neon车上全部使用了由聚丙烯制成的内饰。此外，戴-克公司的NS、通用公司的M和APV、福特公司的Windstar和Villager等车型也都采用聚丙烯替代ABS制作内饰件。当然，由于ABS强度高、刚性好、耐高温、易于将装饰材料和软质表面粘在一起，因而仍是主要的内饰材料之一。目前，许多公司，如GE高新材料集团、陶氏化学公司正在推出新型的ABS以降低成本。GE高新材料集团的BuickRoadmaster仪表板由于使用这种材料，使横梁、风孔及弯角支撑一体化，省略了加强钢筋。

（1）塑料仪表板　今后，仪表板的发展趋势是容易装配且容易拆卸，而在选材上，则必须能够满足设计要求并且具有可回收性，尽量做到美观、低成本。针对这一发展趋势，热塑性塑料仪表板和单一品种塑料的仪表板是一个发展方向。例如，奥迪A8的仪表面板由PC/ABS共混材料或PPO共混材料制造。日本丰田汽车公司和美国福特汽车公司使用PPO制造的仪表面板具有低成本、较好的振动阻尼和易于再生利用的优点，使PPO成为未来汽车仪表面板的首选材料。

（2）车内顶棚　目前轿车顶棚一般为玻璃纤维＋发泡聚氨酯＋表面装饰织物等多种材料复合加工而成，货车一般采用表面附有人造革或纤维织物的泡沫片材粘贴型顶棚。考虑到功能要求以及回收利用的要求，未来车内顶棚的发展趋势是骨架、吸音、隔热和表皮材料尽量由同种材料构成，或者使用不需分离而直接一次性回收使用的增强复合材料。

（3）门立柱装饰板　门立柱装饰板材料常用PP和PPO。考虑到材料成本，将来高流动、高刚性、抗冲击性良好的PP材料具有一定的优势。门立柱装饰板表面色泽必须与车内整体颜色匹配，要求防静电、耐擦伤、美观，因此采用聚丙烯板材与表面装饰材料一体真空成型或热压成型的生产技术能够满足小批量的轿车生产。

（4）其他　塑料不仅轻而且具有隔音效果。瑞士哈特波恩公司开发了0.5mm/0.1mm/0.5mm的金属/塑料/金属夹层板，用于制造汽缸盖、发动机罩等，能隔离发动机的噪声。其冲压加工、涂装、点焊、电阻焊、氩弧焊等工艺性均表现良好，与低碳钢板的加工性相当。目前，通用汽车公司将一种型号为 AFV-4522 的起隔音作用的热塑性树脂粘接在 Azdel（40%GFRP，用作骨架材料）上而制成的复合材料可起到降低柴油发动机噪声的作用。把 Azdel 模压成型，用特殊的树脂胶黏剂粘接 AFV-4522。由于 AFV-4522 具有隔热性，故也起到了隔断向车室内传热的效果。另外，福特公司的柴油发动机铝活塞下部较细，如果在外围粘接上塑料套，可减轻活塞重量、降低往复惯性力，并能吸收汽缸因撞击而产生的能量以及发动机的噪声。

3. 塑料在汽车外装件上的应用

对于汽车外装件，常见的塑料制品从材料角度来看大致分为三大类，即热塑性塑料注射成型制品、复合塑料模压制品、聚氨酯反应注射模（RIM）成型制品。

（1）保险杠　保险杠材料多采用耐冲击性、耐候性、涂装性好并可注射成型的三元乙丙橡胶（EPDM）改性 PP。这种增韧交联改性材料具有网状结构，可使冲击强度得到大幅度提高，能满足保险杠耐冲击、耐热、耐老化、耐低温及刚性好、韧性好的要求。当前国内外的轿车保险杠多采用热塑性工程塑料如聚氨酯弹性体材料。

（2）散热器格栅　散热器格栅是表现整车性格的重要装饰件，因此选材时要着重考虑它的成型性和装饰性。一般，前脸、前挡泥板、车门、下翼子板、侧门框装饰等使用"HPA"，即 ABS 树脂/聚碳酸酯的共混物，外加少量的第三种组分。

（3）风挡玻璃　窗玻璃塑料化的主要目的是节能和保护乘员安全。目前，中间夹塑料膜的复合玻璃普遍被用于高级车上。在美国，在风挡玻璃的三层安全玻璃的里面又进一步贴附了 2mm 厚的聚氨酯膜，这是为了保护乘员在车受到冲撞时不至于被玻璃碎片毁面而设计的，目前这种构造已得到普遍认可。此外，美国绝大部分客车均采用了丙烯酸树脂板。由于"FMVSS205"的修订，美国客车的窗玻璃，除前窗玻璃、司机左右侧窗玻璃外，已全部使用硬质透明塑料。

（4）车身　早在 1983 年，外装板的塑料化就已在三种车型上得到了应用——本田的帕拉特赛车、福特的旁蒂亚克·费勒车及雷诺的埃斯巴斯车。本田的帕拉特赛车是最早在外装板上大幅度使用塑料的。由于塑料部分占车身表面积的 40%，从而使原来 1t 的车身重量减轻到 700～800kg。在该车型中，塑料的重量构成比达 11.1%，约是轿车平均构成比 5.7% 的 2 倍。通用汽车公司的费勒车采用 SMC（热固性片状模塑料）和 R-RIM 技术，其塑料化率高达 9%，车重量（原来为 1157kg）也减轻了 109kg。另外，戴-克公司将推出一种新型的塑料汽车——车身由 PET 塑料制造的六大部分组成（一般的金属车身组装需要大约 80 个部件），而且不用油漆，能够使汽车的造价降低一半。

车身塑化的进展还得益于塑料成型加工技术的不断进步。过去，人们主要是以 SMC 为主对车身板用塑料进行了很多开发研究工作。采用 SMC 加工成的制品具有良好的力学性能、表面质量和自然时效性。其缺点是在不使用胶黏剂的情况下较脆。20 世纪 90 年代，CTMT（玻璃毡增强热塑性复合塑料）材料在汽车上的应用曾被誉为是"20 世纪汽车工业的一项重大突破"。这种材料由于力学性能优异、成型周期短、可制造大型结构件以及可以回收利用而受到汽车界的高度关注。CTMT 的初始产品是一种长玻璃纤维连续叠成的玻璃毡，经 PP 浸渍压制成 PP 增强片材。这种片材便于冲压成型，适合于制造结构件和大型覆盖件。另外，增强反应注射模工艺则具有优异的力学和物理性能以及抗表面裂纹能力，但表面质量比 SMC 差。目前，虽然采用薄壁技术制造 PV-RRIM 非常具有吸引力，但其加工成本高于 SMC。

4. 塑料在功能零件上的应用

高分子材料的未来除了高性能化外，高功能化也是一个重要的发展方向，今后这方面的开发利用将会十分活跃。

（1）塑料电池　在聚乙炔等导电性聚合物上包覆金属箔层，浸入电解液，引出导线，即可制得二次电池。塑料电池引人注目的原因是：

① 单位重量的A·h容量大；

② 能够释放高电压；

③ 具有较高的功率输出密度；

④ 形状可自由选择，方便在汽车上装配；

⑤ 无公害，不必担心镉等重金属污染。

尽管如此，塑料电池仍有自放电大、寿命短的缺点。

（2）光导纤维　光电元件的开发领域很广阔，但在汽车上使用时输送距离不成问题，信息量也不多，因此，对输送损失和输送速度方面的要求并不严格，完全可以选用便宜的塑料光导纤维。

随着电子设备的增加和电子控制的扩大，汽车的电气配线根数和重量也相应增大，因此，在汽车上采用塑料光导纤维能够带来明显的轻量化和成本下降的效果。

（3）塑料磁铁　将铁氧体、稀土类钴、阿尔科尼铜等硬质磁性粉末用塑料胶黏剂填充形成的塑料磁铁具有塑料的优良成型性与磁铁的特性。在汽车上，它主要被用于刮水器电机的磁场带、蓄电池液面传感器上。

三、胶黏剂

胶黏剂是把相同或不同的材料牢固地粘合在一起的物质，起到连接和密封的作用。它既有较高的黏结强度，又具有耐水、耐油、耐热、耐化学物品腐蚀的性能。可以代替焊、及铆接及螺栓连接等。在汽车零件修理中常用各种胶黏剂来粘合及修整。胶黏剂应用举例见表2-9。

表2-9　汽车用胶黏剂应用举例

零件名称	被黏结体		黏结剂	适用方法
制动器衬片	衬片	钢	腈基酚醛树脂	加热加压黏结
离合器摩擦片	摩擦片	钢	腈基酚醛树脂	加热加压黏结
发动机前罩	钢板	钢板	腈氯乙烯或橡胶	自动喷射
门玻璃撑条	玻璃	钢	环氧树脂	高频热压
风挡玻璃密封条	橡胶	玻璃或涂漆板	聚氨酯	排气
皮革顶棚	皮革	涂漆板	丁腈橡胶	喷涂
坐垫织物	纺织布	编织布	丁基橡胶	滚筒
车门玻璃密封袋	聚氯乙烯	尼龙毛绒	聚氨酯	静电植绒

第五节　陶瓷、汽车玻璃

一、陶瓷

陶瓷是指以天然或人工合成的各种化合物为基本原料，经原料处理、成型、干燥、高温烧结而成的一种无机非金属固体材料。

陶瓷材料除应用传统的陶瓷制品外，近三十年来，由于制造工艺的改进，陶瓷性能得到很大的改善，出现了精细陶瓷，广泛应用于制造零件、工具和工业构件等。现代陶瓷材料已和高分子材料、金属材料并称为三大固体工程材料。

（一）陶瓷的性能特点

① 是工程材料中硬度最高的材料，硬度一般在1500HV以上（淬火钢为500～800HV，高分子材料一般低于20HV）；具有较高的抗压强度，但其抗拉强度较低（陶瓷抗拉强度与抗压强度之比为10∶1，铸铁为3∶1）；陶瓷在室温下塑性几乎为零，韧性和疲劳性能较差。

② 具有高的熔点和高温强度，在1000℃以上仍能保持其室温下的强度。

③ 具有高的抗氧化能力，在室温下及在高温下都不会发生氧化，对酸、碱、盐的腐蚀有较强的抵抗能力。

④ 较好的电绝缘性能。有的陶瓷具有各种特殊性能，如压电陶瓷、磁性陶瓷、透明铁电陶瓷等。

（二）陶瓷的分类

按成分、性能和用途，陶瓷分为以下几种。

1. 普通陶瓷（传统陶瓷）

以天然的硅酸盐矿物为原料（如黏土、长石、石英等），经粉碎、成型、烧结而成的产品，因而又称硅酸盐陶瓷，如日用陶瓷、化工陶瓷、建筑陶瓷、卫生陶瓷、电器绝缘陶瓷等。广泛用于人们的日常生活、建筑、卫生、电力、化工领域，如餐具、卫生洁具、电绝缘器材料、装饰材料等。

2. 特种陶瓷（新型陶瓷）

采用纯度较高的人工合成原料（如氧化铝、碳化硅、氮化硅等），经配料、成型、烧结工艺制成的具有独特的力学、物理或化学性能的陶瓷，如压电陶瓷、高温陶瓷、磁性陶瓷、电光陶瓷等。

3. 常用工业陶瓷

（1）普通陶瓷　这类陶瓷质地坚硬，不氧化生锈，耐腐蚀，不导电，能耐一定的高温，成本低，加工成型性好，但强度低，耐高温性能比其他陶瓷低。广泛应用于电气、化工、建筑、纺织等行业。如用于受力不大、工作温度低于200℃，且在酸、碱介质中工作的容器、反应塔、管道等。

（2）氧化铝陶瓷　这类陶瓷以Al_2O_3为主要成分，它具有耐高温性能好，耐酸、碱和化学药品的腐蚀，有优良的电绝缘性，但脆性大，不耐冲击，抗热振性差，不能承受温度的突变。常用来制作高温容器和内燃机的火花塞、刀具、坩埚、耐磨零件等。

（3）碳化硅陶瓷　这类陶瓷是以碳化硅晶粉经成型、高温烧结而成的特种陶瓷，是目前高温强度最高的陶瓷，其抗弯强度在1400℃仍可保持在500～600MPa，有很高的热传导能力，良好的热稳定性、耐磨性、耐蚀性和抗蠕变性。常用来制作火箭尾喷管的喷嘴、浇注金属用的喉嘴、燃气轮机的叶片、热电偶套管、热交换器件等在高温下工作的重要工件。

（4）氮化硅陶瓷　这类陶瓷是以氮化硅为主要原料，经高温高压的热压烧结而成的特种陶瓷。具有良好的化学稳定性。除氢氟酸外，能耐各种无机酸和碱溶液的腐蚀，也能抵抗熔融的非铁金属的侵蚀；硬度高，有良好的电绝缘性和耐磨性；摩擦系数小，是一种良好的耐磨材料；热膨胀系数小，抗高温蠕变性能和抗热振能力比其他陶瓷强；最高工作温度不如氧化铝陶瓷，但高温强度高，一般至1200℃时强度几乎不下降。常用来制作高温轴承、燃气轮机的转子叶片、转子发动机刮片、高硬高速切削刀具等重要耐温耐磨工件、耐蚀水泵密封环等。

二、汽车玻璃

玻璃是一种非晶态固体，它是以石英砂、纯碱、长石、石灰石等为主要原料，并加入某些金属氧化物等辅料在1550~1600℃高温下熔融后经拉制或压制而成的。经过特殊工艺处理，还可制成具有各种不同特殊性能的特殊玻璃。

（一）玻璃的性能特点

玻璃的力学性能随种类不同差异很大，其共性为硬度高（仅次于陶瓷）、抗压强度高、抗拉弯强度低、塑性小、韧性很差，是典型的脆性材料。

玻璃有良好的化学稳定性，对酸、碱的腐蚀具有较强的抵抗能力。但氢氟酸对玻璃具有较强的腐蚀作用。普通玻璃的耐热性较差，经过热处理后，可提高其耐热性。

固态玻璃具有良好的绝缘性能，可用于制造各种绝缘器材和电学仪器。但液态玻璃却具有良好的导电性。

玻璃最突出的特点是具有良好的光学性质，即透明性和折光性。除此之外，特种玻璃还有吸热、防辐射、防爆等特殊性能。一般用做透光、透视、隔音、隔热等器件及装饰物。在汽车上，主要用做挡风玻璃和车身玻璃等。

（二）玻璃在汽车上的应用

汽车对玻璃的性能要求如下。

透明性：透光性良好而且要求透视的影像不产生变形。

耐候性：要求玻璃不会因气温变化而引起品质的改变。

机械强度：要求玻璃对于风压要有足够的强度；有一定的抗冲击或弯曲的能力。

安全性：产生冲撞时不会伤害乘客。

1. 汽车上的板型玻璃

一般板型玻璃的主要成分是 SiO_2、Na_2O、石灰；有较好的透明性和耐候性；脆性大；质量为塑料的1.5~2.5倍；因在频繁的交通事故中，板型玻璃极易造成人身伤亡事故，而逐步被淘汰。

2. 汽车上的钢化玻璃

将普通玻璃加热到一定温度后急剧冷却就能大大提高玻璃的强度，这种淬火玻璃就称为钢化玻璃。

钢化玻璃除具有平板玻璃同样的硬度和透明度以外，还具有很高的温度急变抵抗性、耐冲击性和强度高（为平板玻璃的4~6倍）等特点。钢化玻璃在受到冲击破碎后，碎片小而无棱角，不会造成人体伤害。但这种玻璃在破碎前会产生很多裂纹，由于光线的漫射作用，玻璃会变得模糊不清，所以，钢化玻璃仅作为汽车后窗玻璃和侧窗玻璃。

3. 汽车上的区域钢化玻璃

区域钢化玻璃采用特殊的热处理方法，可以控制玻璃碎片的大小、形状和分布，以克服普通钢化玻璃在经受撞击后会形成一层稠密的裂缝网的缺陷；区域钢化玻璃在驾驶员前的前风窗玻璃视区，采用碎片加大的方法，在破碎后保住视线，避免了二次事故的发生。

4. 汽车上的夹层玻璃

夹层玻璃是将两片或两片以上的平板透明玻璃或钢化玻璃用聚乙烯醇缩丁醛塑料衬片粘合在一起而成。当汽车碰撞时，即使玻璃破碎，其碎片仍能粘附在安全膜上，仅产生辐射状的裂纹而玻璃不致脱落伤人，并且不产生折光现象，透明度仍然良好。而且这层薄膜片还能吸收剩余的能量。因此，夹层玻璃的安全性比区域钢化玻璃又提高了一步。各国规定汽车前挡风玻璃必须使用夹层玻璃。

第六节 复合材料

在汽车轻量化的进程中，要求其使用的结构材料同时具有高弹性模量、高强度、小密度、高可靠性等特点，普通金属、非金属材料已无法同时满足这些要求。

由两种或两种以上物理、化学性质不同的物质，经人工合成而成的多相固体材料，称为复合材料。复合材料可以克服或改善单一材料的弱点，充分发挥其优点，并能得到单一材料不易具备的性能和功能。塑料和玻璃的强度和韧性都不强，而其复合而成的材料（玻璃纤维塑料）却有很高的强度与韧性，而且质量很小。

复合材料为一种多相组成物，组成相分为起粘合作用的基体相和起强化作用的增强相两类。

一、复合材料性能特点、分类

1. 复合材料的性能特点

① 复合材料具有高的比强度和比模量（弹性模量/密度），例如，碳纤维和环氧树脂组成的复合材料，其比强度是钢的 8 倍，比模量是钢的 4 倍，这对要求减轻自重和高速运转的结构和零件是非常重要的。

② 复合材料有好的抗疲劳性能，例如碳纤维-聚酯树脂的疲劳强度是其抗拉强度的 70%~80%，而大多数金属的疲劳强度只有其抗拉强度的 40%~50%。

③ 复合材料减振性能强，例如用同样尺寸和形状的梁进行振动试验，金属材料制成的梁 9s 才停止振动，而碳纤维复合材料则只需 2.5s，就可停止振动；同时复合材料还有高温性能好、断裂安全性高的优点。

④ 复合材料的性能可设计性非常强，根据产品结构和受力情况，通过调整纤维结构、排列可以制成各向异性和不同厚度的制品，还可以方便地实现夹芯结构，以达到最佳轻量化设计方案。比如保险杠、后板簧等零件，把纤维排列成垂直于受力方向，充分发挥 FRP 材料强度的不等向性来达到节约材料和减轻重量的目的。而金属材料由于其各向同性，满足了受力最大方向上的技术要求之后，另一个方向的过剩强度就是浪费。

2. 复合材料的分类

复合材料的种类很多，常见的分类方法有以下三种。

（1）按基体分类 分为非金属基体（如高聚物、陶瓷等）和金属基体两类。

（2）按增强相的种类和形状分类 分为颗粒复合材料、层叠复合材料和纤维增强复合材料。

（3）按性能分类 分为结构复合材料和功能复合材料。

二、复合材料在汽车上的应用

在汽车上所采用的复合材料是纤维增强塑料、纤维增强金属、纤维增强陶瓷。

1. 纤维增强塑料

（1）玻璃纤维增强塑料　它是指由玻璃纤维与热固性或热塑性树脂复合的材料。它具有优良的抗拉、抗弯、抗压强度及好的抗蠕变性能，耐冲击、电绝缘性好、价格低的特性，用来制作轴承、齿轮等精密零件，汽车的仪表盘、前后灯，空气调节器叶片等。玻璃纤维增强尼龙的强度超过了铝合金而接近于镁合金，可以用来替代这些金属。

在汽车发动机、汽缸盖等部位若采用玻璃纤维强化热塑性树脂，比用铸铁制造重量可减轻45%；汽车底盘若采用玻璃纤维增强树脂，其重量可以比用钢铁材料减轻80%。从20世纪80年代起，玻璃纤维增强塑料已被世界各大汽车公司采用，是汽车上应用最广泛的复合材料。

（2）碳纤维增强塑料　碳纤维增强塑料是以碳纤维或其织物为增强相、以树脂为胶黏剂而制成的增强塑料。碳纤维增强塑料的性能特点：碳纤维增强塑料的成型加工法与玻璃纤维增强塑料差不多；碳纤维增强塑料具有高的比强度和比弹性模量，密度低，抗压强度比玻璃纤维高一倍左右，它还具有较好的耐疲劳特性，是一种理想的汽车材料；还具有很好的耐蠕变性能，耐腐蚀性能，热伸缩性小，能导电，X射线穿透性好，耐磨性高，磁电屏蔽性好，振动衰减快，振动传导小，这些性能适用于汽车材料；碳纤维增强塑料的缺点，主要表现在耐冲击性差，易发生纤维和树脂之间的层间分离，且价格昂贵。采用碳纤维增强塑料生产的汽车零件有：发动机挺柱、保险杠骨架、大梁、横梁、传动轴、悬挂板簧等。它主要的应用有发动机系统中的推杆、连杆、摇杆、水泵叶轮，传动系统中的传动轴、离合器片、加速装置及其罩等，底盘系统中的悬置件、弹簧片、框架、散热器等，车体上的车顶内外衬、地板、侧门等。

碳纤维增强塑料将是汽车工业大量使用的增强材料。因为汽车要求油耗小、轻量化、发动机高效化、车型阻力小等，都迫切希望有一种质轻和一材多用的轻型结构材料，而碳纤维增强塑料是最理想的选择。

2. 纤维增强金属

纤维增强金属的特点是除了比强度、比刚性好，耐热耐磨性好，还具有优良的导热性和导电性。因此，如果零件要求兼有以上的综合性能时，可采用这类材料，如汽车中的活塞、活塞销、气门摇臂、连杆、汽缸体、挺柱等。但由于制造问题，目前纤维增强金属材料未能得到广泛使用。

3. 纤维增强陶瓷

陶瓷具有耐高温、抗氧化、高弹性模量和高抗压强度等优点。

但由于脆性大经不起冲击，因而限制了陶瓷的使用。通过在陶瓷材料中加入颗粒、晶须及纤维等得到的陶瓷基复合材料，使陶瓷的韧性大大提高。

陶瓷基复合材料具有高强度、高模量、低密度、耐高温、高的耐磨性和良好的韧性，目前已用在高速切削工具和内燃机部件上。汽车工业的研究重点是替代金属制造发动机的零件乃至整机，用陶瓷材料可以提高热效率，无须水冷，而且比硬质合金的重量轻得多。

三、复合材料发展趋势

随着轻量化材料技术，包括设计、生产工艺、装配、连接、材料性能等的不断发展和成熟，未来基于复合材料基础上的多材料轻量化结构是汽车轻量化发展的一个明显趋势，通过不同材料、结构和制造工艺的相互结合和补充，可以简单方便地实现设计和制造的模块化，以实现所用的材料和零件功能达成最佳组合。目前，汽车的轻量化技术还处于很不成熟的阶段，未来还有很大的发展空间。

实训　金属硬度的测定

一、实训内容

(1) 布氏硬度的测定。
(2) 洛氏硬度的测定。

二、实训目的

(1) 了解硬度试验的种类特点及用途。
(2) 了解布氏硬度计和洛氏硬度计的主要原理、结构及操作方法。
(3) 学会从测定的硬度中了解金属的其他性能及硬度与强度的关系。

三、实训器材

布氏硬度计、洛氏硬度计、读数显微镜、试样。

四、操作步骤及工作要点

(1) 布氏硬度试验机的外形结构如图 2-16 所示，其基本操作和程序是：

① 将试样放在工作台上，顺时针转动手轮，使压头向试样表面直至手轮对下面螺母产生相对运动（打滑）为止。此时试样以承受 98.07N 初载荷。

② 按动加载按钮，开始加主载荷，当红色指示灯闪亮时，迅速拧紧紧压螺钉，使圆盘转动。达到所要求的持续时间后，转动即自行停止。

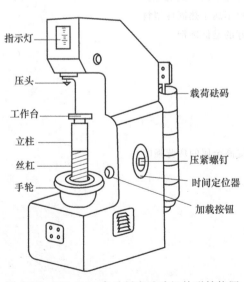

图 2-16　HB-3000 布氏硬度试验机外形结构图

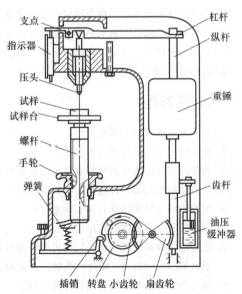

图 2-17　H-100 洛氏硬度试验机结构图

③ 逆时针转动手轮降下工作台，取下试样用读数显微镜测出压痕直径 d，以此查表既得 HBS 值。

(2) 洛氏硬度试验机的结构如图 2-17 所示，其基本操作程序是：

① 将试样放置在试样台上，顺时针转动手轮，使试样与压头缓慢接触，直至表盘小指针到"0"为止，然后将表盘上指针调零。

② 按动按钮或转动手柄，加主载荷，当表盘大指针反转停止后，再顺时针旋转摇柄，卸载主载荷，此时表盘大指针即指示出该试样的 HRC 值。

③ 逆时针转动手轮，取出试样，硬度测定完毕。

复习与思考题

一、填空题

1. 金属在外力作用下的变形可分为_____、_____和_____三个连续的阶段。
2. 钢的常用热处理方法有_____、_____、_____、_____、_____。
3. 高碳钢焊接性能不好的原因是_____含量高。刀具材料硬度必须高于被切工件的硬度，常温硬度必须在_____以上。
4. 热处理工艺都是由_____、_____、_____三个阶段所组成的。
5. 铜合金中，按主加元素不同分为_____、_____和白铜。
6. 根据其成分和工艺特点，铝合金分为_____和_____两类。
7. 常用的滑动轴承合金主要有_____、_____、_____、_____。

二、判断题

1. 汽缸体的材料一般选用 HT200，汽缸套的材料选用青铜。（　）
2. 45 钢的平均含碳量为 45%。（　）
3. 发动机活塞通常选用铝合金材料。（　）
4. 为了改变轴类零件的综合机械性能，通常对轴进行完全退火热处理。（　）
5. 塑料分为热固性塑料和热塑性塑料，环氧树脂塑料不属于热固性塑料。（　）
6. 采用一般的工艺方法，金属材料中，焊接性能较好的是低碳钢。（　）
7. 钢的基本相中，属于化合物的是铁素体。（　）

三、简答题

1. 汽车常用的材料有哪些？
2. 金属的力学性能包括哪些指标？
3. 为什么金属的疲劳破坏具有很大的危险性？如何提高金属的疲劳强度？
4. 什么是材料的工艺性能？常指哪些项目？
5. 纯铁的同素异构转变有何实际意义？
6. 简述铁碳合金相图的作用？
7. 随着钢中含碳量的增加，钢的力学性能有何变化？
8. 指出 Q235、45、T8 的材料类型、含义和用途。
9. 加入合金元素对钢的性能有哪些影响？
10. 什么是热处理？什么样的材料才能进行热处理？

11. 说明下列材料的牌号和含义：
   HT150 GCr15 40Cr 9SiCr W18Cr4V 1Cr13 KTZ550-04 15MnTi 60Si2Mn
12. 结构钢能否用来制造工具？工具钢能否用来制造零件？为什么？
13. 汽车常用的有色金属有哪几种？各具有什么特性？
14. 有色金属与黑色金属比较，具有哪些优良的性能？
15. 什么是塑料？塑料具有哪些特性？
16. 什么是陶瓷？简述它们的性能及在汽车上的应用。
17. 什么是玻璃？玻璃有何性能特点？
18. 什么是复合材料？复合材料有何优异的性能？

第三章 构件受力分析

知识目标

1. 理解静力分析的基本概念和基本公理。
2. 掌握物体的典型约束及受力分析。
3. 掌握平面汇交力系的平衡条件。
4. 了解旋转构件的特征及惯性力的概念。
5. 掌握定轴转动刚体的动静法。

能力目标

1. 掌握力矩的计算及受力图的绘制。
2. 能熟练应用平面汇交力系的平衡方程求解平面力系的平衡问题。
3. 掌握应用动静法对定轴转动刚体进行动力分析。

第一节 静力分析基础

一、基本概念

1. 力的概念

力,是人们生产和生活中非常熟悉的概念,是力学的基本概念。人们对于力的认识,最初是与推、拉、举、掷时肌肉的紧张与疲劳的主观感觉相联系的。后来在长期的生产和生活中,通过反复观察、实验和分析,逐步认识到,无论在自然界或工程实际中,物体机械运动状态的改变或变形,都是物体间相互机械作用的结果。例如,汽车在刹车后,速度很快减小,最后静止下来;吊车梁在起吊重物时产生弯曲,等等。这样,人们通过科学的抽象,得出了力的定义:力是物体间相互的机械作用。这种作用的结果是使物体的机械运动状态发生改变,或使物体变形。前者称为力的运动效应或称外效应,后者称为力的变形效应或内效应。

力对物体的效应取决于力的大小、方向和作用点,称为力的三要素。

(1) 力的大小　力的大小表示物体间机械作用的强弱程度,它可通过力的运动效应或变形效应来度量,在静力学中常用测力器来测量。本章采用我国法定计量单位,力的单位是 N(牛),或 kN(千牛),$1kN=10^3 N$。

(2) 力的方向　力的方向表示物体间的机械作用具有方向性。它包含方位和指向两层含义。

(3) 力的作用点　力的作用点是力作用在物体上的位置。实际上，当两个物体直接接触时，力总是分布作用在一定的面积上。如手推车时，力作用在手与车相接触的面积上。当力作用的面积很小以至可以忽略其大小时，就可以近似地将力看成作用在一个点上。作用于一点上的力称为集中力。

如果力作用的面积很大，这种力称为分布力。例如，作用在墙上的风压力或压力容器上所受到的气体压力，都是分布力。有的力不是分布地作用在一定的面积上，而是分布地作用于物体的每一点上，如地球吸引物体的重力。

力具有大小和方向，显然，力是矢量。可以用一带箭头的直线段将力的三要素表示出来，如图 3-1 所示。线段的长度 OF 按一定的比例尺表示力的大小；线段的方位和箭头的指向表示力的方向；线段的起点（或终点）表示力的作用点。通

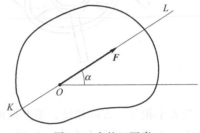

图 3-1　力的三要素

过力的作用点沿力的方位画出的直线，如图 3-1 中的 KL，称为力的作用线。

本章中矢量均用黑斜体字母表示，如用 F 表示力矢量。

2. **力系**

作用在同一物体上的一群力称为力系。如果物体在一力系作用下保持平衡状态，则该力系称为平衡力系；如果两个力系分别对同一个物体的运动效应相同，则这两个力系彼此称为等效力系。如果一个力与一个力系等效，则这个力称为该力系的合力；而该力系中的每个力是合力的分力。

3. **平衡**

平衡指物体相对于地面保持静止或匀速直线运动的状态，是机械运动的一种特殊形式。

4. **刚体的概念**

所谓刚体是指在任何外力的作用下，大小和形状始终保持不变的物体。实际上，现实中刚体是不存在的。任何物体在力的作用下，总是或多或少地发生一些变形。如果物体的微小变形对于研究的问题影响很小，则可将物体抽象为刚体。但是，如果在所研究的问题中，物体的变形成为主要因素时，就不能再把物体看成是刚体，而要看成为变形体。本章所研究的物体只限于刚体。

5. **力矩的概念**

若某物体具有一固定支点 O，受 F 力作用，当 F 力的作用线不通过固定支点 O 时，则物体将产生转动效应，如图 3-2 所示。其转动效应与力 F 的大小和点 O 到力 F 作用线的垂直距离 d 有关，用它们的乘积来度量，称为平面力对点的矩，简称力矩，记作

$$M_O(F)=\pm Fd$$

式中，d 称为力臂；O 点称为矩心，它可以是固定支点，也可以是某指定点。式中的正负号表示力矩的转向。在平面内规定：力使物体绕矩心作逆时针方向转动时，力矩为正；力使物体作顺时针方向转动时，力矩为负。

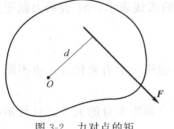

图 3-2　力对点的矩

在平面问题中,力对点的矩只需考虑力矩的大小和转向,因此力矩是代数量。力矩的单位为 N·m 或 kN·m。

6. 力偶的概念

在日常生活及生产实践中,常见到物体受一对大小相等、方向相反但不在同一作用线上的平行力作用。例如图 3-3 所示的司机转动方向盘及钳工对丝锥的操作等。

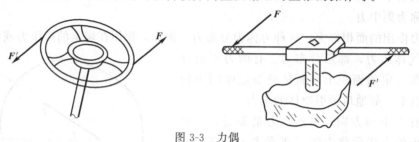

图 3-3 力偶

当大小相等、方向相反、不共线的两个平行力 F 和 F' 作用在同一物体时,它们的合力 $F_R=0$,即 F 和 F' 没有合力。但因二力不共线,所以不是平衡力。它们的作用效果是使物体发生转动。力学上把这样大小相等、方向相反、不共线的两个平行力叫力偶。如图 3-4 (a) 所示。力偶能使刚体产生纯转动效应,而不能产生移动效应。力偶对刚体产生的转动效应,以力偶矩 M 来度量,记作

$$M = \pm Fd$$

式中,d 为两个力作用线之间的垂直距离,称为力偶臂。

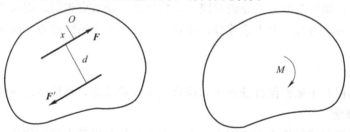

(a) 用力和力偶臂表示力偶 (b) 用带箭头的弧线表示力

图 3-4 力偶的表示方法

两个力的作用线所在的平面称为力偶作用面。规定:力偶使刚体做逆时针方向转动,力偶矩取正值,反之取负值。对于平面力偶而言,力偶矩 M 可认为是代数量,其绝对值等于力的大小与力偶臂的乘积。力偶矩的单位为 N·m 或 kN·m。衡量力偶转动效应的三个要素是:力偶矩的大小、力偶的转向和力偶的作用面。不同的力偶只要它们的三要素相同,对物体的转动效应就是一样的。

平面力偶除了用力和力偶臂表示外,也可以用一带箭头的弧线表示,M 表示力偶矩的大小,箭头表示力偶矩的转向,如图 3-4 (b) 所示。

力偶具有如下性质:

① 力偶不能合成为一个力。力偶没有合力,所以力偶不能用一个力来代替,也不能与一个力来平衡,力偶只能和转向相反的力偶平衡。

② 力偶对其作用面内任一点之矩恒等于力偶矩,值等于力偶矩本身的大小,且与矩心位置无关。

图 3-4（a）所示力偶（F，F'），其力偶臂为 d，逆时针转向，其力偶矩为 $M=Fd$，在其所在的平面内任选一点 O 为矩心，与离 F' 的垂直距离为 x，则它到 F 的垂直距离为 $x+d$。显然，力偶对 O 点的力矩是力 F 与 F' 分别对 O 点的力矩的代数和。其值为：

$$F(d+x)-F'x=Fd$$

由于 O 点是任意选取的，所以力偶对于刚体的转动效应完全决定于力偶矩，而与矩心位置无关。

③ 在同一平面内的两个力偶，如果它们的力偶矩大小相等，转向相同，则这两个力偶等效。称为力偶的等效条件。

二、基本公理

静力学基本公理是人类在长期生活和生产实践中积累经验的总结，又经过实践的反复检验，证明是符合客观实际的普遍规律而建立的基本理论，是静力学全部理论的基础。

1. 二力平衡公理

作用在同一刚体上的两个力，使刚体平衡的必要和充分条件是，两个力大小相等，方向相反，作用在同一条直线上。

2. 加减平衡力系公理

在作用于刚体上的任一力系中，加上或去掉任何平衡力系，并不改变原力系对刚体的作用效果。

图 3-5（a）所示的小车，在力 F 的作用线上 B 点加一平衡力系 F_1 和 F_2〔见图 3-5（b）〕，这样并不改变原来的力 F 对小车的作用效应。

由这一公理，可以得到作用于刚体上的力的一个重要推论——力的可传性原理，作用于刚体上的力可沿其作用线移动到该刚体内任意一点，而不会改变该力对刚体的作用效应。

这个原理可以利用上述公理推证如下：

① 设 F 作用于 A 点，如图 3-5（a）所示；

② 在力的作用线上任取一点 B，并在 B 点加一平衡力系（F_1，F_2），使 $F_1=-F_2=F$，如图 3-5（b）所示；由加减平衡力系公理知，这并不影响原力 F 对刚体的作用效应；

③ 再从该力系中去掉平衡力系（F，F_1），则剩下的 F_2，如图 3-5（c）所示，与原力 F 等效。

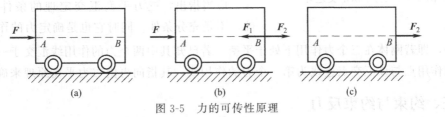

图 3-5 力的可传性原理

这就相当于将原来的力 F 从 A 点沿其作用线移到 B 点，并不改变对小车的作用效应。

3. 作用与反作用公理

两个物体之间的作用力和反作用力，沿同一直线，大小相等，方向相反，分别作用在两个物体上。其数学表达式为

$$F=-F'$$

该公理说明了两物体间相互作用力的关系。两个物体之间所发生的机械作用是相互的，即

作用力与反作用力必须同时成对出现的,同时消失,作用力和反作用力通常都是性质相同的。

4. 力的平行四边形公理

两个作用于刚体上同一点(或作用线交于同一点)的力 F_1 和 F_2,可以用一个作用效果相同作用于同点的力 F_R 代替,这个力称为 F_1 和 F_2 的合力。合力的大小和方向由以这两个力为邻边所组成的平行四边形的对角线来确定。如图 3-6 所示,F_R 是 F_1、F_2 的合力。力的平行四边形公理符合矢量加法法则,即

$$F_R = F_1 + F_2$$

如图 3-7 所示,自任意点 O 先画出一力 F_1,然后再由 F_1 的终点画一力 F_2,最后连接 O 点与 F_2 的终端,它就代表 F_1、F_2 的合力 F_R。合力的作用点仍为汇交点 A。这种作图方法称为力的三角形法则。在作力三角形时,必须遵循这样一个原则,即分力首尾相接,但次序可变,合力与最后分力箭头相接。此外还应注意,力三角形只表示力的大小和方向,而不表示力的作用点或作用线。

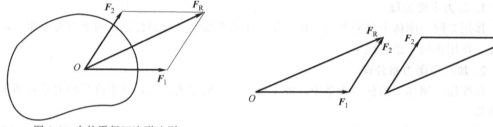

图 3-6 力的平行四边形法则　　　　图 3-7 力的三角形法则

5. 三力平衡汇交定理

刚体受三力作用而平衡,若其中两力作用线汇交于一点,则另一力的作用线必汇交于同一点,且三力的作用线共面。

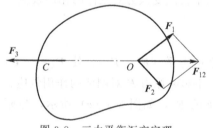

图 3-8 三力平衡汇交定理

如图 3-8 所示,设刚体在三力 F_1、F_2 和 F_3 作用下处于平衡,若 F_1 和 F_2 汇交于 O 点,依据力的可传性原理,将此二力沿其作用线移动汇交点 O 处,并将其合成 F_{12},则 F_{12} 和 F_3 构成二力平衡力,所以 F_3 必通过汇交点 O,且三力必共面。

应当指出,三力平衡汇交定理的条件是必要条件,不是充分条件。同时它也是确定力的作用线的方法之一,即若刚体在三个力作用下处于平衡,若已知其中两个力的作用线汇交于一点,则第三力的作用点与该汇交点连线为第三个力的作用线,其指向再由二力平衡原理来确定。

三、约束与约束反力

工程中的机器或者结构,总是由许多零部件组成的。这些零部件是按照一定的形式相互连接。因此,它们的运动必然互相牵连和限制。如果从中选取一个物体作为研究对象,则它的运动当然也会受到与它连接或接触的周围其他物体的限制。也就是说,它是一个运动受到限制或约束的物体,称为被约束体。

这些限制物体某些运动的条件,称为约束。这些限制条件总是由被约束体周围的其他物体构成的。为方便起见,构成约束的物体常称为约束。约束限制了物体本来可能产生的某种

运动，故约束有力作用于被约束体，这种力称为约束反力。

约束反力总是作用在被约束体与约束体的接触处，其方向也总是与该约束所能限制的运动或运动趋势的方向相反。据此，即可确定约束反力的位置及方向。

在一般情况下物体总是同时受到主动力和约束反力的作用。主动力常常是已知的，约束反力是未知的。这需要利用平衡条件来确定未知反力。工程实践中，物体间的连接方式是很复杂的，为了分析和解决实际计算问题，必须将物体间各种复杂的连接方式抽象化为几种典型的约束类型。

下面介绍几种常见的约束类型，并指出如何判断约束反力的某些特征。

1. **柔索约束**

用柔软的皮带、绳索、链条阻碍物体运动而构成的约束叫柔索约束。由于柔索约束只限制物体沿着柔索伸长方向的运动，且柔索约束只能受拉力，不能受压力，能承受压力或弯曲，所以约束反力一定通过接触点，沿着柔索中心线背离被约束物体的方向的拉力，如图 3-9 中的力。

2. **光滑接触面约束**

当两物体直接接触，并可忽略接触处的摩擦所构成对物体运动限制时，称为光滑接触面约束。这种约束不能限制物体沿光滑接触面的公切线方向的运动或离开光滑面，只能限制物体沿着接触面的公法线向光滑面内的运动，所以光滑接触面约束反力是通过接触点，沿着接触面的公法线指向被约束的物体，如图 3-10 所示，其约束反力均为压力，常用 F_N 表示。

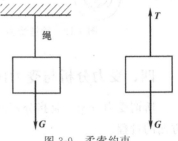

图 3-9 柔索约束

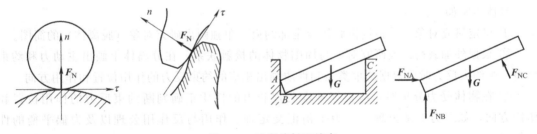

图 3-10 光滑接触面约束

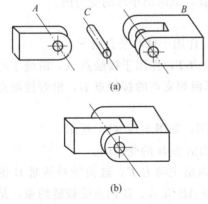

图 3-11 圆柱铰链约束

3. **圆柱铰链约束**

圆柱铰链简称为铰链。铰链是工程上常见的一种约束，如图 3-11 所示。门所用的活页、铡刀与刀架、起重机的动臂与机座的连接等，都是常见的铰链连接。理想的圆柱铰链是由一个圆柱形销钉插入两个物体的圆孔中构成的，且认为销钉与圆孔的表面很光滑。

由于销钉与销孔之间看成光滑接触，根据光滑接触面约束反力的特点，销钉对构件的约束反力应通过接触点 K 沿公法线方向（通过销钉中心）指向构件，但接触点的位置不能预先确定，它随着构件的受力情况而变化。为计算方便，约束反力通常用经过构件销孔中心的两个正交分力 F_x 和 F_y 来表示，如图 3-12 所示。

若铰链支座被滚动体支承时，这种支座称为滚动铰支座。它的构造如图 3-13 所示。由于被滚动体的作用，被支承构件可沿支承面的切线方向移动，故其约束反力的作用线垂直于支承面并通过销钉的中心。此类约束称为活动铰链约束。

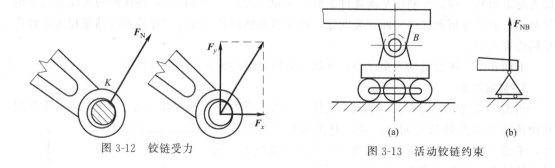

图 3-12　铰链受力　　　　　图 3-13　活动铰链约束

四、受力分析与受力图

所谓受力分析，是指分析所要研究的物体（称为研究对象）上受力多少、各力作用点和方向的过程。

在工程实际中，常常遇到几个物体联系在一起的情况，因此，在对物体进行受力分析时，首先要明确研究对象，并设法从与它相联系的周围物体中分离出来，单独画出。这种从周围物体中单独分离出来的研究对象，称为分离体。取出分离体后，单独画出简图，然后将其他物体对它作用的所有主动力和约束反力全部表示出来，这样的图称为受力图或分离体图。

具体步骤如下：

① 确定研究对象。去掉周围物体及全部约束，单独画出研究对象（脱离体）的简图。

② 根据外加载荷以及研究对象与周围物体的接触联系，在分离体上画出主动力和约束反力。画约束反力时要根据约束类型和性质画出相应的约束反力的作用位置和作用方向。

③ 在物体受力分析时，应根据基本公理和力的性质正确判断约束反力的作用位置和作用方向，如二力平衡公理、三力平衡汇交定理、作用与反作用公理以及力偶平衡的性质等。

【例 3-1】　重量为 G 的小球，按图 3-14（a）所示放置，试画出小球的受力图。

解　（1）根据题意取小球为研究对象。

（2）画出主动力：受到的主动力为小球所受重力 G，作用于球心竖直向下。

（3）画出约束反力：受到的约束反力为绳子的约束反力 T，作用于接触点 A，沿绳子的方向，背离小球；以及光滑面的约束反力 F_N，作用于球面和支点的接触点 B，沿着接触点的公法线（沿半径，过球心），指向小球。

把 G、T、F_N 全部画在小球上，就得到小球的受力图，如图 3-14（b）所示。

【例 3-2】　图 3-15（a）所示为活塞连杆机构，试画出活塞 B 的受力图。

解　取活塞为研究对象，画出分离体。在分离体上画出主动力 F；缸筒壁对活塞 B 的约束视为光滑面，约束反力 F_N 沿法线指向活塞 B。连杆 AB 在 A、B 两点受铰链约束，是二力构件，两力过 A、B 两点连线。因此连杆 AB 对活塞 B 的约束反力 F_B 沿 A、B 连线指

向铰链 B，如图 3-15（b）所示。

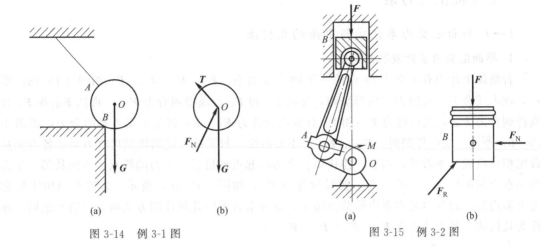

图 3-14 例 3-1 图　　　　　　图 3-15 例 3-2 图

第二节　平面力系

如各力的作用线均在同一平面上或近似地分布在同一平面内的力系叫平面力系。根据力系中各力作用线分布的特点不同，平面力系可分为以下几种。

（1）平面汇交力系　在平面力系中，各力的作用线均汇交于一点的力系，称为平面汇交力系。如图 3-16 所示用力拉动碾子压平路面，当受到石块的阻碍而停止前进时，碾子受到拉力、重力、地面反力以及石块的反力的作用，以上各力的作用线都在铅垂平面内且汇交于碾子中心点，即组成一个平面汇交力系。

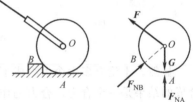

图 3-16 平面汇交力系

（2）平面力偶系　仅由作用在物体上同一平面内的若干力偶组成的平面力系称平面力偶系。如图 3-17 所示的汽车发动机汽缸盖。

（3）平面任意力系　是指各力的作用线位于同一平面内但不全汇交于一点，也不全互相平行的力系。

当物体所受的力对称于某一平面时，也可以简化为平面力系的问题来研究。例如，图 3-18 所示均匀装载沿直线行驶的货车，如果不考虑路面不平引起的摇摆和侧滑，则其自重与货重之和 G、所受风阻力 F、地面对车轮的约束力（考虑摩擦之后）F_{DA}、F_{BB} 等便可作为平面任意力系来处理。

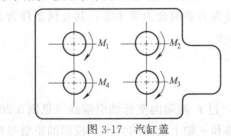

图 3-17 汽缸盖

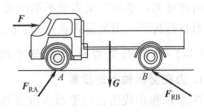

图 3-18 汽车受力图

一、平面汇交力系

(一) 平面汇交力系合成与平衡的几何法

1. 平面汇交力系合成的几何法

若物体上作用有汇交于 O 点的一平面汇交力系 F_1、F_2、F_3、F_4 如图 3-19 (a) 所示，现求其合力。按照力三角形法则，先将 F_1 和 F_2 合成得到合力 F_{R1}，再把 F_{R1} 和 F_3 合成得到合力 F_{R2}，最后将力 F_{R2} 和 F_4 合成得到合力 F_R。F_R 就是汇交力系的合力，如图 3-19 (b) 所示。实际作图时，F_{R1}、F_{R2} 可不必画出，只需按一定的比例尺将力系中各力矢量首尾相接组成一条折线，然后，连接第一个力的起点到最后一个力的终点，方向从第一个力的起点指向最后一个力的终点，就得到合力 F_R，如图 3-19 (c) 所示。多边形 $ABCDE$ 称为力多边形，而合力是力多边形的封闭边，这种求合力的几何作图方法叫力多边形法则，亦称为几何法。其表达式为 $F_R = F_1 + F_2 + F_3 + F_4$。

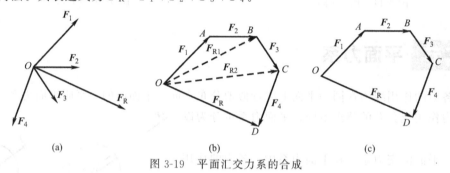

图 3-19 平面汇交力系的合成

显然，不论有多少个力组成汇交力系，都可以用这种方法来求合力。即：平面汇交力系合成的结果是一个合力，合力的作用线通过力系的汇交点，合力等于原力系中所有各力的矢量和。即：

$$F_R = F_1 + F_2 + \cdots + F_n = \sum F_i \tag{3-1}$$

需要指出的是，在作力多边形时，若按不同的顺序画各分力，得到力多边形也不同，但力多边形的封闭边不变，即最终合力的大小和方向不变。也就是说，力多边形在合成过程中与秩序无关。

2. 平面汇交力系平衡的几何条件

在图 3-19 中，平面汇交力系 F_1、F_2、F_3、F_4 已合成为一个合力 F_R。若在该力系中另加一个力 F_5，使其与力 F_R 等值、反向、共线，则根据二力平衡公理可知，物体处于平衡状态，即 F_1、F_2、F_3、F_4、F_5 成为平衡力系。如作出该力系的力多边形，构成一个自行封闭的力多边形，即最后一个力的终点与第一个力的起点相重合，亦即该力系的合力为零。由此可见，平面汇交力系平衡的必要与充分条件为力系的合力等于零；其几何条件为力多边形自行封闭。用矢量式表达为：$F_R = 0$ 或 $\sum F_i = 0$。

(二) 平面汇交力系合成与平衡的解析法

1. 力在坐标轴上的投影

在力 F 作用线所在的平面内取直角坐标系 xOy，过 F 两端向坐标轴引垂线（见图 3-20）得垂足 a、b、c、d。线段 ab 和 cd 分别为 F 在 x 轴和 y 轴上投影的大小，投影的正负号规定为：从 a 到 b（或从 c 到 d）的指向与坐标轴正向相同为正，相反为负。$\boldsymbol{F}$ 在 x 轴和 y 轴上的投影分别计作 F_x、F_y。

若已知 $\boldsymbol{F}$ 的大小及其与 x 轴所夹的锐角 α，则有

$$F_x = F\cos\alpha, \quad F_y = F\sin\alpha$$

如将 $\boldsymbol{F}$ 沿坐标轴方向分解，所得分力 $\boldsymbol{F}_x$、$\boldsymbol{F}_y$ 的值与在同轴上的投影 F_x、F_y 相等。但须注意，力在轴上的投影是代数量，而分力是矢量，不可混为一谈。

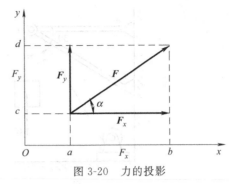

图 3-20　力的投影

若已知 F_x、F_y 的值，可求出 $\boldsymbol{F}$ 的大小和方向，即

$$F = \sqrt{F_x^2 + F_y^2}$$

$$\tan\alpha = \frac{F_y}{F_x}$$

2. 平面汇交力系合成的解析法

设有一个平面汇交力系 $\boldsymbol{F}_1$、$\boldsymbol{F}_2$、$\cdots$、$\boldsymbol{F}_n$，据式（3-1）有

$$\boldsymbol{F}_R = \boldsymbol{F}_1 + \boldsymbol{F}_2 + \cdots + \boldsymbol{F}_n = \sum \boldsymbol{F}$$

在其平面内取直角坐标系 Oxy，将上式两边分别向 x 轴和 y 轴投影，即有

$$\left.\begin{array}{l} F_{Rx} = F_{1x} + F_{2x} + \cdots + F_{nx} = \sum F_x \\ F_{Ry} = F_{1y} + F_{2y} + \cdots + F_{ny} = \sum F_y \end{array}\right\} \quad (3\text{-}2)$$

式（3-2）表明：力系的合力在某轴上的投影，等于力系中各力在同一轴上投影的代数和。即合力投影定律。

若进一步按式（3-3）运算，即可求得合力的大小，即

$$F_R = \sqrt{(\sum F_x)^2 + (\sum F_y)^2} \quad (3\text{-}3)$$

合力的方向可由方向余弦确定

$$\tan\alpha = \frac{\sum F_y}{\sum F_x} \quad (3\text{-}4)$$

3. 平面汇交力系的平衡方程

平面汇交力系平衡的充分和必要条件是力系的合力等于零。由式（3-3）可知平面汇交力系的平衡条件是

$$\left.\begin{array}{l} \sum F_x = 0 \\ \sum F_y = 0 \end{array}\right\} \quad (3\text{-}5)$$

式（3-5）说明，力系中所有各力在每个坐标轴上投影的代数和都等于零。这就是平面汇交力系平衡的解析条件。式（3-5）称为平面汇交力系的平衡方程。这两个独立的方程，可以求解两个未知量。

【例 3-3】 图 3-21（a）所示为一简易起重机。利用绞车和绕过滑轮的绳索吊起重物，其重力 $G = 20$ kN，各杆件与滑轮的重力不计。滑轮 B 的大小可忽略不计，试求杆 AB 与 BC 所受的力。

解　（1）取节点 B 为研究对象，画其受力图，如图 3-21（b）所示。由于杆 AB 与 BC 均为两力构件，对 B 的约束反力分别为 $\boldsymbol{F}_A$ 与 $\boldsymbol{F}_C$，滑轮两边绳索的约束反力相等，即 $T = G$。

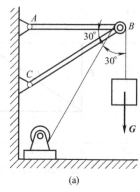

图 3-21 例 3-3 图

(2) 选取坐标系 xOy。

(3) 列平衡方程式求解未知力：

$$\sum F_x = 0, \ F_C\cos30° - F_A - T\cos60° = 0$$
$$\sum F_y = 0, \ -F_C\cos60° + T\cos30° + G = 0$$

解得 $F_C = 74.64\text{kN}$，$F_A = 54.64\text{kN}$。

由于此两力均为正值，说明 F_A 与 F_C 的方向与图示一致，即 AB 杆受拉力，BC 杆受压力。若解出的结果为负值，则说明力的实际方向与原假设方向相反。

二、平面力偶系

因为力偶没有合力，力偶对物体的作用效果是转动，所以同一平面上的多个力偶对物体的作用效果也是转动，作用在同一物体上的多个力偶的合成的结果必然也应该是一个力偶，并且这个力偶的力偶矩等于各个分力偶的力偶矩之和。即作用在同一平面上的若干力偶，可以合成为一个合力偶。设物体仅受平面力偶系 M_1，M_2，$\cdots$，M_n 的作用，其合力偶矩等于各分力偶矩的代数和：

$$M = M_1 + M_2 + \cdots + M_i = \sum M_i$$

由合成结果可知，要使力偶系平衡，则合力偶的矩必须等于零，即

$$M = \sum M_i = 0 \tag{3-6}$$

上式称为平面力偶系的平衡方程。

平面力偶系的独立平衡方程只有一个，故只能求解一个未知数。

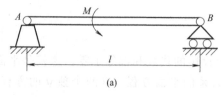

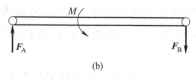

图 3-22 例 3-4 图

【例 3-4】 梁 AB 上作用有一力偶，其转向如图 3-22（a）所示，力偶矩 $M = 100\text{N}\cdot\text{m}$，梁长 $l = 5\text{m}$，梁的自重不计，求 A、B 处支座反力。

解 梁的 B 端是可动铰支座，其支座反力 F_B 的方向是沿垂直方向的；梁的 A 端是固定铰支座，其反力的方向本来是未定的，但因梁上只受一个力偶的作用，根据力偶只能与力偶平衡的性质，F_A 必须与 F_B 组成一个力偶。这样 F_A 的方向也只能是沿垂直方向的，假设 F_A 与 F_B 的指向如图 3-22（b）所示，由平面力偶系的平衡条件得

$$\sum M = 0, M - F_A l = 0$$

$$F_A = \frac{m}{l} = \frac{15}{3} = 5\text{kN}$$

$$F_B = 5\text{kN}$$

三、平面任意力系

(一) 力的平移定理

力的可传性原理知道力只能沿其作用线进行移动，实际上一个力可以在其作用面内任意搬移，其理论根据就是力的平移定理：作用在刚体上的一个力 F 可以平移到同一刚体上的任一点 O，但必须同时附加一个力偶，其力偶矩等于原力 F 对新作用点 O 的矩，称为力的平行移动定理，简称力的平移定理，如图 3-23 所示。

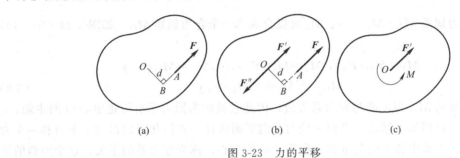

图 3-23 力的平移

如图 3-23 (b) 所示，根据加减平衡力系公理，在任意点 O 加上一对与 F 等值的平衡力 F'、F''，则 F 与 F'' 为一对等值反向不共线的平行力，组成了一个力偶，其力偶矩等于原力 F 对 O 点的矩，即

$$M = M_O(F) = Fd$$

于是作用在 A 点的力 F 就与作用于 O 点的平移力 F' 和 F 对 O 点的附加力偶 M 共同作用等效，如图 3-23 (c) 所示。

力的平移定理说明一个力可以和一个力加上一力偶等效。力的平移过程是可逆的，由此可得重要结论，即：平面内一个力和一个力偶，总可以归并为一个和原力大小相等并与之平行的力。

应用力的平移定理，有时能更清楚地看出力对物体的作用效果。例如使用丝锥攻螺纹时，要求用双手均匀加力，这时螺杆仅受一力偶作用，参见图 3-3。

如双手用力不匀或用单手加力，这时丝锥将受一个力和一个力偶的共同作用，这个力却往往是丝锥弯曲或折断的主要原因。

(二) 平面任意力系向一点简化

设刚体上作用有一平面一般力系 F_1、F_2、$\cdots$、F_n，在平面内任意取一点 O，称为简化中心，如图 3-24 (a) 所示。应用力的平移定理，将各力都向 O 点平移，得到一个汇交于 O 点的平面汇交力系 F_1'、F_2'、$\cdots$、F_n'，以及平面力偶系 M_1、M_2、$\cdots$、M_n。

平面汇交力系 F_1'、F_2'、$\cdots$、F_n'，可以合成为一个作用于 O 点的合矢量 F_R'，如图 3-24 (b)、(c) 所示。

$$F_1' = F_1, F_2' = F_2, \cdots, F_n' = F_n$$

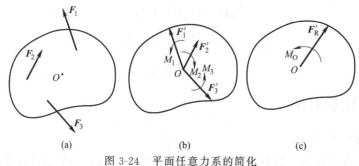

图 3-24 平面任意力系的简化

$$F'_R = \sum F' = \sum F \tag{3-7}$$

它等于力系中各力的矢量和。显然，单独的 F'_R 不能和原力系等效，它被称为原力系的主矢。

附加平面力偶系 M_1、M_2、…、M_n 可以合成为一个合力偶矩 M_O，如图 3-24（b）、（c）所示。

$$M_1 = M_O(F_1), M_2 = M_O(F_2), \cdots, M_n = M_O(F_n)$$
$$M_O = \sum M_i = \sum M_O(F_i) \tag{3-8}$$

显然，单独的 M_O 也不能与原力系等效，因此它被称为原力系对简化中心 O 的主矩。

综上所述，得到如下结论：平面一般力系向平面内任一点简化可以得到一个力和一个力偶，这个力等于力系中各力的矢量和，作用于简化中心，称为原力系的主矢；这个力偶的矩等于原力系中各力对简化中心之矩的代数和，称为原力系的主矩。

原力系与主矢 F'_R 和主矩 M_O 的联合作用等效。主矢 F'_R 的大小和方向与简化中心的选择无关。主矩 M_O 的大小和转向与简化中心的选择有关。

下面用力系向一点简化的结论来分析一种典型的约束——固定端约束。

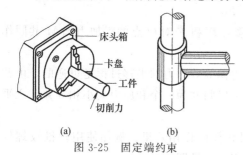

图 3-25 固定端约束

固定端约束是使被约束体插入约束内部，被约束体一端与约束成为一体而完全固定，既不能移动也不能转动的一种约束形式。工程中的固定端约束是很常见的，诸如：机床上装卡加工工件的卡盘对工件的约束［见图 3-25（a）］；大型机器中立柱对横梁的约束［见图 3-25（b）］。图 3-26（a）是固定端约束的简化表示法。

这种约束的特点是：限制物体受约束的一端既不能向任何方向移动，也不能转动。物体插入部分受的力分布比较复杂，但不管它们如何分布，当外力为平面力系时，这些约束反力也为平面力系，如图 3-26（b）所示。若将此力系向 A 点简化，则得到一约束反力 F_A 和一约束反力偶 M_A。约束反力 F_A 的方向预先无法判定，通常用互相垂直的两个分力表示；约束反力偶矩 M_A 的转向，通常假设逆时针转向

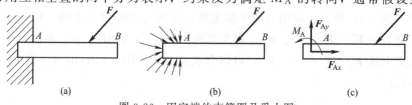

图 3-26 固定端约束简图及受力图

为正,见图 3-26 (c)。

(三) 合力矩定理

如图 3-27 所示,设力 F_1、F_2 作用于刚体上的 A 点,其合力为 F_R,任取一点 O 为矩心,过 O 作 OA 之垂线为 x 轴,并过各力矢端 B、C、D 向 x 轴引垂线,得垂足 b、c、d,有

$$Ob = cd = F_{1x}, \quad Oc = F_{2x}, \quad Od = F_{Rx}$$
$$Od = Ob + Oc$$

各力对 O 点之矩

$$M_O(F_1) = F_{1x} \times OA = Ob \times OA$$
$$M_O(F_2) = F_{2x} \times OA = Oc \times OA$$
$$M_O(F_R) = F_{Rx} \times OA = Od \times OA$$

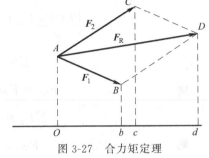

图 3-27 合力矩定理

即

$$M_O(F_R) = M_O(F_1) + M_O(F_2)$$

若在 A 点有一平面汇交力系 F_1、F_2、$\cdots$、F_n 作用,则上述方法多次重复使用,可得

$$M_O = \sum M_O(F) \tag{3-9}$$

式 (3-9) 表明:平面任意力系的合力对平面内任意一点之矩,等于该力系中各个力对同一点之矩的代数和。这一结论称为平面任意力系的合力矩定理。

在计算力矩时,当力臂较难确定的情况下,用合力矩定理计算更加方便。

(四) 平面任意力系的平衡方程及应用

要使刚体在平面任意力系作用下保持平衡,力系的主矢和对于任一点的主矩必须同时等于零。反之,当平面任意力系的主矢和主矩同时等于零时,力系一定平衡。所以,平面任意力系平衡的必要和充分条件是:力系的主矢和力系对于任一点的主矩同时等于零。即

$$\left. \begin{array}{l} F'_R = \sqrt{(\sum F_x)^2 + (\sum F_y)^2} = 0 \\ M_O = \sum M_O(F) = 0 \end{array} \right\}$$

此平衡条件用解析式表示为

$$\left. \begin{array}{l} \sum F_x = 0 \\ \sum F_y = 0 \\ \sum M_O(F) = 0 \end{array} \right\} \tag{3-10}$$

式 (3-10) 表明力系的各个力在直角坐标系的两个坐标轴上投影的代数和都等于零,所有各力对任一点的矩的代数和等于零,称为平面一般力系的平衡方程。

【例 3-5】 如图 3-28 所示为汽车制动踏板装置。已知 $a=380mm$,$b=50mm$,$\alpha=60°$,工作阻力 $F=1700N$,求驾驶员作用于踏板上的制动力 F_P 和铰链 O 的约束反力。

解 取制动踏板为研究对象,铰链的约束反力假设成图 3-28 所示的方向,铰链 O 为两个未知力的交点,取为矩心,力矩方程中将只包含一个未知力 F_P。求出制动力 F_P 后,再列

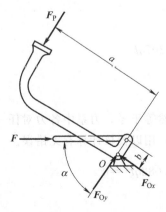

图 3-28 例 3-5 图

出两个投影方程，可求出支座 O 的反力。平衡方程如下：

$$\sum M_O = 0 \qquad Fb\sin\alpha - F_P a = 0$$

则

$$F_P = \frac{Fb(\sin\alpha)}{a} = \frac{(1700 \times 0.05\sin60°)}{0.38} \text{N·m} = 193.7\text{N·m}$$

$$\sum F_x = 0 \qquad F_{Ox} - F\sin\alpha = 0$$

则

$$F_{Ox} = F\sin\alpha = 1700\sin60°\text{N} = 1472.2\text{N}$$

$$\sum F_y = 0 \qquad F_{Oy} + F\cos\alpha - F_P = 0$$

则

$$F_{Oy} = F_P - F\cos\alpha = (193.7 - 1700\cos60°)\text{N} = -656.3\text{N}$$

【例 3-6】 梁 AB 一端为固定端支座，另一端无约束，这样的梁称为悬臂梁。它承受有均布荷载 q 和一集中力 F，如图 3-29（a）所示。已知 $F=ql$，$\theta=45°$，梁的自重不计，求支座 A 的反力。

解 取梁 AB 为研究对象，其受力图如图 3-29（b）所示。选定坐标系，列出平面一般力系的平衡方程，将线荷载 q 用其中心 D 的集中力 $F_Q = ql/2$ 来代替。

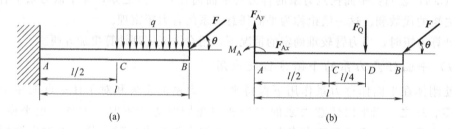

图 3-29 例 3-6 图

$$\sum F_x = 0 \qquad F_{Ax} - F\cos\theta = 0$$

$$\sum F_y = 0 \qquad F_{Ay} - \frac{ql}{2} - F\sin\theta = 0$$

$$\sum M_A(F) = 0 \qquad M_A - F_Q\left(\frac{l}{2} + \frac{l}{4}\right) - Fl\sin\theta = 0$$

$$F_{Ax} = F\cos\theta = 0.707ql$$

$$F_{Ay} = \frac{ql}{2} + F\sin\theta = 0.5ql + 0.707ql = 1.207ql$$

$$M_A = \frac{3ql^2}{8} + 0.707ql^2 = 1.082ql^2$$

力系既然平衡，则力系中各力在任一轴上的投影代数和必然等于零，力系中各力对任一点之矩的代数和也必然为零。因此，可再列出其他的平衡方程，用以校核计算有无错误。

校核：$\sum M_B = \frac{ql}{2} \times \frac{l}{4} - F_{Ay} \times l + M_A = \frac{ql^2}{8} - 1.207ql^2 + 1.082ql^2 = 0$

可见，F_{Ay} 和 M_A 计算无误。

由此可见，解题所用平衡方程是由一个力矩方程和两个投影方程组成的，另取矩心列力矩方程来校核所得结果的正确性。实际上，平面任意力系的平衡方程，除了基本形式外，还有其他两种形式。

1. 二力矩式

$$\left.\begin{array}{l}\sum F_x=0(或\sum F_y=0)\\ \sum M_A=0\\ \sum M_B=0\end{array}\right\} \tag{3-11}$$

使用条件：A、B 两点的连线不能与 x 轴（或 y 轴）垂直。

2. 三力矩式

$$\left.\begin{array}{l}\sum M_A=0\\ \sum M_B=0\\ \sum M_C=0\end{array}\right\} \tag{3-12}$$

使用条件：A、B、C 三点不能在同一直线上。

无论选用哪种形式的平衡方程，对于同一平面力系来说，最多只能列出三个独立的平衡方程，因而只能求出三个未知量。

第三节 旋转构件的运动分析和动力分析

在汽车机械中，如飞轮、齿轮、带轮、曲轴、车轮等很多构件都围绕固定轴旋转。绕着固定轴作旋转的运动称定轴转动。

一、转动速度

(一) 角速度

角速度是表示物体转动快慢物理量，是指单位时间内物体转过的角度，用 ω 表示，单位为 rad/s（弧度/秒）。

当物体作匀速转动时，在时间 t 内转过的角度为 θ（见图 3-30），则角速度 ω 为

$$\omega=\frac{\theta}{t} \tag{3-13}$$

在工程上，通常以每分钟转数（r/min）表示转动的快慢，称为转速，以 n 表示。角速度 ω 与转速 n 之间的关系为

$$\omega=\frac{2\pi n}{60}=\frac{\pi n}{30} \tag{3-14}$$

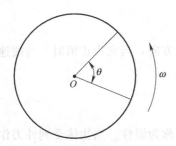

图 3-30 转动构件

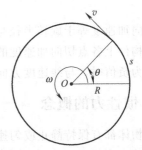

图 3-31 线速度

(二) 线速度

作定轴转动的构件上的各点都作圆周运动，它们的角速度相等，但构件上距离转轴不同位置的点其速度是不同的。将通过的弧长和所用时间的比值定义为线速度。如图 3-31 所示，如果转动构件上某点的转动半径为 R，在时间 t 内转过弧长的为 s，对应的圆心角为 θ，则该点的线速度 v 为

$$v = \frac{s}{t} = \frac{R\theta}{t} = R\omega = \frac{\pi R n}{30} \tag{3-15}$$

即定轴转动构件上任一点速度的大小，等于转动半径与角速度的乘积。

定轴转动刚体上各点线速度的方向沿该点圆周的切线方向，并与物体转向一致。

二、转动加速度

(一) 角加速度

当构件作变速旋转运动时，其角速度是变化的，角速度的变化快慢用角加速度来描述。角加速度是指单位时间内角速度的变化。设其角速度在时间 t 内由 ω_0 变化到 ω_t，则角加速度 α 为

$$\alpha = \frac{\omega_t - \omega_0}{t} \tag{3-16}$$

(二) 法向加速度

当构件作围绕固定轴运动时，其上各点的角速度和角加速度都相等，但是，构件上各点线速度的方向却时时在变。用法向（向心）加速度表示线速度方向的变化的快慢。设构件某点的线速度的大小为 v，旋转半径为 R，则法向加速度 a_n 为

$$a_n = \frac{v^2}{R} = R\omega^2 \tag{3-17}$$

定轴转动构件上各点法向加速度的方向始终垂直于线速度，指向圆心。

(三) 切向加速度

变速转动的构件，各点的线速度方向及大小都是是变化的。线速度大小的变化快慢用切向加速度表示。设构件上某点的线速度在时间 t 内由 v_0 变化到 v_t，则它的切向加速度 a_t 为

$$a_t = \frac{v_t - v_0}{t}$$

由式 (3-15) 得：$v_t = R\omega_t$，$v_0 = R\omega_0$。所以

$$a_t = R \frac{\omega_t - \omega_0}{t} = R\alpha \tag{3-18}$$

故切向加速度等于旋转半径与角加速度的乘积。

转动构件上各点切向加速度的方向沿圆周的切线方向，当它为正值时，与线速度方向一致，当它为负值时，与线速度方向相反。

三、惯性力的概念

任何物体都有保持静止或匀速直线运动的属性，称为惯性。当物体受到外力作用而产生运动状态的变化时，运动物体即对施力物体产生反作用力，因这种反作用力是由于运动物体

的惯性所引起的，故称为运动物体的惯性力，以 F_I 表示，此力作用对象是施力物体。

用绳系一质量为 m 的小球在水平面内作线速度为 v 圆的半径为 R 匀速圆周运动，如图 3-32 所示。

小球在拉力 F_T 的作用下匀速圆周运动，其法向加速度（向心加速度）$a_n = v^2/R$。根据牛顿第二定律，$F_T = ma_n$ 和作用与反作用公理，有

$$F_I = -F_T = -ma_n$$

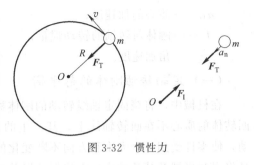

图 3-32 惯性力

小球对绳子的反作用力 F_I，是由于小球具有惯性，力图保持其原来的运动状态不变，对绳子反抗而产生的，称为小球的法向惯性力，它作用在绳子上。

四、动静法

将 $F_T = ma_n$ 写成 $F_T - ma_n = 0$，即

$$F_T + F_I = 0 \tag{3-19}$$

这两个方程只是在形式上有所不同，而它们所表达的物理意义却是相同的，都表示了作用在质点上的力与加速度之间的关系。

但公式（3-19）具有一种新的力学含义：

如果在变速运动质点上假想地加上惯性力，则作用在质点上的外力与质点的惯性力在形式上组成一平衡力系，就可以用静力平衡方程式解决质点动力学问题。

需要指出的是，由于惯性力实际上并不作用于运动的质点，而是作用于施力物体，惯性力是一个假想地加到运动质点上去的一个虚拟力，质点也并不处于静止或匀速直线运动状态，因此这里所谓平衡，是个假象，没有实际的物理意义。

经过这样人为的方法处理后，就能将动力学问题在形式上化为静力学问题，能运用静力学的运算方法来求解。所以，此法称为动静法。

五、定轴转动刚体的动静法

因为刚体绕定轴转动时，刚体上各点的速度都不相同。所以，在应用动静法进行动力计算时，整个刚体不能视为一个质点，只能将转动刚体看成由大量的质点所组成的质点系来处理。在每个质点上假想加上该质点的惯性力，然后将全部质点的惯性力向转动中心简化，得到全部惯性力的总和，再以这个总和来代表定轴转动刚体的惯性力。这就是应用动静法解决刚体绕定轴转动的动力分析问题。

对于刚体具有对称平面，且转动轴垂直于此对称平面的情况，刚体上各质点的惯性力，可假想加在该刚体上的平面惯性力系，再向转动中心简化，得到一个惯性力 F_I 和一个惯性力偶矩 M_I。惯性力通过转轴，其大小等于刚体的质量与质心加速度的乘积，方向与质心加速度的方向相反；惯性力偶矩的大小等于刚体对转轴的转动惯量与角加速度的乘积，转向与角加速度的转向相反。即

$$F_I = -ma_G$$
$$M_I = -J_z\alpha$$

式中 m——刚体的质量；

a_G——质心的加速度;

J_z——刚体对转轴的转动惯量;

α——角加速度。

(一) 定轴转动刚体的静平衡

在机械中,将绕固定轴线转动的刚体称为回转件。作定轴转动的构件由于制造等原因使回转体的质心不在回转轴线上,其产生的惯性力必然是不平衡的,该力引起机器周期性振动,使零件受到一个大小和方向不断变化的附加的动载荷,降低机械效率和使用寿命,而且必将引起机械及其基础产生强迫振动以及可能产生的其他不良现象。因此,在机械设计和使用中必须考虑回转件的平衡问题。

对于轴向尺寸较小的盘类(宽度 b 与直径 D 之比 $b/D \leqslant 0.2$)转子,如齿轮、盘形凸轮和飞轮等,其质量分布可以近似认为在同一回转面内。当回转件匀速转动时,各质量所产生的离心力构成同一平面内交于回转中心点的平面汇交力系。

如果该力系不平衡,则它们的合力不等于零。且其不平衡现象在转子静止时就能够显示出来,故称为静不平衡。为了使力系达到平衡,只需在同一平面内加上一个平衡质量,使其所产生的离心力等于原离心力的合力且方向相反。这样,加上一个平衡质量后,由回转件上各质量所产生的离心力组成的力系就达到平衡,即使质心移到回转轴线上。这种平衡称静平衡。由此可知,定轴转动刚体的静平衡条件为:其惯性力的矢量和等于零。即

$$\sum \boldsymbol{F}_I = 0 \tag{3-20}$$

(二) 定轴转动刚体的动平衡

对于轴向尺寸较大的回转件($b/D > 0.2$),如汽车传动轴、汽车轮胎总成和内燃机曲轴等,其质量就不能再被认为分布在同一平面内,这类回转件转动时产生的离心力不再是平面力系,而是空间力系。这种回转件的不平衡,除了存在静不平衡外,还会存在力偶的不平衡。这种不平衡在回转件运转的情况下才能完全显示出来,故称为动不平衡。对于动不平衡的回转件,单靠在某一回转面内加一平衡质量的静平衡方法不能使这类回转件转动时达到平衡,须选择两个垂直于轴线的平衡基面,并在这两个面上适当加上(或除去)两个平衡质量,使回转件所产生的惯性力和惯性力偶矩都达到平衡,这种平衡称为动平衡。由此可知,刚性回转件动平衡的条件为:其惯性力的矢量和等于零,其惯性力矩的矢量和也应等于零。即

$$\sum \boldsymbol{F}_I = 0, \quad \boldsymbol{M}_I = 0 \tag{3-21}$$

由于动平衡条件中同时包含了静平衡的条件。所以,达到动平衡的回转件也一定是静平衡的;但达到静平衡条件的回转件不一定是动平衡的,这一点必须注意。对于 $b/D \leqslant 0.2$ 的回转件,若达到静平衡以后,也可近似地认为达到了动平衡。

(三) 车轮与轮胎的平衡

车轮与轮胎静不平衡,主要由车轮与轮胎的负载非均匀分布造成,直接导致轮胎旋转不自然,会产生颠簸和跳动现象,往往使轮胎产生平斑现象。而动平衡不良主要是由于轮胎与轮辋结合部中心线的负荷,相互不同造成,会使车轮摇摆,使轮胎产生波浪形磨损。车轮与轮胎是高速旋转组件,引起车辆异常抖动的最大原因是车轮的平衡,在时速45km/h的情况下,可以清楚地感觉到车辆的振动,并随着速度的增加,感觉更为明显。错误的轮胎平衡,将直接影响轮胎的寿命、耐久性、缓冲能力和其他悬挂部件。就车轮本身而言,由于装有气

门嘴,同时还与轮胎和传动轴等传动系的旋转部件组装在一起,因此必须进行平衡,否则,不平衡在所难免。

新车上安装的车轮与轮胎都经过了平衡,随着车辆的行驶及轮胎的维护或修理,如果轮胎有不均匀或不规则磨损,车轮定位失准,车轮平衡维护就是必须要做的工作,平衡车轮时,沿轮辋分配配重,抵消车轮和轮胎中的不平衡部位,使它平稳滚动而无振动。

【例 3-7】 质量为 $m=200\text{kg}$ 的飞轮,其质心与转轴之间的距离为 e,安装在 AB 轴的中点处,如图 3-33 所示。飞轮与轴一起以匀转速 $n=6000\text{r/min}$ 绕 AB 轴线转动,当飞轮质心 C 转到最低位置时轴承的约束反力 $F=30\text{kN}$。求质心与转轴之间的距离 e。

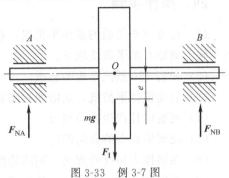

解 以飞轮和转轴组成的系统为研究对象。这是具有对称平面的刚体绕定轴转动问题。忽略轴的质量,作用在系统上的力有:飞轮重力 $m\boldsymbol{g}$;轴承约束反力 F_{NA}、F_{NB};惯性力 F_I。

图 3-33 例 3-7 图

由于飞轮匀速转动,角加速度 $\alpha=0$,因此只需加惯性力 $F_I=me\omega^2$。F_I 的方向随质心加速度方向改变而改变,即随质心位置变化而变化。当质心处于轴下方时,F_I 与重力 $m\boldsymbol{g}$ 方向一致,这时轴承约束反力最大。系统受力如图 3-33 所示。

列平衡方程:

$$\sum F_y=0, \quad F_{NA}+F_{NB}-mg-me\omega^2=0$$

由于重力和惯性力都作用在轴的中点,所以

$$F_{NA}=F_{NB}=\frac{1}{2}(mg+me\omega^2)=\frac{1}{2}m\left[g+e\left(\frac{n\pi}{30}\right)^2\right]$$

将数据代入,得

$$e=\left(\frac{2F_{NA}}{m}-g\right)\left(\frac{30}{n\pi}\right)^2=\left(\frac{2\times30\times10^3}{200}-9.8\right)\left(\frac{30}{6000\pi}\right)^2 \text{m}=0.73\text{mm}$$

由结果可以看出:当动约束力约为静约束力 $\left(\frac{1}{2}m\boldsymbol{g}\right)$ 的 30 倍,而飞轮质心与转轴中心仅偏差 0.73mm,对轴承是十分有害的。

实训 车轮动平衡实验

一、实训内容

(1) 试验刚体绕定轴转动时,刚体上各点的速度各不相同,惯性力也不同。
(2) 试验汽车轮胎的惯性平衡方法。

二、实训目的

(1) 应用动静法对钢体产生的惯性力平衡。
(2) 应用动静法解决钢体绕定轴转动的动力分析问题。

三、实训器材

汽车轮胎的惯性平衡机一台,750型汽车轮胎总成一个,平衡铅条若干,三相电源,撬胎棒一根。

四、操作步骤

(1) 打开汽车轮胎的惯性平衡机,检查各部分功能,插上电源,通电检查各部分性能,将车轮上面原有的平衡块取下。

(2) 安装750型汽车轮胎总成。

(3) 启动惯性平衡机,从低速到高速缓慢加速。

(4) 观察惯性产生振动现象。

(5) 找到惯性力的方向停机。

(6) 在惯性力相反的方向(钢圈边缘与轮胎接触处)嵌入少量铅条。

(7) 再次启动惯性平衡机,从低速到高速缓慢加速,观察惯性产生振动现象。

(8) 用上述方法,直至达到惯性平衡为止。

(9) 操作要点:

① 安装轮胎总成要调平;

② 安装轮胎总成要拧紧锁紧螺母;

③ 从低速到高速要缓慢加速;

④ 要注意操作安全。

复习与思考题

1. 画出图3-34中圆球的受力图。

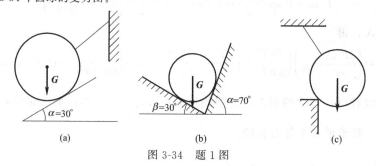

图 3-34 题 1 图

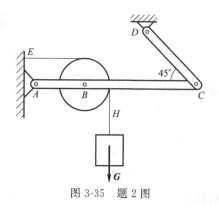

图 3-35 题 2 图

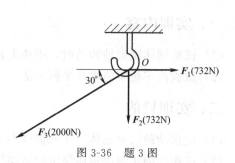

图 3-36 题 3 图

2. 如图 3-35 所示的结构由杆 AC、CD 与滑轮 B 铰接而成。物体的重量为 G，用绳索挂在滑轮上，杆、滑轮及绳子的自重不计，忽略各处的摩擦，试分别画出滑轮 B（包括绳索），杆 AC、CD 的受力图。

3. 一固定于房顶的吊钩上有三个力 F_1、F_2、F_3，其数值与方向如图 3-36 所示。用解析法求此三力的合力。

4. 如图 3-37 所示一圆柱体放置于夹角为 α 的 V 形槽内，并用压板 D 夹紧。已知压板作用于圆柱体上的压力为 F。试求槽面对圆柱体的约束反力。

5. 分别计算如图 3-38 所示中 F_1、F_2 对 O 点的力矩。

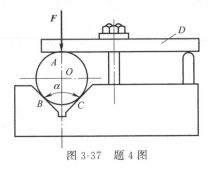

图 3-37　题 4 图

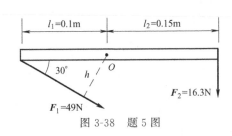

图 3-38　题 5 图

6. 一轮在轮轴 B 处受一切向力 F 的作用，如图 3-39 所示。已知 F、R、r 和 α。试求此力对轮与地面接触点 A 的力矩。

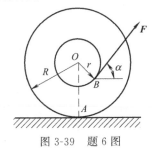

图 3-39　题 6 图

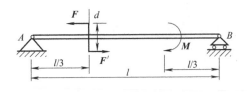

图 3-40　题 7 图

7. 如图 3-40 所示的简支梁 AB 上，受作用线相距 $d=20$cm 的两反向力 F 与 F' 组成的力偶和力偶矩为 M 的力偶作用。若 $F=F'=100$N，$M=40$N·m，梁长 $l=1$m，求支座 A 和 B 的约束反力。

8. 如图 3-41 所示圆柱直齿轮的齿面受一啮合角 $\alpha=20°$ 的法向压力 $F_n=1$kN 的作用，齿面分度圆直径 $d=60$mm。试计算力对轴心 O 的力矩。

9. 悬臂梁如图 3-42 所示，梁上作用有均布载荷 q，在 B 端作用有集中力 $F=ql$ 和力偶为 $M=ql^2$，梁长度为 $2l$，已知 q 和 ql（力的单位为 N，长度单位为 m）。求固定端的约束反力。

10. 如图 3-43 所示，外伸梁上作用有集中力 $F_C=20$kN，力偶矩 $M=10$kN·m 及载荷密度为 $q=10$kN/m 的均匀载荷。求支座 A 和 B 处的反力。

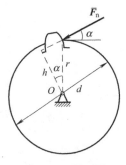

图 3-41　题 8 图

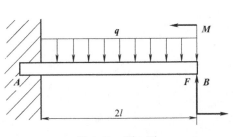

图 3-42　题 9 图

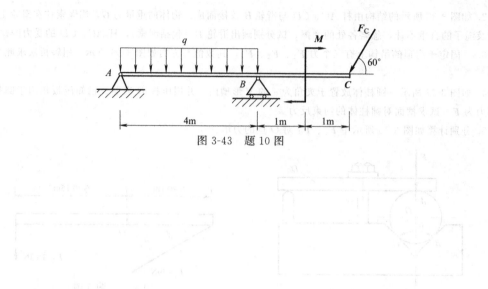

图 3-43 题 10 图

第四章

杆件的承载能力分析

知识目标

1. 了解杆件的基本变形。
2. 理解内力、应力概念。
3. 掌握拉压杆横截面上的应力及强度条件。
4. 掌握剪切和挤压的强度条件。
5. 掌握圆轴扭转时应力和强度条件。
6. 掌握弯曲内力、弯曲应力的概念,弯曲应力强度条件。

能力目标

1. 掌握拉压杆横截面上的应力及强度应用。
2. 掌握圆轴扭转的应力分布规律和强度计算。
3. 掌握弯曲时梁横截面上的正应力和强度计算。

第一节 杆件的基本变形和内力

一、杆件的基本变形

各种机械、设备和结构物在使用时,组成它们的每个构件,都要受到从相邻构件或从其他构件传递来的外力(即载荷)的作用。在外力作用下,构件具有反抗外力的能力,但在载荷过大时,构件就会断裂。而且,在外力作用下,固体的尺寸和形状会发生改变,称为变形。变形分为弹性变形和塑性变形。弹性变形是指载荷撤除后变形完全消失;载荷去除后不能恢复原状的变形称为塑性变形。

为确保构件在规定的工作条件和使用寿命期间能正常工作,构件必须具有一定的承载能力。在规定的载荷作用下,构件不应发生断裂和塑性变形,具有足够的抵抗破坏的能力,即构件具有足够的强度。

如果构件的横截面积尺寸不足或形状不合理,或材料选用不当,不能满足上述要求,将不能保证工程结构或机械的安全工作。反之,如果不恰当地加大构件的横截面积尺寸或选用高强材料,虽满足了上述要求,却造成材料的浪费和结构的笨重,增加了成本。

在机械和工程结构中,构件的基本形状有三种:杆件、板件、块件。但杆件是最常见、最基本的一种构件。所谓杆件，是指长度（纵向）比厚度（横向）、宽度（侧向）的尺寸大得很多的构件。大量的工程构件都可以简化为杆件。如工程结构中的梁、柱，机器中的传动轴等。

杆件所受的外力是多种多样的，因此，杆件的变形也是多种多样的。但其受载后产生的基本变形有以下四种。

（一）轴向拉伸和压缩

若直杆受到沿轴线方向作用的一对大小相等、方向相反的外力作用，则直杆的主要变形是轴向拉伸［图 4-1（a）］或轴向压缩［图 4-1（b）］。杆件就会发生沿轴线方向的伸长或缩短。如千斤顶的螺杆，连杆机构中的连杆等。

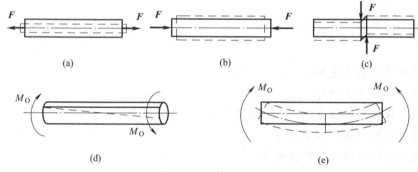

图 4-1 杆件的变形

（二）剪切

若直杆受到一对大小相等、方向相反且相距很近的横向外力作用，则直杆的主要变形是两外力之间的横截面产生相对错动［图 4-1（c）］。如螺栓、铆钉等。

（三）扭转

若直杆受到垂直轴线方向的一对大小相等、转向相反的力偶作用，则直杆的相邻横截面将绕轴线发生相对转动，杆件表面纵向线将成螺旋线，而轴线仍为直线［图 4-1（d）］。如传动轴、扭杆、驾驶盘轴、钻头等。

（四）弯曲

若直杆受到垂直于杆件轴线的横向力或力偶作用，则直杆的轴线由直线弯成曲线［图4-1（e）］。杆在自重的作用下就会发生弯曲变形。在机械和建筑物中用得最多，一般称为梁。

二、内力的概念

研究构件承载能力时，把作用在整个构件上的载荷和约束反力统称为外力。物体的一部分与另一部分之间存在相互的作用力，它维持构件各部分之间的联系及杆件的形状。构件在外力作用下将产生变形，其各部分之间的相对位置将发生变化，从而相应地引起相互作用力的改变。这种由外力引起的构件内部的相互作用力，称为内力。内力在截面上的分布是连续的，通常所说的内力是指该力系的合力或合力偶。

内力随着外力的加大而相应地增加，但是它的增加对于各种材料来说各有着一定的限度，超过了这个限度物体即将破坏，所以，内力与构件的强度等密切相关，内力分析是解决构件强度等的基础。

三、截面法

由于内力是物体内相邻部分之间的相互作用力，为了显示和决定内力，采用截面法。设一杆件在两端受到拉力 F 的作用，如图 4-2（a）所示。杆件整体是平衡的，它的任一分段也应该是平衡的。用一个假想的横截面 $m—m$ 把杆件截成Ⅰ、Ⅱ两个部分。先取部分Ⅰ为研究对象。原来作用在这个研究对象上的外力应当保留，如图 4-2（b）所示。从部分Ⅰ处于平衡可以看到：弃去的部分Ⅱ对研究对象Ⅰ的截面 $m—m$ 上必然有内力作用，设其合力为 F_N，而与部分Ⅰ上所受的外力 F 保持平衡。由平衡方程：

$$F_N - F = 0$$

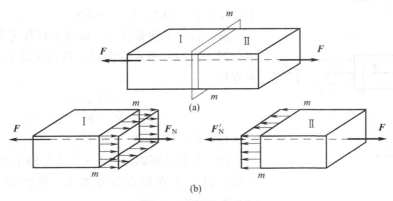

图 4-2 截面法求内力

求得：
$$F_N = F$$

同理，如果以部分Ⅱ为研究对象，求同一截面上的内力时，可以得到相同的结果，$F'_N = F$。

可见，对同一截面，若选取不同部分为研究对象，F_N 与 F'_N 正是作用力和反作用力的关系，即表示出来的部分Ⅰ、Ⅱ间的相互作用力。

这种假想地用一截面将杆件截开，从而显示和确定内力的方法，称为截面法。截面法是求截面上内力的一般方法。它的过程可归纳为以下三个步骤：

① 在需要求内力的截面处，假想用一垂直于轴线的截面把构件分成两个部分，保留其中任一部分作为研究对象；

② 将弃去的另一部分对保留部分的作用力用截面上的内力代替；

③ 对保留部分（分离体）建立平衡方程式，由已知外力求出截面上内力的大小和方向。

这三个步骤可以简单归纳为"截"、"取"、"画"、"求"四个要点。

第二节　截面法求内力

一、轴向拉压时的内力

（一）轴力

如图 4-2 所示，杆件受到外力 F 作用而处于平衡状态，垂直于杆件轴线的方向做横截面

$m—m$，$m—m$ 横截面的内力为 $F=F_N$，由共线力系的平衡条件可知，外力 F 作用线与杆件的轴线重合，所以内力 F_N 的作用线必然沿杆件的轴线方向，这种力称为轴力，用 F_N 表示。

轴力有拉力和压力两种，通常规定：拉力为正，即轴力离开截面为正；压力为负，即轴力指向截面为负。

（二）轴力图

为了表明横截面上的轴力沿杆件轴线的变化情况，可按选定的比例尺，以平行于杆件轴线的坐标表示横截面的位置，以垂直于杆件轴线的坐标表示横截面上轴力的大小，轴力沿杆件轴线的变化情况即可用图线直观地表示出来，这种图线称为轴力图。

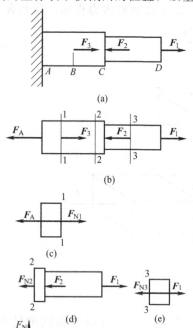

【例 4-1】 画出如图 4-3 所示杆件轴力图。已知 $F_1=20\text{kN}$，$F_2=30\text{kN}$，$F_3=50\text{kN}$。

解 （1）求约束反力。取整个杆件为研究对象，画出如图 4-3（b）所示受力图。设约束反力为 F_A，列平衡方程

$$\sum F_x = 0$$
$$F_1 - F_2 + F_3 - F_A = 0$$

得 $F_A = F_1 - F_2 + F_3 = 20 - 30 + 50 = 40\text{kN}$

（2）分段计算轴力，由于外力分别作用于 B、C、D 三处，以三个作用点为分界线，将杆分为 AB、BC、CD 段，分别计算轴力

① AB 段：在 AB 间任选一横截面 1—1 截开，取其左段为研究对象，如图 4-3（c）所示。由平衡方程得

$$F_{N1} = F_A = 40\text{kN}$$

该力方向向左，为拉伸杆件，其值为正。

② BC 段：在 BC 间任选一横截面 2—2 截开，取其右段为研究对象，如图 4-3（d）所示。由平衡方程得

$$F_1 - F_2 - F_{N2} = 0$$
$$F_{N2} = F_1 - F_2 = 20 - 30 = -10\text{kN}$$

F_{N2} 为负值，说明其方向向右，与题设方向相反。

图 4-3 例 4-1 图

该力的效果为压缩杆件，其值为负。

③ CD 段：在 CD 间任选一横截面 3—3 截开，取其右段为研究对象，如图 4-3（e）所示。由平衡方程得：

$$F_{N3} - F_1 = 0$$
$$F_{N3} = F_1 = 20\text{kN}$$

该力方向向左，为拉伸杆件，其值为正。

（3）画轴力图。建立 xOF_N 坐标系，垂直坐标 F_N 表示内力，单位为 kN；水平线为 x 轴，代表杆件的轴线，根据以上所求轴力值，按比例作轴力图，如图 4-3（f）所示。

二、轴扭转时的内力

沿杆件长度作用的平衡力偶系（非共面力偶系）称为外加转矩。如驾驶汽车时，司机加在方向盘上两个大小相等、方向相反的切向力，它们在垂直于操纵杆轴线的平面内组成一力偶，如图 4-4 所示。同时，操纵杆下端则受到一转向相反的阻力偶的作用。在这两个力偶作用下，操纵杆产生扭转变形。工程中等直圆杆的扭转变形是很常见的，例如汽车传动轴，油田钻井的钻杆等，杆件产生扭转变形时其横截面的内力称为扭矩。

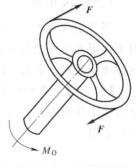

图 4-4 外力偶矩作用下的扭转

（一）外力偶矩计算

工程中，对于作用于轴的外力偶矩一般不直接给出，通常是根据轴传递的功率和轴的转速算出。功率、转速和外力偶矩之间的换算关系为

$$M_e = 9550 \frac{P}{n} \tag{4-1}$$

式中　n——轴的转速，r/min；
　　　P——轴所传递的功率，kW；
　　　M_e——外力偶矩的大小，N·m。

（二）扭矩

当已知作用在轴上的所有外力偶矩后，仍采用截面法确定扭转时横截面上的内力。图 4-5（a）为处于平衡状态下的两端垂直于轴线平面内受一对等值、反向的外力偶矩作用的圆轴。若求任意横截面 m—m 上的内力，用一假想截面沿轴切开，分为左右两段，现取左段为研究对象，如图 4-5（b）所示，由于左端有外力偶矩作用，在 m—m 截面上必有一个内力偶矩 T 与之相平衡。

由平衡方程

$$\sum M_x = 0 \quad T - M_e = 0$$

有

$$T = M_e$$

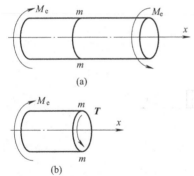

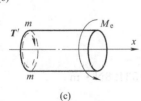

图 4-5 扭矩的计算

T 是轴在扭转时横截面上的内力偶矩，称为扭矩。

若取右段为研究对象，如图 4-5（c）所示，会得到同一截面上大小相等，方向相反的扭矩 T'。

为了使截面两侧求出的扭矩具有相同的正负号，对扭矩的方向作如下规定：采用右手螺旋定则将扭矩表示为矢量：右手四指弯曲方向表示扭矩的转向，右手拇指表示为转矩矢量的指向，背离该截面时为正，指向该截面时为负。这样无论取左段或右段，其横截面上的转矩正负号均相同。

与求轴力的方法相类似，用截面法计算转矩时，一般按正向假设，计算结果为负说明该转矩转向与所设的转向相反。

（三）扭矩图

当多于两个的外力偶作用于轴上时，轴在各段上的扭矩不一定相等。为清晰地表示各截面上扭矩大小和正负沿轴线的变化，寻找圆轴扭转的危险截面，以平行于轴线的坐标表示横截面所在位置，垂直于轴线的坐标表示转矩的数值绘制出扭矩图。

【例 4-2】 图 4-6 所示为一传动轴，主动轮 B 输入功率 $P_B=60\text{kW}$，从动轮 A、C、D 输出功率分别为 $P_A=28\text{kW}$，$P_C=20\text{kW}$，$P_D=12\text{kW}$。轴的转速 $n=500\text{r/min}$，试绘制轴的转矩图。

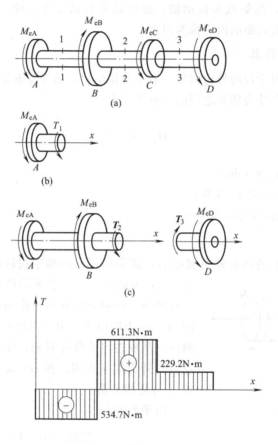

图 4-6 例 4-2 图

解 （1）计算外力偶矩 由式（4-1）得

$$M_{eA}=9550\frac{P_A}{n}=9550\times\frac{28}{500}\text{N}\cdot\text{m}=534.8\text{N}\cdot\text{m}$$

$$M_{eB}=9550\frac{P_B}{n}=9550\times\frac{60}{500}\text{N}\cdot\text{m}=1146\text{N}\cdot\text{m}$$

$$M_{eC}=9550\frac{P_C}{n}=9550\frac{20}{500}\text{N}\cdot\text{m}=382\text{N}\cdot\text{m}$$

$$M_{eD}=9550\frac{P_D}{n}=9550\frac{12}{500}\text{N}\cdot\text{m}=229.2\text{N}\cdot\text{m}$$

（2）计算扭矩

① 沿截面 1—1 截开，取左侧部分为研究对象，如图 4-6（b）所示，求轮 A 至轮 B 间的扭矩 T_1。

$$\sum M_x = 0 \quad T_1 + M_{eA} = 0$$
$$T_1 = -M_{eA} = -534.8 \text{N} \cdot \text{m}$$

T_1 为负，说明与图 4-6（b）所设方向相反，该扭矩指向截面，故：

$$T_1 = -534.8 \text{N} \cdot \text{m}$$

② 沿截面 2—2 截开，取左侧部分为研究对象，如图 4-6（c）所示，求轮 B 至轮 C 间的扭矩 T_2。

$$\sum M_x = 0 \quad T_2 + M_{eA} - M_{eB} = 0$$
$$T_2 = M_{eB} - M_{eA} = 1146 \text{N} \cdot \text{m} - 534.8 \text{N} \cdot \text{m} = 611.2 \text{N} \cdot \text{m}$$

T_2 方向背离截面，故：

$$T_2 = 611.2 \text{N} \cdot \text{m}$$

③ 沿截面 3—3 截开，取右侧部分为研究对象，如图 4-6（c）所示，求轮 C 至轮 D 间的扭矩 T_3。

$$\sum M_x = 0 \quad T_3 - M_{eD} = 0$$
$$T_3 = M_{eD} = 229.2 \text{N} \cdot \text{m}$$

T_3 方向背离截面，故：

$$T_3 = 229.2 \text{N} \cdot \text{m}$$

（3）画转矩图　根据以上计算结果，按比例画转矩图，由图可知，最大转矩在 BC 段内的横截面上，其值为 $611.2 \text{N} \cdot \text{m}$。

三、梁弯曲时的内力

（一）平面弯曲

弯曲变形是工程中最常见的一种基本变形。如桥式起重机的大梁，火车轮轴以及车床上的割刀等，如图 4-7 所示均为典型的弯曲杆件，弯曲杆件都可以简化为一直杆。其受力特点是：所受外力都垂直于杆的轴线。变形特点是：杆轴线由直线弯曲成曲线。这种形式的变形称为弯曲变形。以弯曲变形为主的杆件通常称为梁。

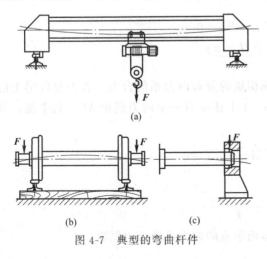

图 4-7　典型的弯曲杆件

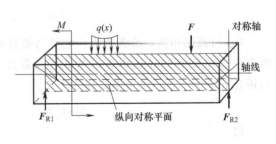

图 4-8　梁的平面弯曲

工程中绝大多数的梁，其横截面通常都有一纵向对称轴。该对称轴与梁的轴线组成梁的纵向对称面（见图4-8）。外力或外力偶作用在梁的纵向对称平面内，则梁变形后的轴线在此平面内弯曲成一平面曲线，这种弯曲称为对称弯曲。平面弯曲是弯曲问题中最基本、最常见的情况，这里我们主要讨论对称弯曲问题。

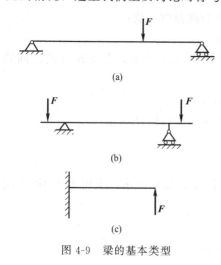

图 4-9 梁的基本类型

（二）梁的基本类型

梁的结构形式很多，根据梁的支承情况，一般可简化为下列三种形式。

① 简支梁。梁的一端为固定铰支座，另一端为可动铰支座，如图 4-9（a）所示。

② 外伸梁。带有外伸端的简支梁，如图 4-9（b）所示。

③ 悬臂梁。梁的一端为固定端，另一端为自由端，如图 4-9（c）所示。

（三）剪力和弯矩

梁在外力作用下，其任一横截面上的内力可用截面法来确定。图 4-10（a）所示简支梁在外力作用下处于平衡状态，现分析距 A 端为 x 处横截面上的内力。

利用静力平衡方程求得约束反力为

$$\sum F = 0, \quad F_{Ay} + F_{By} - F = 0$$
$$\sum M_A = 0, \quad F_{By}L - Fa = 0$$

解得：

$$F_{Ay} = \frac{F(L-a)}{L}$$
$$F_{By} = \frac{Fa}{L}$$

按截面法在横截面 1—1 处假想地将梁分为两段，因为梁原来处于平衡状态，被截出的一段梁也应保持平衡状态。如果取左段为研究对象，则右段梁对左段梁的作用以截开面上的内力来代替。如图 4-10（b）所示。

$$\sum F_y = 0, \quad F_{Ay} - F_Q = 0$$
$$F_Q = F_{Ay} = \frac{F(L-a)}{L}$$

F_Q 与截面相切，称为剪力。它是与横截面相切的分布内力系的合力。若把左段梁上的所有外力对截面 1—1 的形心 C 取矩，在截面 1—1 上还应有一个内力偶矩 M 与其平衡，其力矩总和应等于零。由平衡方程

$$\sum M_C(F) = 0 \quad M - F_{Ay}x = 0$$

得

$$M = F_{Ay}x = \frac{F(L-a)}{L}x$$

M 称为横截面 1—1 上的弯矩，它是与横截面垂直的内力系的合力偶矩。

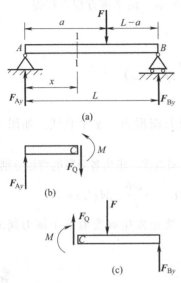

图 4-10 剪力和弯矩

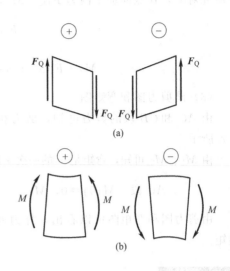

图 4-11 剪力和弯矩正负号

当保留右部分时，如图 4-10（c）所示，同样可以求得剪力与弯矩。剪力与弯矩是截面左、右两部分之间的相互作用力。因此，作用于不同保留部分上的剪力与弯矩，大小相等但方向（转向）相反。为了使保留不同部分进行内力计算时，所得剪力和弯矩不仅数值相等，而且正负号也相同，把剪力和弯矩的符号规则与梁的变形联系起来，通常对剪力和弯矩作如下规定：梁截面上的剪力对所取梁段顺时针方向错动为正；反之为负。如图 4-11（a）所示。梁截面上的弯矩使梁段产生上部受压、下部受拉时为正；反之为负。如图 4-11（b）所示。

【例 4-3】 如图 4-12（a）所示，简支梁 AB 上受力偶 m 的作用，设 L、a、b 均已知，画出剪力图和弯矩图。

解 （1）求支座反力，如图 4-12（b）所示。

$$F_A = \frac{m}{L},\ F_B = \frac{m}{L}$$

（2）求剪力和弯矩

在 AC 段距 A 点 x_1 处作 1—1 截面，取左段为研究对象，在截面加上内力 F_{Q1}、M_1，如图 4-12（c）所示。由平衡方程方程得

$$F_{Q1} = -F_A = -\frac{m}{L}$$

$$M_1 = -F_A x_1 = -\frac{m}{L} x_1$$

在 CB 段距 A 点 x_2 处作 2—2 截面，取左段

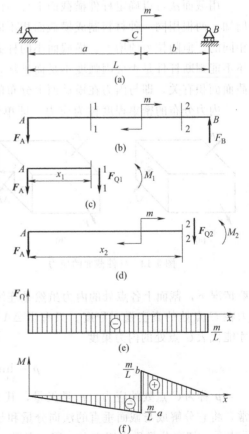

图 4-12 例 4-3 图

为研究对象,在截面加上内力 F_{Q2}、M_2,如图 4-12(d)所示。由平衡方程方程得

$$F_{Q2}=F_A=-\frac{m}{L}$$

$$M_2=F_A x_2+m=-\frac{m}{L}x_2+m=\frac{m}{L}(L-x_2)$$

(3)画剪力图和弯矩图。

由 AC 和 CB 段的剪力可知,剪力相等且不常量,故其图形为一水平直线。如图 4-12(e)所示。

由 M_1、M_2 可知,弯矩是 x 的一次函数,故其图形为一斜直线。求出各分段的弯矩分别为:

$$AC 段 \quad M(0)=0, M_{C左}=-\frac{ma}{L} \quad CB 段 \quad M_{C右}=\frac{mb}{L}, M(L)=0$$

由剪力图和弯矩图可以看出,外力偶对剪力无影响;弯矩发生突变值等于该力偶的力偶矩。

第三节 杆件的应力及强度计算

一、应力

用截面法可以确定杆件横截面上分布内力的合力,它只表示截面上总的受力情况。众所周知,两根用同一种材料制成横截面积不同的杆件,在相同的拉力的作用下,它们的内力是相同的。但随拉力的增大,横截面小的杆必定先被拉断。这表明:单凭内力的合力的大小,还不能判断杆件是否会因强度不足而破坏,即杆件的强度不仅与内力的大小有关,而且还与截面面积有关,即与内力在横截面上分布的密集程度有关,为此引入应力的概念。

内力分布的密集程度称为应力,即单位面积上的内力。要了解受力杆件在截面 $m-m$ 上的任意一点 C 处的分布内力集度,可假想将杆件在 $m-m$ 处截开,在截面上围绕 C 点取微小面积 ΔA,ΔA 上分布内力的合力为 ΔF_N,如图 4-13(a)所示。ΔF_N 与面积 ΔA 之比:

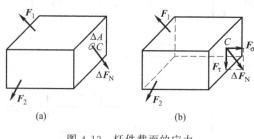

图 4-13 杆件截面的应力

$$p_m=\frac{\Delta F_N}{\Delta A} \tag{4-2}$$

p_m 称为在面积 ΔA 上的平均应力。一般情况下,截面上各点处的内力虽然是连续分布的,但并不一定均匀,它还不能精确表明内力在 C 点处的真实强弱程度。只有当 ΔA 无限缩小并趋于零时,平均应力 p_m 的极限值 p 才能代表 C 点处的内力集度。

$$p=\lim_{\Delta A \to 0}\frac{\Delta F_N}{\Delta A}=\frac{dF_N}{dA} \tag{4-3}$$

p 称为 C 点处的应力。p 是矢量,其方向一般既不与截面垂直,也不与截面相切。通常,将它分解成与截面垂直的法向分量和与截面相切的切向分量,法向分量称为正应力,用 σ 表示;切向分量称为切应力,用 τ 表示。如图 4-13(b)所示 F_σ、F_τ。

应力的国际单位是帕斯卡,简称为帕,符号为"Pa"。

$$1\mathrm{Pa}=1\mathrm{N/m^2}$$

工程实际中应力数值较大,常用千帕(kPa)、兆帕(MPa)及吉帕(GPa)作为单位。

$$1\mathrm{kPa}=10^3\mathrm{Pa}$$
$$1\mathrm{MPa}=10^6\mathrm{Pa}$$
$$1\mathrm{GPa}=10^9\mathrm{Pa}$$

二、杆件的强度计算

强度计算的主要内容包括构件的强度校核、截面设计和许用载荷计算。

(一) 拉伸与压缩强度计算

1. 拉伸与压缩杆件横截面上的正应力

设杆件的横截面积为 A,轴力为 F_N,则该横截面上的正应力 σ 为:

$$\sigma = \frac{F_N}{A} \tag{4-4}$$

式中 σ ——横截面上的正应力,MPa;

F_N ——横截面上的轴力,N;

A ——横截面的面积,mm²。

2. 强度计算

为了保证杆件拉伸与压缩时正常安全工作,必须使杆内的最大工作应力 σ_{max} 不超过材料在拉伸与压缩时的许用应力 $[\sigma]$。

$$\sigma_{max} = \frac{F_N}{A} \leqslant [\sigma] \tag{4-5}$$

式中 F_N 和 A ——危险截面上的轴力和横截面积。

【例 4-4】 某铣床工作台进给油缸如图 4-14 所示,缸内工作油压 $p=2\mathrm{MPa}$,油缸内径 $D=75\mathrm{mm}$,活塞杆直径 $d=18\mathrm{mm}$,已知活塞杆材料的许用应力 $[\sigma]=50\mathrm{MPa}$,试求校核活塞杆的强度。

解 (1) 活塞的轴力

$$F_N = pA_1 = p\frac{\pi}{4}(D^2 - d^2)$$

(2) 强度条件校核

$$\sigma = \frac{F_N}{A} = \frac{\frac{\pi}{4}p(D^2-d^2)}{\frac{\pi}{4} \times d^2} = \frac{p(D^2-d^2)}{d^2}$$

$$= \frac{2 \times (75^2 - 18^2)}{18^2} \mathrm{MPa} = 32.7\mathrm{MPa}$$

$$\sigma = 32.7\ \mathrm{MPa} \leqslant [\sigma] = 50\mathrm{MPa}$$

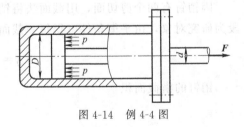

图 4-14 例 4-4 图

所以,活塞杆的强度足够。

(二) 剪切与挤压强度计算

1. 剪切强度

设剪切面的面积为 A,剪力为 F_Q,则剪切面上的剪应力 τ 为

$$\tau = \frac{F_Q}{A} \tag{4-6}$$

式中 τ——横截面上的剪应力，MPa；

F_Q——横截面上的剪力，N；

A——横截面的面积，mm^2。

为了保证杆件发生剪切变形时安全可靠，要求剪应力 τ 不超过材料的许用剪应力 $[\tau]$。

$$\tau = \frac{F_Q}{A} \leqslant [\tau] \tag{4-7}$$

式中许用剪应力 $[\tau]$，可以从有关手册中查到，也可按下列近似的经验公式确定：

塑性材料　$[\tau]=(0.6\sim0.8)[\sigma]$

脆性材料　$[\tau]=(0.8\sim1.0)[\sigma]$

式中　$[\sigma]$——材料的许用拉应力。

2. 挤压强度条件

由挤压力产生的应力称挤压应力。设挤压力为 F_{jy}，挤压面积为 A_{jy}，则挤压应力为

$$\sigma_{jy} = \frac{F_{jy}}{A_{jy}} \tag{4-8}$$

式中　σ_{jy}——平均挤应力，MPa；

F_{jy}——受压处的挤压力，N；

A_{jy}——挤压面积，mm^2。

为了保证连接件具有足够的挤压强度而正常工作，其强度条件为

$$\sigma_{jy} = \frac{F_{jy}}{A_{jy}} \leqslant [\sigma_{jy}] \tag{4-9}$$

【例 4-5】 如图 4-15 所示，拖车挂钩靠销钉连接。已知挂钩部分的钢板厚度 $\delta=8$mm，销钉材料的许用剪切应力 $[\tau]=60$MPa，许用挤压应力 $[\sigma_{jy}]=100$MPa，拖力 $F=15$kN。试设计销钉的直径 d。

解　(1) 按剪切强度计算：

因销钉有两个剪切面，用截面法将销钉沿剪切面截开，如图 4-15 (b) 所示，以销钉中段为研究对象，由平衡条件可得每一截面上的剪力

$$F_Q = \frac{F}{2} = \frac{15}{2} = 7.5 \text{kN}$$

销钉的横截面积

$$A = \frac{\pi d^2}{4}$$

由剪切强度公式

$$\tau = \frac{F_Q}{A} = \frac{F_Q}{\pi d^2/4} \leqslant [\tau]$$

销钉的直径

$$d \geqslant \sqrt{\frac{4F_Q}{\pi [\tau]}} = \sqrt{\frac{4 \times 7.5 \times 10^3}{3.14 \times 60 \times 10^6}} \text{m} = 12.6 \times 10^{-3} \text{m} = 12.6 \text{mm}$$

(2) 按挤压强度计算：

由挤压强度公式

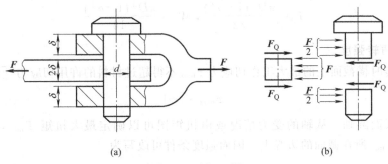

图 4-15 例 4-5 图

$$\sigma_{jy} = \frac{F_{jy}}{A_{jy}} \leqslant [\sigma_{jy}]$$

挤压力 $F_{jy} = \frac{F}{2}$，挤压面积 $A_{jy} = d\delta$，则

$$d \geqslant \frac{F}{2\delta [\sigma_{jy}]} = \frac{15 \times 10^3}{2 \times 8 \times 10^{-3} \times 100 \times 10^6} \text{m} = 9.4 \times 10^{-3} \text{ m} = 9.4 \text{mm}$$

综合上述计算结果，根据国家标准，销钉的直径选取为 $d = 14\text{mm}$。

（三）圆轴扭转强度计算

1. 圆轴扭转时应力

圆轴扭转时应力的大小为

$$\tau_\rho = \frac{T\rho}{I_p} \tag{4-10}$$

式中　τ_ρ——横截面上距圆心 ρ 处的切应力，MPa；

　　　T——横截面上的扭矩，N·mm；

　　　ρ——横截面上任一点距圆心和距离，mm；

　　　I_p——横截面的极惯性矩，它表示截面的几何性质，它的大小与截面形状和尺寸有关，mm^4。

式（4-10）表明，横截面上任一点处切应力的大小，与该点到圆心的距离 ρ 成正比，圆心处的切应力为零，同一圆周上各点切应力相等，在横截面边缘上，ρ 达到最大值 R，该处切应力最大

$$\tau_{max} = \frac{TR}{I_p} \tag{4-11}$$

令：$W_p = I_p/R$，则式（4-10）可写成

$$\tau_{max} = \frac{T}{W_p} \tag{4-12}$$

式中　W_p——圆轴横截面的抗扭截面系数，单位 mm^3。

对于直径为 d 的圆截面杆

$$I_p = \frac{\pi d^4}{32} \approx 0.1 d^4, W_p = \frac{\pi d^3}{16} \approx 0.2 d^3$$

对于空心圆杆，设内径为 d，外径为 D，$\alpha = d/D$

$$I_p = \frac{\pi D^4 (1-\alpha^4)}{32}, \quad W_p = \frac{\pi D^3 (1-\alpha^4)}{16}$$

2. 圆轴扭转强度

圆轴扭转时横截面上的最大工作切应力 τ_{max} 不得超过材料的许用切应力 $[\tau]$，即

$$\tau_{max} \leqslant [\tau] \tag{4-13}$$

对于等截面圆轴，从轴的受力情况或由扭矩图可以确定最大扭矩 T_{max}，最大切应力 τ_{max} 发生于 T_{max} 所在截面的边缘上。因而强度条件可改写为

$$\tau_{max} = \frac{T_{max}}{W_p} \leqslant [\tau] \tag{4-14}$$

【例 4-6】 汽车传动轴 AB 由无缝钢管制成，外径 $D=90\text{mm}$，壁厚 $t=2.5\text{mm}$，材料许用剪应力 $[\tau]=60\text{MPa}$。使用时的最大扭矩为 $T=1.5\text{kN}\cdot\text{m}$。

(1) 试校核轴的强度；
(2) 将轴换成实心轴，求在相同强度下轴的直径；
(3) 比较空心轴和实心轴的重量。

解 (1) 校核轴的强度。

$$\alpha = \frac{d}{D} = \frac{90-2\times 2.5}{90} = 0.944$$

$$W_p = \frac{\pi D^3}{16}(1-\alpha^4) = \frac{\pi \times 90^3}{16}(1-0.944^3)\text{mm}^3 = 29470\text{mm}^3$$

轴的最大切应力为

$$\tau_{max} = \frac{T}{W_p} = \frac{1.5\times 10^3}{29470\times 10^{-9}}\text{Pa} = 51\text{MPa} < [\tau] = 60\text{MPa}$$

(2) 实心轴的直径。设实心轴的直径为 D_1，依要求实心轴与空心轴强度相同，故实心轴的最大切应力也应为 51MPa，则

$$\tau_{max} = \frac{T}{W_{p1}} = \frac{1.5\times 10^3}{\frac{\pi}{16}D_1^3}\text{Pa} = 51\times 10^6\text{Pa}$$

$$D_1 = \left(\frac{1.5\times 10^3 \times 16}{\pi \times 51\times 10^6}\right)^{\frac{1}{3}}\text{m} = 0.0531\text{m}$$

(3) 因为两种轴材料相同，长度相同，则 $\dfrac{G}{G_1} = \dfrac{A}{A_1}$

所以

$$\frac{G}{G_1} = \frac{A}{A_1} = \frac{\frac{\pi(D^2-d^2)}{4}}{\frac{\pi D_1^2}{4}} = \frac{D^2-d^2}{D_1^2} = \frac{90^2-85^2}{53^2} = 0.31$$

可见在载荷相同的条件下，空心轴的重量只为实心轴的 31%，其减轻重量节约材料的效果是非常明显的。

(四) 梁弯曲强度计算

1. 梁弯曲时应力

梁弯曲时横截面上的最大应力可表示为

$$\sigma_{\max} = \frac{M}{W_z} \qquad (4\text{-}15)$$

式中 $\sigma_{\max}$——最大弯曲正应力，MPa；

M——横截面上的弯矩，N·mm；

W_z——抗弯截面系数，mm³。

对于矩形截面梁，设其矩形截面的宽为 b，高为 h，单位均为 m，则

$$W_z = \frac{hb^2}{6}$$

当梁的截面为圆时，设其直径为 D，单位为 m，则

$$W_z = \frac{\pi D^3}{32} \approx 0.1 D^3$$

对于空心梁，当其外径为 D，内径为 d，单位为 m，$\alpha = d/D$，则

$$W_z = \frac{\pi D^3}{32} \approx 0.1 D^3 (1 - \alpha^4)$$

其他截面的抗弯截面系数可查有关手册。

2. 梁弯曲强度

为了保证梁能安全工作，必须使梁横截面上的最大正应力 $\sigma_{\max}$ 不超过材料在弯曲时的许用正应用 $[\sigma]$，即

$$\sigma_{\max} = \frac{M}{W_z} \leqslant [\sigma] \qquad (4\text{-}16)$$

【**例 4-7**】 圆轴受载如图 4-16（a）所示，已知 $F_1 = 8\text{kN}$，$F_2 = 5\text{kN}$，轴材料的许用应力 $[\sigma] = 125\text{MPa}$，试设计轴的直径。

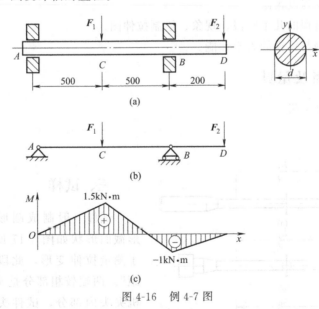

图 4-16 例 4-7 图

解 （1）设 A 点的反力为 $\boldsymbol{F}_A$，B 点的反力为 $\boldsymbol{F}_B$，方向均向上。
由平衡方程

$$\sum F = 0, \quad F_A + F_B - F_1 - F_2 = F_A + F_B - 13 = 0$$

$$\sum M_A(F) = 0, \quad F_B \times 1000 - F_1 \times 500 - F_2 \times 1200 = F_B \times 1000 - 10000 = 0$$

解得：$F_A = 3\text{kN}$，$F_B = 10\text{kN}$

(2) 画出弯矩图，如图 4-16（b）所示，可知截面 C 为危险截面，其弯矩值为 $M = 1.5\text{kN·m}$。

(3) 已知实心圆梁弯曲截面系数为

$$W_z = \frac{\pi d^3}{32} \approx 0.1 d^3$$

由 $\sigma_{\max} = \dfrac{M}{W_z} \leqslant [\sigma]$ 得

$$d \geqslant \left(\frac{M}{0.1[\sigma]}\right)^{\frac{1}{3}} = \left(\frac{1.5 \times 10^3}{0.1 \times 125 \times 10^6}\right)^{\frac{1}{3}} \text{m} = 49.3\text{mm}$$

取整数值，$d = 50\text{mm}$

实训 拉伸实验

拉伸实验是测定材料力学性能最基本、最重要的实验之一，它为土木工程设计、机械制造及其他各种工业部门提供可靠的材料强度数据，便于合理地使用材料来保证结构构件、机器零件的强度。本实验将选用两种典型的材料——低碳钢和铸铁，作为常温和静载下塑性和脆性材料的代表，做拉伸实验。

一、实验目的

(1) 测定低碳钢的屈服极限、强度极限、延伸率和断面收缩率。
(2) 测定铸铁的强度极限。
(3) 观察拉伸过程的几个阶段、现象、绘制拉伸图。
(4) 比较低碳钢与铸铁的力学性能。

二、实验设备及量具

(1) 电子万能试验机。
(2) 游标卡尺。
(3) 钢尺。

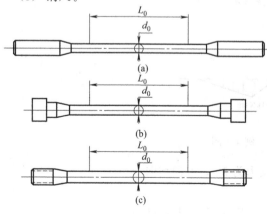

图 4-17 样件示图

三、试样

试件一般制成圆形或矩形截面，圆形截面形状如图 4-17 所示，试件中断用于测量拉伸变形，此段的长度成为"标距"。两端较粗部分是头部，为装入试验机夹头内部分，试件头部形状视试验机夹头要求而定，可制成圆柱形 [图 4-17 (a)]、阶梯形 [图 4-17 (b)]、螺纹形 [图 4-17 (c)]。

试验表明，试件的尺寸和形状对试验

结果会有影响。为了避免这种影响，便于各种材料力学性能的数值互相比较，所以对试件的尺寸和形状国家都有统一规定，即所谓"标准试件"，其形状尺寸的详细规定参阅国家标准《金属材料室温拉伸试验方法》GB/T 228—2010。标准试件的直径为 d_0，测标距 $L_0=10d_0$ 或 $L_0=5d_0$，一般取 10mm 或 20mm。矩形截面试件标距 L 与横截面积 A 的比例为 $L_0=11.3\sqrt{A}$ 或 $L_0=5.65\sqrt{A}$。

四、实验原理

将划好刻度线的标准试件，安装于电子万能试验机的上下夹头内。试验机备用各种形式的夹头，一般采用楔形夹头，该夹头内配有 V 形夹块和平夹块，适用于棒状试样和板状试样，如图 4-18 所示。

低碳钢的拉伸曲线和铸铁拉伸曲线可通过自动记录装置绘制。图 4-19 为低碳钢的拉伸图。应当指出，在加载的最初阶段，由于夹持部位在夹头内滑动较大，因此所绘出的拉伸曲线最初为一段曲线。典型的低碳钢拉伸时力和变形的关系曲线（$F-\Delta L$ 曲线），可分为弹性线性阶段（OA）、屈服阶段（AB）、强化阶段（BCD）和局部变形阶段（DE）。

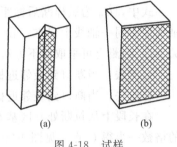

图 4-18 试样

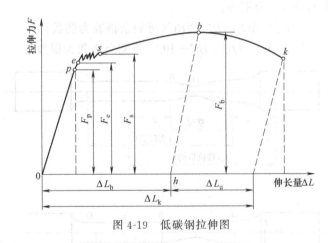

图 4-19 低碳钢拉伸图

1. 屈服极限的测定

同低碳钢相类似的具有明显屈服现象的材料，应测定其屈服强度。在屈服阶段，若载荷是恒定的，则此时的应力称为屈服强度 R_e。上屈服强度 R_{eH} 则是试样发生屈服而力首次下降前的最高应力，下屈服强度 R_{eL} 则是屈服期间不计初始瞬时效应时的最小应力。屈服强度、上屈服强度、下屈服强度分别按式（4-17）～式（4-19）计算。

$$R_e = \frac{F_S}{S_0} \qquad (4-17)$$

$$R_{eH} = \frac{F_{SH}}{S_0} \qquad (4-18)$$

$$R_{eL} = \frac{F_{SL}}{S_0} \qquad (4-19)$$

2. 强度极限的测定

屈服阶段过后,要使试样继续变形,就必须增加载荷,此时进入强化阶段。试样拉至断裂,从拉伸图上确定实验过程中的最大拉力值与原始横截面值之比称为抗拉强度 R_m。

$$R_m = \frac{F_b}{S_0} (\text{N/mm}^2 \text{ 或 MPa}) \tag{4-20}$$

3. 断后伸长率的测定

试样拉断后,标距内的伸长与原始标距的百分比称为断后伸长率 A

$$A = \frac{L_u - L_0}{L_0} \times 100\% \tag{4-21}$$

式中,L_u 为试样断后标距。测量时将其断裂部分在断裂处紧密对接在一起,尽量使其轴线位于同一轴线上量取。由于断口附近的塑性变形最大,所以 L_u 的量取与端口部位有关。L_u 的测定可采取以下方法之一。

直测法:当断口到最邻近标距端点的距离大于 $L_0/3$ 时,直接测量断后标距。

移位法:当断口到最邻近标距端点的距离小于或等于 $L_0/3$ 时,需按下列方法测量:

在长段上从拉断处 O 区基本等于 OA 的格数,得 B 点,若所剩的格数为偶数,取剩余的格数一半得 C 点,见图 4-20 (a);若所剩余的格数为奇数,所剩余的格数分别减 1 与加 1 的一般,得 C 和点,见图 4-20 (b)。

则移位后的断后标距 L_u 分别为:

$$L_u = AO + OB + 2BC \text{(所剩余格数为偶数)}$$
$$L_u = AO + OB + BC + BC' \text{(所剩余格数为偶数)}$$

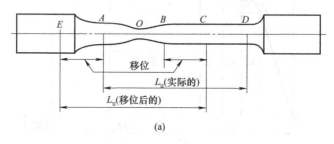

(a)

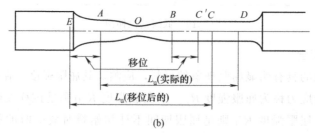

(b)

图 4-20 移位示意图

4. 断面收缩率 Z 的测定

断面收缩率 Z 是试样拉断后,原始横截面积 S_0 与颈缩处最小横截面积 S_u 之差与原始横截面积的百分率:

$$Z = \frac{S_0 - S_u}{S_u} \times 100\%$$

由于断口不是规则的圆形,应在两个互相垂直的方向上量取最小截面的直径,取其平均

值计算 S_u。

五、低碳钢的拉伸实验步骤

1. 测量试件尺寸

用游标卡尺在试件标距长度范围内，测量两端及中间等三处截面的直径，在每一处截面垂直交叉各测量一次。取三处中最小一处的平均直径计算横截面积（要求测量精度精确到 0.02mm）。在试样标距长度内，可以用两个小冲点或一系列等分细线做出原始标记，用来为断口位置的补偿做准备。

2. 试验机准备

根据试件横截面积和材料的大致强度极限，设定实验所需的最大载荷。

3. 安装试件

先将试件安装在试验机上夹头内，再开动下夹头升降电机（或转动下夹头升降手轮）使其达到适当的位置，然后把试件下端夹紧，试件深入夹头部分要足够长，且注意对中。

4. 检查

先请指导教师检查以上步骤完成情况，并经准许后方可进行下步实验。

5. 实验

按预设的速率使试件缓慢匀速加载，注意观察试件拉伸过程中的几个阶段和电脑屏幕显示的曲线，读出下屈服力及最大拉力。

6. 低碳钢伸长率和断面收缩率的测定

去下拉断后的试件，用游标卡尺测定断裂后的标距长度及断口处的最小直径。观察、分析对比。

7. 计算强度指标、塑性指标

实验出现下列情况之一者，实验结果无效：

（1）试样在标距外断裂，造成性能指标不合格。

（2）由于操作不当而致试样受力偏心。

（3）实验记录有误或设备发生故障而影响实验结果准确性。

遇有上述实验结果无效时，应补做同样数量试样的实验。

拉伸试件尺寸数据见表 4-1。

表 4-1 拉伸试件尺寸数据

材料	标距 L_0 /mm	直径 d_0/mm									横截面积 S_0/mm²
		截面Ⅰ			截面Ⅱ			截面Ⅲ			
		(1)	(2)	平均	(1)	(2)	平均	(1)	(2)	平均	
低碳钢											
铸铁											

六、数据处理与表示

（1）试样原始截面计算值应修约到两位有效数字。

（2）比例试样的原始标距计算值，应精确到 ±0.5%。对于短试样应修约到接近 10mm 的倍数，如为中间数值则向较大的一方修约。

复习与思考题

1. 直杆受力如图 4-21 所示。作直杆的轴力图。

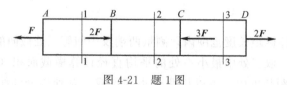

图 4-21 题 1 图

2. 一阶梯形直杆受力如图 4-22 所示，已知横截面面积为 $A_1=400\text{mm}^2$，$A_2=300\text{mm}^2$，$A_3=200\text{mm}^2$，试求各横截面上的应力。

3. 气动夹具如图 4-23 所示。已知汽缸内径 $D=140\text{mm}$，气压 $p=0.6\text{MPa}$，活塞杆材料的许用应力为 $[\sigma]=80\text{MPa}$。试设计活塞杆的直径 d。

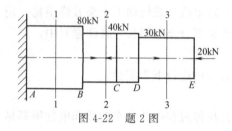

图 4-22 题 2 图

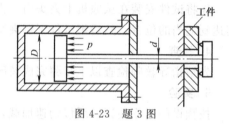

图 4-23 题 3 图

4. 如图 4-24 所示传动轴，转速 $n=300\text{r/min}$，A 轮为主动轮，输入功率 $P_A=10\text{kW}$，B、C、D 为从动轮，输出功率分别为 $P_B=4.5\text{kW}$，$P_C=3.5\text{kW}$，$P_D=2.0\text{kW}$，试求各段扭矩。

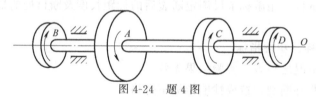

图 4-24 题 4 图

5. 如图 4-25 所示，已知钢板厚度 $t=10\text{mm}$，其剪切极限应力 $\tau_b=300\text{MPa}$。若用冲床将钢板冲出直径 $d=25\text{mm}$ 的孔，需要多大的冲剪力 F？

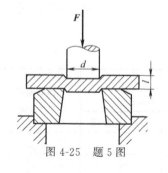

图 4-25 题 5 图

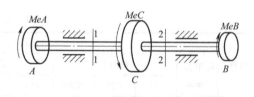

图 4-26 题 6 图

6. 如图 4-26 所示。轮 C 输入功率 $P_C=40\text{kW}$，轮 A、轮 B 输出功率分别为 $P_A=23\text{kW}$，$P_B=17\text{kW}$，$n=1000\text{r/min}$，材料的切变模量 $G=80\text{GPa}$，许用切应力 $[\tau]=40\text{MPa}$，试设计轴的直径。

7. 单梁吊车由工字钢制成，见图 4-27，梁跨度 $l=10.5\text{m}$，许用应力 $[\sigma]=140\text{MPa}$，电葫芦自重 $G=15\text{kN}$，梁自重不计，求该梁可能承载的起重量 F。

8. 简支梁上作用均匀分布载荷 $q=2\text{kN/m}$，材料的许用应力 $[\sigma]=140\text{MPa}$，梁横截面为圆环形，尺寸如图 4-28 所示。校核梁的强度，并计算如采用圆形截面实心梁，在抗弯强度相等的条件下，实心梁和空心

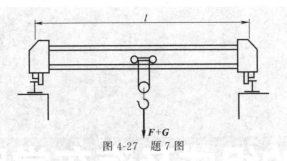

图 4-27 题 7 图

梁的重量比。

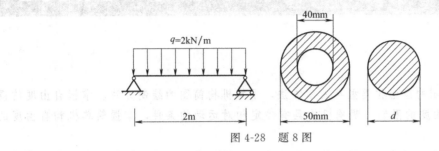

图 4-28 题 8 图

第五章 机构的组成及汽车常用机构

知识目标

1. 了解运动副的概念和类型及表示方法,了解机构简图的绘制方法。掌握自由度的概念和运动副对自由度的限制,明确机构具有确定相对运动的条件,掌握简单机构自由度的计算。
2. 熟悉铰链四杆机构的类型及其在汽车上的应用,了解铰链四杆机构的演化形式及其在汽车上的应用。
3. 了解凸轮机构的组成、类型,掌握凸轮机构的特点及其在汽车上应用;掌握汽车发动机配气机构的工作原理。
4. 了解螺旋传动的类型、特点和在汽车上的应用。

能力目标

1. 会绘制机构的运动简图,会判定机构运动是否确定。
2. 铰链四杆机构演化形式及其在汽车上的应用。
3. 了解凸轮机构的组成、类型,掌握凸轮机构的特点机器在汽车上应用;掌握汽车发动机配气机构的工作原理。
4. 了解螺旋传动的类型、特点和应用。

第一节 机构的组成与运动简图

一、机构的组成及相关概念

机械是机器和机构的统称。

人类在长期的生活和生产实践中创造和发展了机器。我们日常生活中见到的汽车、飞机、火车、轮船等都是机器。机器的种类很多,其结构、功能各异,但从机器的组成原理、运动的确定性及其与功能关系来看,各种机器之间却存在一些共同的特征。

从制造角度来分析机器,可以把机器看成由若干零件组成的。零件是指组成机器当中不能再拆分的最小制造单元。零件又分为通用零件和专用零件两大类:通用零件是指各种机器经常用到的零件,如螺栓、螺母和齿轮等;专用零件是指某种机器才能用到的零件,如内燃机的曲轴(见图5-1)等。

从运动角度来分析机器，可以把机器看成由若干构件组成的。构件是组成机械的各个相对运动的实体，是机器的运动单元。构件可以是单一零件（如图 5-1 所示内燃机的曲轴），也可以是由多个零件组成的刚性整体，如内燃机的连杆（见图 5-2）就是由连杆体、连杆盖、螺母、螺栓等零件组成。当仅仅研究构件之间的相对运动，而不考虑构件在做功和能量转换方面所起的作用时，通常把具有确定相对运动、实现运动的传递或运动形式的转换的多构件组合称为机构。大多数机器都包括若干个机构，如内燃机。

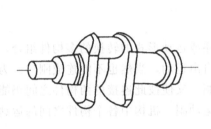

图 5-1 曲轴

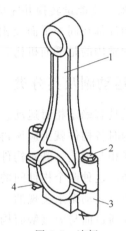

图 5-2 连杆
1—连杆体；2—螺栓；3—连杆盖；4—螺母

如图 5-3（a）所示为内燃机的组成。它的功用是将燃料的化学能转化为曲轴转动的机械能。其中当燃气推动活塞往复移动时，通过连杆机构［见图 5-3（b）］带动曲轴作连续转动，从而使燃气的热能转换为曲轴的机械能。另外，通过凸轮机构［见图 5-3（c）］控制适

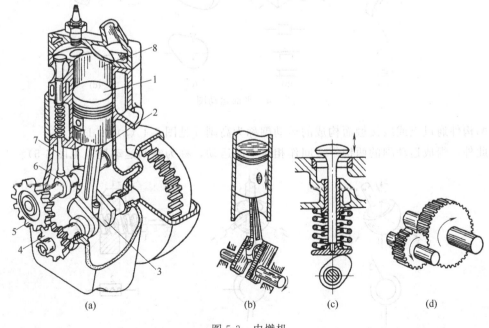

图 5-3 内燃机
1—活塞；2—连杆；3—曲轴；4,5—齿轮；6—凸轮；7—顶杆；8—汽缸体

时打开进气门和排气门,保证燃气定时进出汽缸;齿轮机构[见图5-3(d)]保证进、排气门和活塞之间形成协调动作。由此可见,机构是机器的主要组成单位,从运动观点上看两者并无区别。

从上述例子可以看出,机器具有以下三个特征:
① 机器一般是由多个构件组成的,是人为组合的;
② 各构件间具有确定的相对运动,能实现预期的机械运动;
③ 机器实现能量转换并完成有用功。

所有构件都在同一平面或相互平行的平面内运动的机构称为平面机构,否则称为空间机构。工程中常用的是平面机构,因此本章只讨论平面机构。

二、运动副及其分类

机构是具有确定相对运动、实现运动的传递或运动形式的转换的多构件组合,那么由构件组成机构时各构件就不应该再有各自独立的自由运动,当然也不能连成刚体。为此必须以适当的方式相互连接,既对构件的运动加以限制,又使彼此连接的两构件之间仍能产生一定的相对运动。这种两个构件间的可动连接称为运动副。机构中各个构件之间的运动和力的传递,都是通过运动副来实现的。

两构件通过面与面接触而构成的运动副称为低副,低副又可分为转动副和移动副:两构件只能在平面内作相对转动的称为转动副[见图5-4(a)];两构件只能在平面内作相对移动的称为移动副[见图5-4(b)]。

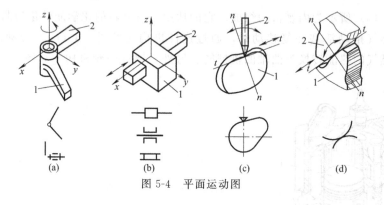

图5-4 平面运动图

两构件通过点或线接触而构成的运动副称为高副[见图5-4(c)、(d)]。

此外,组成运动副的两构件之间作相对空间运动,称为空间运动副(见图5-5)。

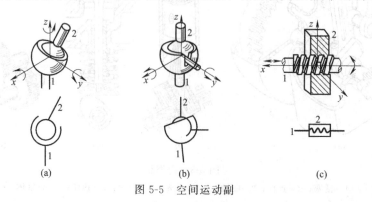

图5-5 空间运动副

三、机构运动简图

由于机构的特性只与构件的数目、运动副的类型和数目以及它们之间相对位置的尺寸有关，而与构件的形状、截面尺寸及运动副具体结构无关。所以，为了便于对机构进行分析，通常不考虑构件的外形、截面尺寸和运动副的实际构造，而是按照一定的比例确定运动副的相对位置，用规定的符号和简单线条来表示运动副和构件，绘制出各构件之间相对运动关系的图形，称为机构运动简图。

利用机构运动简图可以表达一部复杂机器的传动原理，可以进行机构的运动分析和动力分析。

绘制平面机构运动简图时，首先应分析机构的组成及运动情况，找出机架、主动件和从动件，其次从主动件开始，按照运动传递路线，分清构件间相对运动的性质，确定运动副的类型和数目。最后选择与构件运动平面相平行的平面作为绘制运动简图的平面，用规定的符号和线条按比例尺绘制在该平面上，得到的图形即为机构的运动简图。

【例 5-1】 绘制图 5-3（a）所示的单缸四冲程内燃机的机构运动简图。

解 （1）先分析机构的结构，确定机架、原动件和从动件。

由图 5-3（a）所示内燃机是由汽缸体 8、活塞 1、连杆 2 和曲轴 3 组成的曲柄滑块机构；由齿轮 4 与曲轴 3 固连、齿轮 5 和汽缸体 8 组成的齿轮机构；由凸轮 6 与齿轮 5 固连、进气门顶杆 7 和汽缸体 8 组成的凸轮机构共同组成的。汽缸体 8 的固定件是机架，在燃气推动下的进行运动的活塞 1 是原动件，其余均为从动件。

（2）根据各构件之间的相对运动性质，确定运动副的类型和数目。构件 1 和 2、2 和 3（4）、3 和 8、5（6）和 8 之间均组成转动副，构件 1 和 8、7 和 8 组成移动副；构件 4 和 5、6 和 7 组成高副。

（3）选择绘图平面。由于内燃机的主运动机构是平面运动，故取其运动平面为视图平面。

（4）测出各运动副之间的位置，并选取适当的长度比例尺，用构件和运动副的规定符号绘出内燃机机构运动简图，如图 5-6 所示。

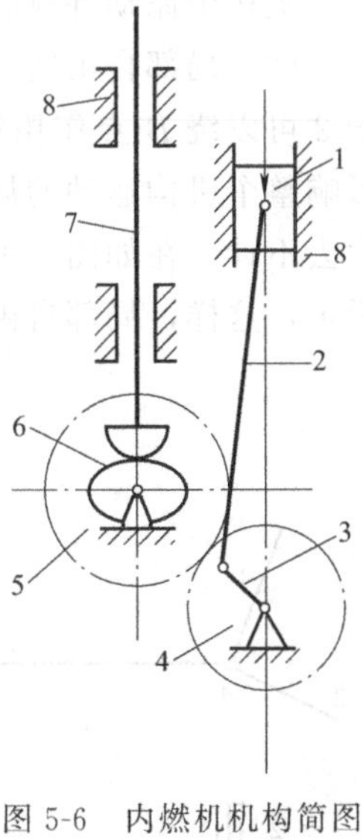

四、机构具有确定运动的条件

（一）自由度和约束

自由度是衡量构件具有独立运动的物理量。每个作平面运动的构件，在自由状态时都具有 3 个自由度。它们之间每组成一个低副时，就引入了 2 个约束条件，失去了 2 个自由度；每组成一个高副时，就引入了 1 个约束条件，失去了 1 个自由度。

当一个构件与其他构件组成运动副后，构件的某些独立运动就要受到限制，自由度减少。这种对构件独立运动的限制称为约束。两个构件之间相对约束的数目和性质取决于其构成运动副的类型。

图 5-6 内燃机机构简图
1—活塞；2—连杆；3—曲轴；4,5—齿轮；6—凸轮；7—顶杆；8—机架

（二）平面机构自由度的计算

1. 机构自由度的计算公式

机构的自由度是指机构相对于机架所具有的独立运动参数的数量，它取决于组成机构的活动构件的数目、运动副的类型和数目。

假设某平面机构由 n 个活动构件、P_L 个低副和 P_H 个高副所组成。由于一个不受约束构件的平面运动有 3 个自由度，而一个低副有两个约束条件，一个高副有一个约束条件，因此，平面机构自由度的计算公式为

$$F=3n-2P_L-P_H \tag{5-1}$$

【例 5-2】 计算如图 5-6 所示内燃机机构的自由度。

解 图中曲轴 3 与齿轮 4、齿轮 5 与凸轮 6 皆固连一起，故可分别视为一个构件，故可得：$n=5$，$P_L=6$（其中有 2 个移动副、4 个转动副），$P_H=2$。因此，该机构自由度为

$$F=3\times5-2\times6-2=1$$

2. 计算机构自由度时应注意的问题

利用式（5-1）计算机构自由度时，还必须注意以下几种特殊情况。

（1）复合铰链　由三个或三个以上构件在一处组成的轴线重合的多个转动副称为复合铰链。由 k 个构件构成的复合铰链，转动副数目应为 $(k-1)$ 个。图 5-7 中，有三个构件在 A 处汇交组成转动副，它是由构件 1 分别与构件 2 和构件 3 组成的两个转动副。

【例 5-3】 计算如图 5-8 所示钢板剪切机的自由度，并判定其运动是否确定。

解 由图知 $n=5$，$P_L=7$，$P_H=0$

其中，B 处为复合铰链，含两个转动副。得机构自由度

$$F=3n-2P_L-P_H=3\times5-2\times7-0=1$$

机构中原动件只有一个等于机构的自由度数，所以机构运动确定。

（2）局部自由度　如图 5-9（a）所示，由凸轮 1、滚子 2 和杆 3 组成（凸轮机构）。滚子 2 可以绕 B 点作相对转动，但是，该构件的转动对整个机构的运动不产生影响。这种不影响整个机构运动的局部的独立运动称为局部自由度。计算机构自由度时，可将局部自由度除去不计。在如图 5-9（a）所示机构中，可以设想滚子 2 与杆 3 固连成一体，如图 5-9（b）所示，这样，局部自由度经上述处理后，则机构的自由度为

$$F=3n-2P_L-P_H=3\times2-2\times2-1=1$$

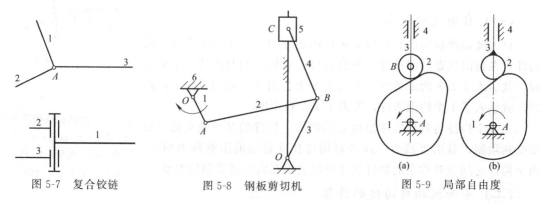

图 5-7　复合铰链　　　图 5-8　钢板剪切机　　　图 5-9　局部自由度

机构自由度等于原动件数，此时机构具有确定的运动。

（3）虚约束　在实际机构中，与其他约束重复而不起限制运动作用的约束称为虚约束。计算机构自由度时应将虚约束除去不计。常见虚约束的识别和处理如表 5-1 所示。

表 5-1　常见虚约束的识别和处理

序号	识别	处理	图例
1	重复移动副（两个构件构成导路平行的多个移动副）	只有一个移动副起约束作用，其余的移动副是虚约束	
2	重复转动副（两个构件构成轴线重合的多个转动副）	只有一个转动副起约束作用，其余的转动副是虚约束	
3	重复结构（机构中与不起独立传递运动作用的结构相同的对称部分）	只有一个构件参与运动的传递，其余的对称结构不计（见图中行星轮 $2'$ 与 $2''$）	
4	重复轨迹（机构中某构件连接点的轨迹与另一构件被连接点的轨迹重合）	除去重复的构件及其引入的运动副（见图中构件 5 及转动副 E 与 F）	

第二节　汽车常用四杆机构

一、概述

四杆机构是平面连杆机构的一种形式。

平面连杆机构又称平面低副机构，是由若干个在同一平面或相互平行的平面内运行的刚性构件通过平面低副连接而成。平面连杆机构常以杆数来命名，如四杆机构、五杆机构等。最常见的是四杆机构，当四杆机构中的运动副都是回转副时，称为铰链四杆机构，它是平面四杆机构中最基本形式。

平面四杆机构在汽车上有广泛应用，如汽车发动机中的曲柄连杆机构［见图 5-3（b）］和汽车前轮的转向机构（见图 5-18）等都采用的是平面四杆机构或是由平面四杆机构演化的其他机构。

二、铰链四杆机构的基本类型及应用

在铰链四杆机构中，固定不动的构件称为机架，如图 5-10 中的 1；与机架相连的两个构件和称为连架杆；其中不能绕机架作整周回转的连架杆称为摇杆，能绕机架作整周回转的连架杆称为曲柄；不与机架相连的构件称为连杆。如图 5-10 所示。

铰链四杆机构按两连架杆的运动形式分为三种基本形式：曲柄摇杆机构、双曲柄机构和双摇杆机构。

（一）曲柄摇杆机构

两连架杆中一个为曲柄，另一个为摇杆的铰链四杆机构，称为曲柄摇杆机构。

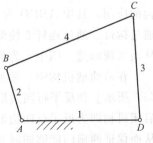

图 5-10　铰链四杆机构

曲柄摇杆机构的主要用途如下。

1. 将转动变为摆动

如图5-11所示雷达天线俯仰角调整机构，天线固定在连架杆3（即摇杆）上，由主动件1（曲柄）通过连杆2使天线缓慢摆动以调整俯仰角。如图5-12所示为汽车前窗的刮雨机构，当主动曲柄AB回转时，从动摇杆作往复摆动，利用摇杆的延长部分实现刮雨作用。

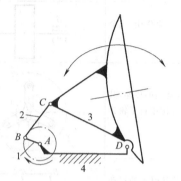

图5-11 雷达天线俯仰角调整机构
1—主动件；2—连杆；3—连杆架；4—机架

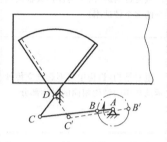

图5-12 汽车前窗的刮雨机构

2. 将摆动变为转动

如图5-13所示为缝纫机踏板机构，此时踏板1作为摇杆为主动件，曲柄3为从动件。

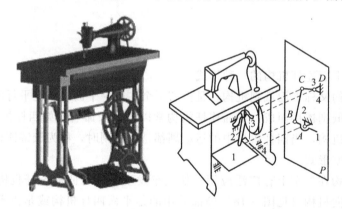

图5-13 缝纫机踏板机构
1—踏板；2—连杆；3—曲柄；4—机架

（二）双曲柄机构——车门启闭系统

两连架杆均为曲柄的四杆机构称为双曲柄机构。如图5-14所示的惯性筛即为双曲柄机构的应用。其中$ABCD$为双曲柄机构。当曲柄1作等角速转动时，曲柄3作变角速转动，通过构件5通过连杆2使筛体6作变速往复直线运动，筛面上的物料由于惯性而来回抖动，从而实现筛选。图中4为机架。

在双曲柄机构中，常见的还有正平行四边形机构［又称正平行双曲柄机构，如图5-15(a)所示］和反平行四边形机构［又称反平行双曲柄机构，如图5-15(b)所示］。汽车门启闭机构即为反平行四边形机构，它利用了反平行双曲柄机构是两扇车门朝相反方向转动，从而保证两扇门能够同时开启和关闭。如图5-16所示。

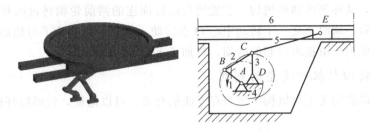

图 5-14 惯性筛

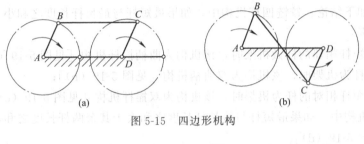

图 5-15 四边形机构

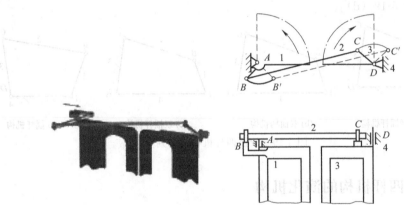

图 5-16 汽车门启闭机构

(三) 双摇杆机构——汽车转向四杆机构

如图 5-17 所示，2 和 4 分别为连杆和机架，两连架杆 1 和 3 都不能作回转运动。像这种两个连架杆均为摇杆的机构称为双摇杆机构。双摇杆机构可将主动杆的往复摆动转变为从动

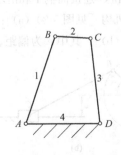

图 5-17 双摇杆机构图

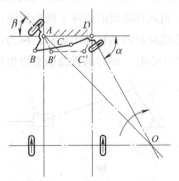

图 5-18 汽车转向四杆机构

杆的往复摆动，其在汽车中的应用有如图 5-18 所示的汽车转向四杆机构，是具有等长摇杆的双摇杆机构，又称等腰梯形机构。它能使与摇杆固连的两前轮轴转过的角度 α 和 β 不同，使车辆转弯时每一瞬时都绕一个转动中心 O 点转动，保证了四个轮子与地面之间作纯滚动，从而避免了轮胎由于滑拖所引起的磨损，增加了车辆转向的稳定性。

（四）铰链四杆机构类型的判别

铰链四杆机构的类型与机构中是否存在曲柄有关。可以论证，铰链四杆机构存在曲柄的条件是：

① 最短杆与最长杆长度之和小于或等于其余两杆长度之和；

② 连架杆与机架必有一个是最短杆。

由此可得如下结论：铰链四杆机构中，如果最短杆与最长杆长度之和小于或等于其余两杆长度之和，则：

① 取与最短杆相邻的杆做机架时，该机构为曲柄摇杆机构［见图 5-19（a）］；

② 取最短杆为机架时，该机构为双曲柄机构［见图 5-19（b）］；

③ 取与最短杆相对的杆为机架时，该机构为双摇杆机构［见图 5-19（c）］。

铰链四杆机构中，如果最短杆与最长杆长度之和大于其余两杆长度之和，则该机构为双摇杆机构［见图 5-19（d）］。

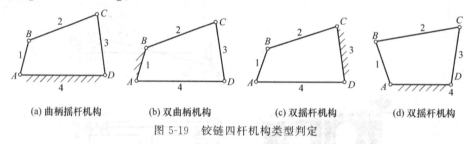

(a) 曲柄摇杆机构　　(b) 双曲柄机构　　(c) 双摇杆机构　　(d) 双摇杆机构

图 5-19　铰链四杆机构类型判定

三、铰链四杆机构的演化机构

在实际机械中，平面连杆机构的类型是多种多样的，但是绝大多数是在铰接四杆机构的基础上发展和演变而来的。通过用移动副取代转动副、改变构件的长度、选择不同的构件作为机架和扩大转动副等途径，可以得到铰接四杆机构的其他的演化形式。

（一）曲柄连杆机构——汽车内燃机曲柄连杆机构

用曲柄和滑块来实现转动和移动相互转换的平面连杆机构称曲柄滑块机构。如图 5-20 所示，机构中与机架 4 构成移动副的构件 3 称为滑块，通过转动 B 和 C 连接曲柄 1 和滑块的构件 2 为连杆。当导路中心线通过曲柄转动中心时，称为对心曲柄滑块机构［见图 5-20（a）］；当导路中心线不通过曲柄转动中心时，称为偏置曲柄滑块机构［见图 5-20（b）］。其中 e 为偏距。

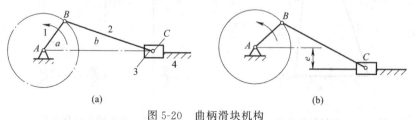

(a)　　　　　　　　　　　(b)

图 5-20　曲柄滑块机构

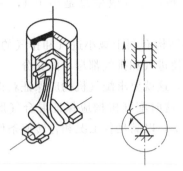

图 5-21 内燃机曲柄滑块机构

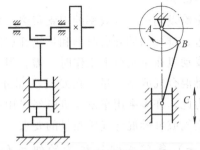

图 5-22 冲床曲柄滑块机构

偏置曲柄滑块机构的滑块具有急回特性。

曲柄滑块机构能实现回转运动与往复直线运动之间的互相转换。广泛应用于内燃机（见图 5-21）、活塞式压缩机、冲床机械（见图 5-22）中。

（二）曲柄摇块机构——摆动式液压泵

如图 5-23（a）所示，杆件 1 的长度小于机架 2，能绕机架 2 作整圆周转动，杆件 4 与滑块 3 组成移动副，滑块 3 与机架 2 组成转动副，滑块 3 只能作定轴转动，所以称为曲柄摇块机构。如图 5-23（b）所示为曲柄摇块机构在摆动式液压泵上的应用实例。

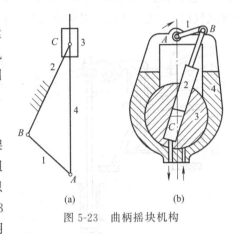

图 5-23 曲柄摇块机构

第三节 凸轮机构

凸轮机构在机械工业中是一种常用机构，例如，汽车发动机的配气机构是通过凸轮机构来控制气门的开闭；柴油机的喷油泵供油、汽油泵的供油、分电器的配电等都要通过凸轮机构来控制；尤其在自动化机械生产中用得更为广泛。凸轮机构是利用凸轮的曲线或凹槽轮廓与推杆接触而得到预定运动规律的一种机构。

一、发动机配气机构的工作过程

配气机构的功用是按照发动机各缸工作过程的需要，定时地开启或关闭进、排气门，使可燃混合气或空气及时进入汽缸，废气及时排出汽缸。

吸入的可燃混合气或空气越多，发动机发出的功率和转矩越大。可燃混合气或空气充满汽缸的程度，常用充气效率 η 表示，也称充气系数。对于一定工作容积的发动机而言，充气效率与进气终了时汽缸内的压力和温度有关。进气终了压力越高，温度越低，则一定容积的气体质量就越大，表明充气效率越高。

由于充气时间短促，进气系统对气流的阻力，造成进气终了时缸内气体压力降低，又由于上一循环中残留在汽缸内的高温废气，以及燃烧室、活塞顶、气门等高温零件对进入汽缸的新气加热，使进气终了时气体温度升高，实际充入汽缸的新鲜气体的质量总是小于在大气状态下充满汽缸工作容积的新鲜气体的质量。也就是说，充气效率总是小于1，一般为0.80～0.90。

影响发动机充气效率的因素很多，要求配气机构的结构有利于减小进气和排气的阻力，而且进、排气门的开启时刻和持续开启的时间要适当，使进气和排气尽可能充分。

发动机在全负荷下工作时，需获得最大功率和转矩，这就要求配气机构应保证获得最大的可燃混合气或空气量。在发动机部分负荷下工作时，这时配气机构应保证混合气形成得好。为此，许多乘用车发动机已经采用可变配气机构技术，以满足各工况和各转速条件下对新鲜空气或可燃混合气质和量的要求。

（一）气门式配气机构的组成和工作情况

气门式配气机构多采用顶置式气门，即进、排气门位于汽缸盖内，倒挂在汽缸顶上（顶置式气门）。气门式配气机构由气门组和气门传动组两部分组成，如图5-24所示。当汽缸的工作循环需要将气门打开进行换气时，由曲轴通过正时齿轮驱动凸轮轴旋转，使凸轮轴上的凸轮凸起部分通过挺柱、推杆、调整螺钉，推动摇臂摆转，摇臂的另一端便向下推开气门，同时使弹簧进一步压缩。当凸轮的凸起部分的顶点转过挺柱以后，便逐渐减小了对挺柱的推力，气门在其弹簧张力的作用下，开度逐渐减小，直至最后关闭，进气或排气过程即告结束。压缩和做功行程中，气门在弹簧张力作用下严密关闭，使汽缸密闭。

（二）气门式配气机构的布置形式

① 按凸轮轴的布置位置，可分为凸轮轴下置式、凸轮轴中置式和凸轮轴上置式。

② 按曲轴和凸轮轴的传动方式，可分为齿轮传动式、链条传动式和齿形带传动式。

③ 按每缸气门数目，有二气门式、三气门式、四气门式和五气门式。

顶置气门、下置凸轮轴配气机构如图5-25所示。顶置气门、下置凸轮轴配气机构的凸轮轴位于汽缸体侧部，或位于V型发动机汽缸体的V形夹角内。气门通过挺柱、推杆、摇臂传递运动和力。下置凸轮轴离曲轴近，凸轮轴的驱动常通过一对齿轮实现。这种配气机构的传动环节多、路线长，在高速运动下，整个系统容易产生弹性变形，影响气门运动规律和开启、关闭的准确性。因此多用于转速较低的发动机。

顶置气门、上置凸轮轴式配气机构中的凸轮轴位于汽缸体的上部，与凸轮轴下置式配气机构的组成相比，减少了推杆，从而减轻了配气机构的往复运动质量，增大了机构的刚度，更适用于较高转速的发动机。

顶置气门、下置凸轮轴配气机构。顶置气门、上置凸轮轴配气机构的凸轮轴安装在汽缸盖上，它直接驱动沿汽缸体纵向排成一列的两个气门，也可以通过摇臂驱动气门。为了减小

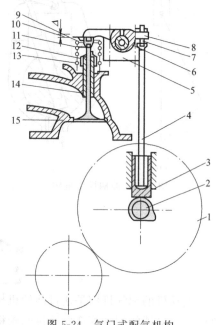

图 5-24 气门式配气机构

1—正时齿轮；2—凸轮轴；3—气门挺柱；4—推杆；5—摇臂轴支架；6—摇臂轴；7—调整螺钉和锁紧螺母；8—摇臂；9—气门锁片；10—气门弹簧座；11—气门；12—气门油封；13—气门弹簧；14—气门导管；15—气门座

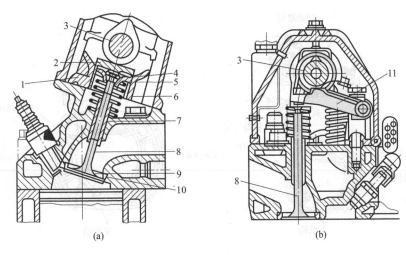

图 5-25 气门式配气机构

1—挺柱；2—气门弹簧座；3—凸轮；4—气门锁片；5—垫圈；6—气门弹簧；
7—气门导管；8—气门；9—气门座；10—气门座圈；11—摇臂

气门的侧向力，凸轮轴与气门杆顶部间设有气门导筒或摇臂。

二、凸轮机构的组成与特点

凸轮机构由凸轮、从动杆、机架三个部分组成，凸轮为主动件，作定轴等速转动，使从动件作相应的运动，随凸轮轮廓的变化得到不同运动规律，从动件按一定的规律作往复移动或摆动，其特点是：

① 凸轮机构结构简单紧凑，只需改变凸轮的外廓形状，就可改变推杆的运动规律，容易实现复杂运动的要求，应用较广泛。

② 凸轮外廓与推杆是点接触或线接触，易于磨损，多用在传递动力不大的场合；凸轮机构可以高速启动，动作准确可靠。

凸轮机构在汽车上应用主要有内燃机的配气机构、鼓式车轮制动器等，如图 5-26、图 5-27 所示分别为内燃机的配气机构和鼓式气动制动器。

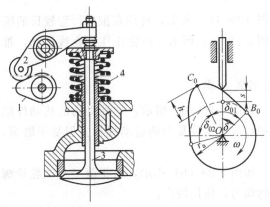

图 5-26 内燃机的配气机构

1—凸轮；2—摇臂；3—气门；4—气门弹簧

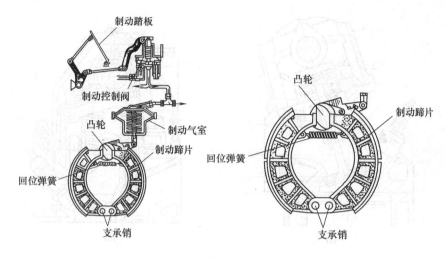

图 5-27 鼓式气动制动器

三、凸轮机构的分类

凸轮机构的类型很多,一般按凸轮形状和从动件的形式分类。

(一) 按凸轮形状分类

(1) 盘形凸轮　如图 5-28 (a) 所示,结构简单,通用于推杆行程较短的传动中,应用较广。

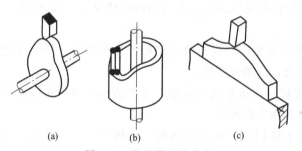

图 5-28 按凸轮形状分类

(2) 圆柱凸轮　如图 5-28 (b) 所示,可用在推杆行程较长的场合。

(3) 移动凸轮　如图 5-28 (c) 所示,凸轮作往复直线运动,推动推杆在同平面作往复运动。

(二) 按从动件的形式分类

(1) 尖顶式从动件　如图 5-29 (a) 所示,这种机构的从动件结构简单,尖端能与任意复杂的凸轮轮廓保持接触,故可实现复杂的运动规律。但易于磨损,只适用于作用力不大、低速的场合。

(2) 滚子式从动件　如图 5-29 (b) 所示,由于滚子与凸轮轮廓之间为滚动摩擦,所以磨损小,用于传递较大的动力,应用较广。

(3) 平底式从动件　如图 5-29 (c) 所示,由于凸轮对推杆的作用力始终垂直于推杆的底面,所以受力平稳,而且凸轮与平底接触面间容易形成油膜,润滑较好,用于高速传动。

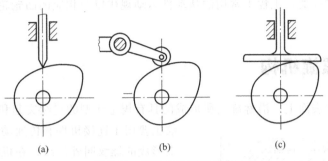

(a)　　　　　　　(b)　　　　　　　(c)

图 5-29　按从动件形状分类

但不能用于具有内凹轮廓的凸轮机构。

四、凸轮机构从动件的运动规律

图 5-30（a）为尖顶移动盘形凸轮机构。以凸轮最小内径所作的圆称为基圆，基圆半径用 r_0 表示。图示位置是凸轮转角为零，从动件位移为零，从动件尖端位于离轴心 O 最近位置 A，称为起始位置。当凸轮以等角速度 ω_1 顺时针转过 δ_0 时，凸轮轮廓 AB 段按一定运动

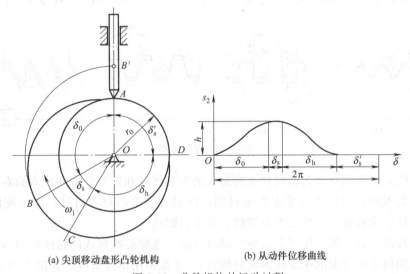

(a) 尖顶移动盘形凸轮机构　　　　(b) 从动件位移曲线

图 5-30　凸轮机构的运动过程

规律将从动件尖顶由起始位置 A 推到最远位置口 B' 这一过程称为推程，而与推程对应的凸轮转角 δ_0 称为推程运动角；从动件移动的距离 h 称为从动件的升程。凸轮继续转过 δ_s 时，因凸轮廓 BC 段为圆弧，故从动件在最高位置停止不动，对应的凸轮转角 δ_s 称为远休止角。凸轮继续转过 δ_h 时，从动件在其重力或弹簧力作用下按一定运动规律沿 CD 段回到初始位置，这个过程称为回程，凸轮转角 δ_h 称为回程运动角。凸轮继续转过 δ'_s 时，因凸轮轮廓段为圆弧，故从动件在最低位置停止不动，角 δ'_s 称为近休止角。凸轮继续转动时，从动件将重复上述过程。图 5-30（b）为从动件位移曲线，纵坐标代表从动件的位移，横坐标代表凸轮的转角。

行程 h 以及各阶段的转角 δ_0、δ_s、δ_h、δ'_s，是描述凸轮机构运动的重要参数。

从上述凸轮机构的运动过程分析可知，从动件运动的位移、速度、加速度随凸轮转角而变化，这种变化关系称为从动件的运动规律。从动件的运动规律的确定取决于机器的工作要

求,因此是多种多样的。工程上常用的从动件运动规律以及相应的凸轮轮廓曲线的设计,可查阅有关资料。

第四节 螺旋机构

在圆柱或圆锥表面上,沿螺旋线所形成的具有规定牙型的连续突起和沟槽称为螺纹。螺纹主要用于连接机件和传递动力。在机件外表面上形成的螺纹叫外螺纹;在机件内表面上形成的螺纹叫内螺纹。如图 5-31 所示。

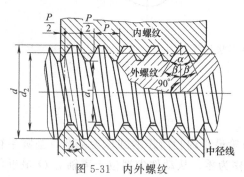

图 5-31 内外螺纹

一、螺纹种类

螺纹的种类很多,一般按母体形状分为圆柱螺纹和圆锥螺纹;按用途分为连接螺纹和传动螺纹两大类;按螺纹的牙型截面分为三角形螺纹、矩形螺纹、梯形螺纹和锯齿形螺纹,如图 5-32 所示。三角形螺纹间的摩擦力大,自锁性能好,连接可靠。图 5-32(b)~(d)所示三种螺纹用于传动。

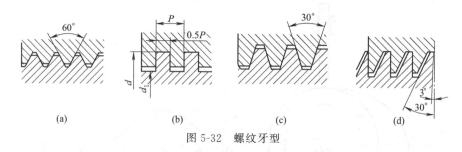

图 5-32 螺纹牙型

按螺纹线旋向不同可分为逆时针方向旋入的左旋螺纹和顺时针方向旋入的右螺纹,如图 5-33 所示。螺纹的旋向可用右手定则来判别,即用右手手心对着自己,螺纹旋向与右手大拇指指向相同的为右螺纹,反之为左螺纹,常用右螺纹。

按螺旋线的数目,螺纹还可分为单线螺纹(沿一条螺旋线形成的螺纹)和多线螺纹(沿着两条以上周向等距分布的螺旋线形成的螺纹),连接多用单线螺纹。如图 5-34 所示。

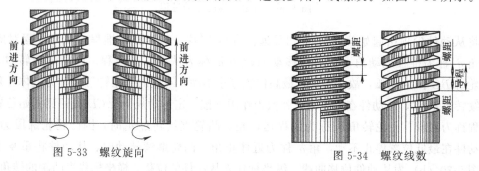

图 5-33 螺纹旋向　　　　图 5-34 螺纹线数

二、螺旋传动

螺旋机构在各种机械设备和仪器中得到广泛的应用,主要是用于将旋转运动转变为直线移动。如图 5-35 所示的机床手摇进给机构是应用螺旋机构的一个实例，当摇动手轮带动螺杆 2 旋转时，螺母 1 就带动溜板沿导轨面移动。螺旋机构的主要优点是结构简单，制造方便，能将较小的回转力矩转变成较大的轴向力，能达到较高的传动精度，并且工作平稳，易于自锁。它的主要缺点是摩擦损失大，传动效率低，因此一般不用来传递大的功率。螺旋机构中的

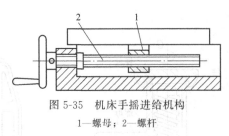

图 5-35　机床手摇进给机构
1—螺母；2—螺杆

螺杆常用中碳钢制成，而螺母则需用耐磨性较好的材料（如青铜、耐磨铸铁等）来制造。

1. 普通螺旋传动

根据螺旋的作用分为：

① 传递动力——就是用较小的力转动螺杆（螺母），使螺杆（螺母）产生较大的轴向力或轴向运动，如螺旋千斤顶和螺旋压力机；

② 传导运动——要求有较高的运动精度，如移动磨床工作台的丝杠和千分尺（见图 5-36）；

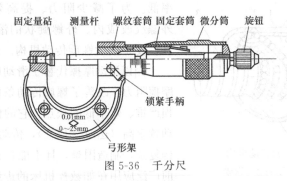

图 5-36　千分尺

③ 调整位置——主要调整零件或部件间相对位置，如钣金工上用成型辊子平行调整丝杠、减压器上调整螺旋及各类夹具调整螺旋等。

2. 螺旋传动的运动形式

① 螺母不动，螺杆转动并作直线运动。常用于螺杆位移台式虎钳（见图 5-37）、千分尺等。

② 螺杆不动，螺母回转并作直线运动。用于螺旋千斤顶（见图 5-38）、钣金修理的撑拉器（见图 5-39）等。

③ 螺杆原位转动，螺母作直线运动，如图 5-40 所示摇臂钻丝杠传动。

④ 螺母原位转动，螺杆作往复运动，用于游标卡尺的微调装置等。

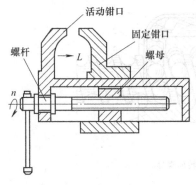

图 5-37　台式虎钳

普通螺旋传动常用螺纹有矩形螺纹、梯形螺纹和锯齿形，其中梯形螺纹齿根强度较高，磨损后间隙易修复，应用较广。

3. 普通螺旋传动的特点

普通螺旋传动具有结构简单、工作连续平稳、承载能力大、传动精度高等优点，但这种传动易自锁，但摩擦阻力大，磨损大，传动效率低（30%～40%），尤其在自锁性能时，其效率低于 50%，因此，普通螺旋传动不能用于传递较大的功率。另外，螺纹有间隙，反向有空行程，定位精度和轴向刚度差。

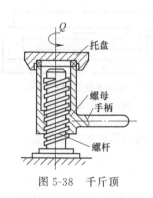
图 5-38　千斤顶

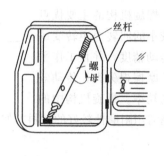
图 5-39　撑拉器

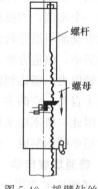
图 5-40　摇臂钻丝杠

4. 滚动螺旋传动机构

普通螺旋传动是利用螺杆和螺母螺纹面间的相对滑动摩擦传动，磨损大，传动阻力大，效率低。为了减少阻力、提高效率，将螺旋副的内、外螺纹改成内、外螺旋状的滚道，并在其间放入钢球，便是滚动螺旋传动机构。如图 5-41 所示。

因以滚动摩擦代替了滑动摩擦，所以大大减小了摩擦阻力，改善了螺旋传动条件，克服了滑动螺旋磨损严重、效率低的缺点。它的优点是启动转矩小、传动效率高（达90%以上），传动平稳、轻便；缺点是结构复杂，制造困难，且不能自锁，抗冲击能力差。目前广泛应用在如数控机床的进给机构、汽车的转向机构等要求高效、高精度的场合（见图5-42）。

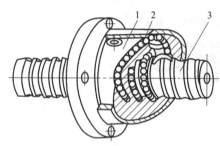

图 5-41　滚动螺旋传动机构
1,3—内、外螺旋滚道；2—钢球

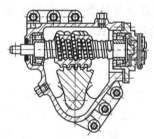
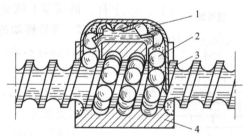

图 5-42　汽车的转向机构
1—导管；2—钢球；3—转向螺杆；4—转向螺母

实训　机构的组成及汽车常用机构

一、实训目的

（1）根据各种机械实物或模型，绘制机构运动简图，了解运动副及构件的实际结构。
（2）分析机构自由度，进一步理解机构自由度的概念，掌握机构自由度的计算方法。
（3）加深对机构组成原理、机构结构分析的理解。

二、实训设备和工具

（1）简单机器，发动机、插齿机、缝纫机、补鞋机等。
（2）钢卷尺、钢板尺、扳手、螺丝刀、游标卡尺、计时器等、发动机拆装常用和专用工具一套。

三、实训任务

下面以拆卸后的发动机为例进行分析。
（1）分析组成发动机的机构及各机构的功用；
（2）测绘发动机曲柄连杆机构和配气机构运动简图；
（3）测量并分析验证机器的主要规格参数；
（4）观察并分析验证曲柄连杆机构和配气机构等的运动特性；
（5）观察分析曲轴和凸轮轴工作关系。

四、实训步骤

（1）分析组成发动机的各主要零部件和总成以及其在发动机中的主要功用。
（2）画出各机构的运动简图，填于实验报告。
（3）测量有关的尺寸参数，填于实验报告表。
（4）测量活塞的行程、正时带轮直径、凸轮远心端近心端尺寸。
（5）先在草稿纸上徒手绘制机构示意图，标注出必要的运动学尺寸，再按适当比例画成正规的机构运动简图，如果只要求画机构示意图可不进行测量，这时可凭目测使简图中构件的尺寸与实物大致成比例。
（6）计算机构的自由度，并将计算结果与实际机构对照，观察是否相符。否则应重新绘制机构简图或重新进行计算。对上述机构进行结构分析。
（7）装配发动机曲柄连杆机构和配气机构，观察并验证两机构之间的运动规律。
（8）分析计算各机构的运动特性并与实测加以比较。

五、实训处理

（1）根据你了解的机器，总结出成机器的四个部分及相互关系。
（2）发动机曲柄连杆机构是哪种四杆机构演化来的，有何特点？
（3）通过观察，总结一下机器中最常用的机构和零件有哪些？
（4）计算机构自由度对机构分析和设计有何意义？
（5）零件与构件的区别是什么？

复习与思考题

一、填空题

1. 机械是____和____的总称。
2. 在铰链四杆机构中，与机架相连的杆称为____，其中作整周转动的杆称为____，作往复摆动的杆称为____，而不与机架相连的杆称为____。

3. 凸轮机构的基圆是指_____。
4. 凸轮机构主要由____、____和____三个基本构件组成。
5. 螺旋传动是由____和____组成。

二、选择题

1. （　　）是构成机械的最小单元，也是制造机械时的最小单元。
   A. 机器　　　　　B. 零件　　　　　C. 构件　　　　　D. 机构
2. 两个构件之间以线或点接触形成的运动副，称为（　　）。
   A. 低副　　　　　B. 高副　　　　　C. 移动副　　　　D. 转动副
3. 在下列平面四杆机构中，有急回性质的机构是（　　）。
   A. 双曲柄机构　　B. 对心曲柄滑块机构　C. 摆动导杆机构　D. 转动导杆机构
4. 在下列平面四杆机构中，（　　）存在死点位置。
   A. 双曲柄机构　　B. 对心曲柄滑块机构　C. 曲柄摇杆机构　D. 转动导杆机构
5. （　　）是构成机械的最小单元，也是制造机械时的最小单元。
   A. 机器　　　　　B. 零件　　　　　C. 构件　　　　　D. 机构
6. 两个构件之间以线或点接触形成的运动副，称为（　　）。
   A. 低副　　　　　B. 高副　　　　　C. 移动副　　　　D. 转动副
7. 在下列平面四杆机构中，有急回性质的机构是（　　）。
   A. 双曲柄机构　　B. 对心曲柄滑块机构　C. 摆动导杆机构　D. 转动导杆机构
8. 在下列平面四杆机构中，（　　）存在死点位置。
   A. 双曲柄机构　　B. 对心曲柄滑块机构　C. 曲柄摇杆机构　D. 转动导杆机构

三、简答题

1. 机器与机构的主要区别是什么？
2. 铰链四杆机构的基本形式有哪几种？各有何特点？
3. 什么是机架、连架杆、连杆？最短的连架杆是否一定是曲柄？
4. 能实现将转动变为直动的有哪几种机构？

第六章 机械传动

知识目标

1. 了解带传动和链传动的类型和特点。
2. 掌握普通 V 带与带轮的结构、型号,滚子链的结构和规格。
3. 了解齿轮传动的特点与分类,标准直齿圆柱齿轮各部分名称及基本尺寸齿轮的失效形式,齿轮传动精度等级的选择。
4. 了解其他齿轮传动的特点、应用,了解轮系的概念、分类及功用。

能力目标

1. 掌握汽车用各种传动带的标记和各种传动带在汽车中的具体应用及一般维护知识。
2. 了解直齿圆锥齿轮应用和正确啮合条件,斜齿圆柱齿轮的正确啮合条件。
3. 掌握渐开线标准直齿圆柱齿轮的几何尺寸计算和两种轮系传动比的计算。

第一节 带传动

一、带传动概述

(一)带传动的组成

带传动由主动轮、带、从动轮组成,传动带 3 是挠性的中间零件,通过它将主动带轮 1 的运动和动力传递给从动带轮 2,如图 6-1 所示。

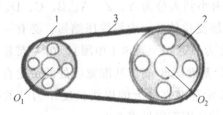
(a) 摩擦带传动

(b) 啮合带传动

图 6-1 带传动类型
1—主动带轮;2—从动带轮;3—传动带

(二) 带传动原理

带传动分为：

摩擦带传动，依靠带与带轮间的摩擦力运动，如图6-1（a）所示；

啮合带传动，依靠带上的齿或孔与带轮上的齿直接啮合传动，如图6-1（b）所示。

(三) 带传动的类型、特点及应用

1. 摩擦带传动

按带的横截面形状，可分为以下几种。

（1）平带传动　平带的横截面为扁平形，其工作面为内表面，如图6-1（a）所示。常用的平带为橡胶帆布带。

（2）V带传动　V带的横截面为梯形，其工作面为两侧面。V带与平带相比，由于正压力作用在楔形面上，当量摩擦系数大，能传递较大的功率，结构也紧凑，故在一般机械中已取代平带传动。

V带有普通V带、窄V带、宽V带、联组V带、接头V带、汽车V带、农机双面V带等十余种，一般机械多用普通V带。

2. 啮合带传动

啮合带传动依靠带上的齿和带轮的啮合来实现传动，如桑塔纳、奔驰、丰田、尼桑等多种轿车凸轮轴和曲轴之间的正时传动带都采用传动效率较高的同步齿形带传动。

(四) 带传动的特点和应用

摩擦型带传动为具有中间挠性体的摩擦传动，特点为：带富有弹性，能缓冲吸振，传动平稳，无噪声；过载时，传动带会在带轮上打滑，可防止其他零件因超载而损坏；结构简单，维护方便，不需要润滑，且制造和安装精度要求不高；单级可实现较大中心距的传动；传动效率较低（V带传动效率为96％左右），带的寿命较短；外廓尺寸与传动带作用于轴上的力均较大；不宜用在高温、易燃及有油和水的场合。

啮合型带传动由于带和带轮间的啮合，故适用于对传动比有精确要求的场合，如汽车的配气机构。摩擦型带传动有弹性滑动和打滑现象，传动比不稳定，因此，一般适用于功率不大和无须保证准确传动比的场合。摩擦型带传动的主要失效形式是打滑和带的疲劳破坏，因此，对带传动的要求是：在保证不打滑的前提下，具有足够的疲劳强度和使用寿命。

普通V带的尺寸已标准化，按截面尺寸由小到大分为Y、Z、A、B、C、D、E 7种型号，见表6-1。V带绕在带轮上产生弯曲，外层受拉伸长，内层受压缩短，必有一长度不变的中性层。中性层面称为节面，节面的宽度称为节宽b_p（表6-1中图）。在V带轮上，与配用V带节面处于同一位置的槽型轮廓宽度称为基准宽度b_d。基准宽度处的带轮直径称为基准直径d_d。在规定的张紧力下，V带位于带轮基准直径上的周线长度作为带的基准长度L_d。基准长度L_d的标准系列值和每种型号带的长度范围见表6-2。

普通V带的标记由型号、基准长度和标准编号等组成。例如B2000 GB/T 1375.1—1992，表示为B型普通V带，$L_d=2000$mm。每根普通V带顶面应有水洗不掉的标志，包括：制造厂名或商标、标记、配件代号和制造年月等。

表 6-1 普通 V 带的截面尺寸、V 带轮轮槽尺寸

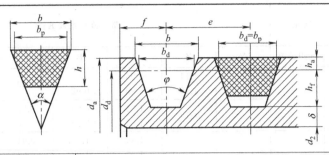

	尺 寸 参 数		普通 V 带型号						
			Y	Z	A	B	C	D	E
普通V带	节宽 b_p/mm		5.3	8.5	11.0	14.0	19.0	27.0	32.0
	顶宽 b/mm		6.0	10.0	13.0	17.0	22.0	32.0	38.0
	高度 h/mm		4.0	6.0	8.0	11.0	14.0	19.0	25.0
	楔角 α/(°)		40						
	截面面积 A/mm²			47	81	138	230	476	692
	每米带长质量 q/(kg/m)		0.02	0.06	0.10	0.17	0.30	0.62	0.90
普通V带轮	基准宽度 b_d/mm		5.3	8.5	11.0	14.0	19.0	27.0	32.0
	槽顶宽 b/mm		≈6.3	≈10.1	≈13.2	≈17.2	≈23.0	≈32.7	≈38.7
	基准线至槽顶高度 h_{amin}/mm		1.6	2.0	2.75	3.5	4.8	8.1	9.6
	基准线至槽底深度 h_{fmin}/mm		4.7	7.0	8.7	10.8	14.3	19.9	23.4
	第一槽对称线至端面距离 f/mm		7±1	8±1	10^{+2}_{-1}	12.5^{+2}_{-1}	17^{+2}_{-1}	23^{+2}_{-1}	29^{+4}_{-1}
	槽间宽 e/mm		8±0.3	12±0.3	15±0.3	19±0.4	25.5±0.5	37±0.6	45.5±0.7
	最小轮缘厚度 δ/mm		5	5.5	6	7.5	10	12	15
	轮缘宽 B/mm		按 $B=(\tau-1)e+2f$ 计算,或查 GB 10412—1989						
	轮缘外径 d_a/mm		$d_a=d_d+2h_a$						
	轮缘内径 d_2/mm		$d_2=d_d-2(h_f+\delta)$						
	轮槽数 z		1~3	1~4	1~5	1~6	3~10	3~10	3~10
	槽角 φ	32°	≤60						
		34°	对应的 d_d	≤80	≤118	≤190	≤315		
		36°		>60				≤475	≤600
		38°			>80	>118	>190	>315	>475	>600
	基准直径系列		28 31.5 40 50 56 63 71 75 80 90 100 106 112 118 125 132 140 150 160 180 200 212 224 250 280 315 355 375 400 450 500 560 630						

表 6-2 普通 V 带基准长度系列值和带长修正系数 K_L（摘自 GB/T 1375.1—1992）

基准长度 L_d/mm	带长公差/mm		带长修正系数 K_L						
基本尺寸	极限偏差	配组公差	Y	Z	A	B	C	D	E
200~500			略,可参见 GB/T 13575.1—1992						
560	+13			0.94	0.81				
630	−6			0.96					
710	+15			0.99	0.83				
800	−7	2		1.00	0.85				
900	+17			1.03	0.87	0.82			
1000	−8			1.06	0.89	0.84			
1120	+19			1.08	0.91	0.86			
1250	−10			1.11	0.93	0.88			

续表

基准长度 L_d/mm	带长公差/mm		带长修正系数 K_L						
基本尺寸	极限偏差	配组公差	Y	Z	A	B	C	D	E
1400 1600	+23 -11	4		1.14 1.16	0.96 0.99	0.90 0.92	0.83		
1800 2000	+27 -13			1.18	1.01 1.03	0.95 0.98	0.86 0.88		
2240 2500	+31 -16	8			1.06 1.09	1.00 1.03	0.91 0.93		
2800 3150	+37 -18				1.11 1.13	1.05 1.07	0.95 0.97	0.83 0.86	
3550 4000	+44 -22	12			1.17 1.19	1.09 1.13	0.99 1.02	0.89 0.91	
4500 5000	+52 -26					1.15 1.88	1.04 1.07	0.93 0.96	0.90 0.92
5600 6300	+63 -32	20					1.09 1.12	0.98 1.00	0.95 0.97
7100 8000	+77 -38						1.15 1.18	1.03 1.06	1.00 1.02
9000~1600	略,参见如上标准								

二、普通V带与带轮的结构、型号

(一) 普通V带的结构、型号

普通V带为无接头环形带。带两侧工作面的夹角 α 在表6-1中称为带的楔角（通常 $\alpha=40°$）。V带由包布、顶胶、抗拉体和底胶四部分组成，其结构如图6-2所示。包布用胶帆布，顶胶和底胶材料为橡胶。抗拉体是V带工作时的主要承载部分，结构有绳芯和帘布芯两种。帘布芯结构的V带抗拉强度较高，制造方便；绳芯结构的V带柔性较好，抗弯强度高，适用于转速较高、带轮直径较小的场合。目前，生产中越来越多地采用绳芯结构的V带。

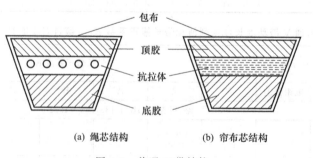

图6-2 普通V带结构

(二) 普通V带轮的典型结构

V带轮由轮缘、轮毂和轮辐三部分组成。轮缘指安装V带的那部分，加工出梯形轮槽，其尺寸见表6-1。轮毂是带轮与轴相连接的部分，轮缘与轮毂则用轮辐（辐板）连接起来。

根据带轮直径的大小,普通 V 带轮有实心轮、辐板轮、孔板轮和椭圆辐轮 4 种典型结构。小直径带轮采用实心轮;中等直径带轮采用辐板轮或孔板轮;直径大于 350mm 采用椭圆辐轮,如图 6-3 所示。

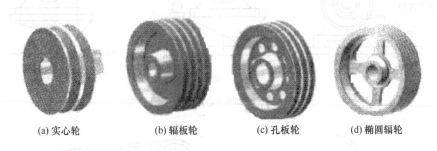

(a) 实心轮　　(b) 辐板轮　　(c) 孔板轮　　(d) 椭圆辐轮

图 6-3　V 带轮的典型结构

三、V 带的安装与张紧装置

1. V 带的正确安装与使用

(1) 保证 V 带的截面在轮槽中的正确位置,如图 6-4 (a) 中①所示。图 6-4 (a) 中②和③为不正确位置。

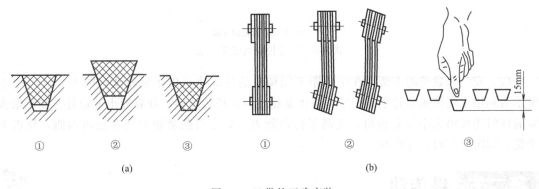

图 6-4　V 带的正确安装

(2) 两 V 带轮轴的中心线应保持平行(误差不差过 $20'$),如图 6-4 (b) 中①所示。否则,会使 V 带传动时扭曲和早期磨损,如图 6-4 (b) 中②所示。

(3) V 带紧度要合适,一般在中等中心距的情况下,以大拇指能压下 15mm 左右即为合适,如图 6-4 (b) 中③所示。

(4) 要定期检查调整 V 带传动,必要时更换 V 带,新旧带不能混合使用。各根 V 带长度应一致,使传动时受力均匀。

2. V 带传动的张紧装置

由于 V 带传动长期在拉力作用下,带的长度会增加,张紧力随之减小,传动能力降低,为了保证带传动的正常工作能力,必须调整带的张紧度。带传动张紧装置常采用调整中心距和张紧轮的方法。

(1) 调整中心距的方法　一般水平或垂直以及接近水平(垂直)传动,利用调整螺钉调整中心距离,如图 6-5 (a) 中①、②所示。图 6-5 (a) 中③所示为重力自动张紧方法。

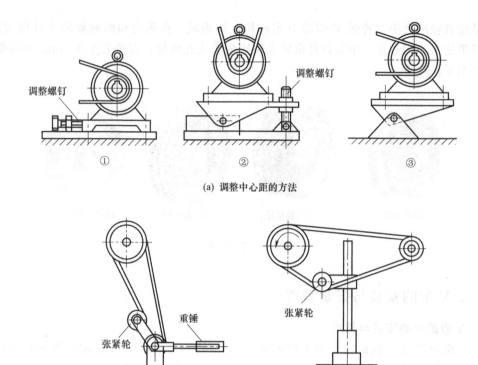

(a) 调整中心距的方法

(b) 安装张紧轮的方法

图 6-5 V 带传动的张紧方法

（2）安装张紧轮的方法 在中心距不能调整的情况才采用张紧轮法，图 6-5（b）中①所示为利用重锤使张紧轮张紧平带，将张紧轮安放在松边外侧，并靠近小带轮处。在平带张紧的同时还可增大小带轮包角，提高了传动能力。V 带将张紧轮安装在松边内侧，靠近大带轮，如图 6-5（b）中②所示。

第二节 链传动

一、链传动概述

链传动由主动链轮 1、从动链轮 2 和跨越在两链轮上的闭合链条 3 组成。工作时，通过链条上链节与链轮轮齿的相互啮合来传递运动和动力，如图 6-6 所示。

链传动是属于带有中间挠性件的啮合传动，故与带传动相比，具有以下特点：

① 可获得准确的平均传动比，结构紧凑，传动效率较高；

② 所需张紧力小，故链条对轴和轴承的压力小；

③ 可在高温、油污、潮湿等恶劣环境情

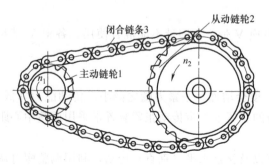

图 6-6 链传动

况下工作；

④ 可做两轴中心距较大的传动，对制造与安装精度要求较低；

⑤ 传动平稳性差，瞬时传动比不恒定，有噪声，磨损后易发生跳齿和脱链，急速反向转动的性能差。因此链传动主要用于平均传动比要求准确，且两轴相距较远，工作条件恶劣，不宜采用带传动和齿轮传动的场合。

链传动的类型较多，按其用途不同，链可以分为三种类型：传动链，在一般机械中用于传递动力和运动；起重链，用于起重机械中提升重物；曳引链，用于运输机械驱动输送带等。在汽车中应用较多的是传动链，因此本节中只涉及传动链。通常传动链所传递功率 $P \leqslant 100\text{kW}$，传动比 $i \leqslant 8 \sim 10$，链速 $v \leqslant 15\text{m/s}$，中心距 $a \leqslant 8\text{m}$，传动效率为 $95\% \sim 98\%$。

二、传动链的结构特点

传动链按照结构特点，主要有滚子链和齿形链两种。

如图 6-7 所示，滚子链由内链板 1、外链板 2、销轴 3、套筒 4 和滚子 5 组成。链板制成 8 字形，既减小质量，又符合等强度要求。两片外链板 2 与两根销轴 3 采用过盈配合，构成外链节；两片内链板 1 与两个套筒 4 也用过盈配合，构成内链节。内、外链节逐节交替连接，最后予以接头，构成封闭的链条。套筒 4 与销轴 3 之间、滚子 5 与套筒 4 之间均为间隙配合。当内、外链板相对挠曲时，套筒 4 可绕销轴 3 自由转动。滚子 5 是活套在套筒 4 上的，工作时，滚子 5 沿链轮齿廓滚动，这样就可以减轻齿廓的磨损。在低速轻载情况下，磨损的问题不是太严重，可以不用滚子，这种链条称为套筒链，如自行车链条。

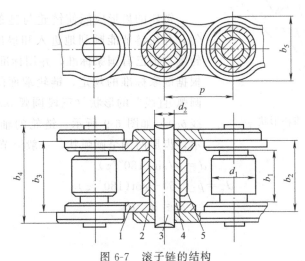

图 6-7 滚子链的结构

1—内链板；2—外链板；3—销轴；4—套筒；5—滚子

在重载情况下，可用加长销轴将若干链条并联起来构成多排链以提高链条的承载能力，然而排数越多，各链之间受载不均匀的现象就越严重，故一般不超过 4~6 排。

滚子链的接头形式见图 6-8：当链节数为偶数时，采用如图 6-8（a）所示的开口销或图 6-8（b）所示的弹簧卡来固定；当链节数为奇数时，需用一个过渡链节，如图 6-8（c）所示。过渡链节的弯链板工作时受到附加弯曲应力，因此应尽量避免使用奇数链节。

滚子链的基本参数有链节距 p、滚子外径 d_1、内链节内宽 b_1（参见图 6-7）。其中链节

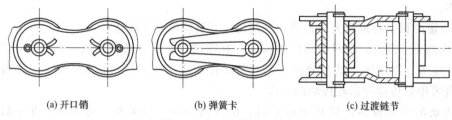

图 6-8 滚子链的接头形式

距是主要的基本参数,其他尺寸与之成一定比例关系。在我国,滚子链已标准化,分为A、B两个系列(链号数乘以1.5875即为节距p值)。后缀A、B为系列代号,A系列供设计与出口用,B系列主要供维修用。

滚子链的标记为:

链号-排数-整链节数　标准编号

例如,08A-1-88　GB/T 1243—1997 表示:A系列、节距12.7mm、单排、88节的标准套筒滚子链。

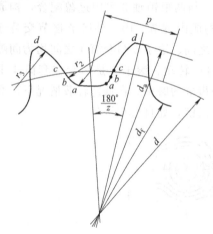

图 6-9　链轮齿槽形状

鉴于链传动的工作特性,构成链条的各个元件如链板、销轴、套筒、滚子、导板等均采用优质碳钢或合金钢制成,并经热处理以提高强度、耐磨性和冲击韧性。

三、滚子链链轮

链轮的齿形应能使链轮与链条接触良好,受力均匀,并使链节能顺利地进入和退出与轮齿的啮合。链轮的齿形已有国家标准,并用标准刀具以范成法加工。根据国家标准的规定,链轮端面的齿形推荐采用"三圆弧-直线"的形状(三段圆弧 aa、ab、cd 和一段直线 bc),如图6-9所示。链轮的轴向齿廓如图6-10所示,齿形两侧呈圆弧状,一般链节进入或退出啮合。

分度圆直径　　　　　　$d = p/\sin(180°/z)$

齿顶圆直径　　　　　　$d_a = p[0.54 + \cot(180°/z)]$

齿根圆直径　　　　　　$d_f = d - d_1$

式中　p——节距;

　　　z——齿数;

　　　d_1——滚子外径。

链轮的结构如图6-11所示,小直径链轮可做成整体式[见图6-11(a)];中等直径链轮多用孔板式[见图6-11(b)];大直径链轮可制成组合式[见图6-11(c)、(d)],此时齿圈与轮心可用不同的材料制造。

链轮材料应保证齿部有足够的强度和耐磨性,故链轮齿面一般都经过热处理,使之达到一定硬度。链轮常用材料如15~50钢、15Cr、20Cr、40Cr、35SiMn、35CrMo等,热处理后硬度一般不低于40HRC。当然,齿数较多的从动轮也可采用灰口铸铁,而高速轻载时亦有使用夹布胶木制造链轮。传动过程中,小链轮轮齿的受载次数比大链轮轮齿的多,磨损和

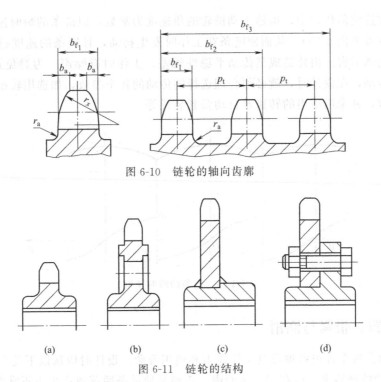

图 6-10　链轮的轴向齿廓

图 6-11　链轮的结构

冲击也较大链轮材料好、齿面硬度高。

四、运动特性

滚子链结构特点是刚性链节通过销轴铰接而成,因此链传动相当于两多边形轮子间的带传动。当链与链轮啮合时,链呈折线包在链轮上,形成一个局部正多边形,该正多边形的边长为链节距 p,边数为链轮齿数 z,使链条在链轮上呈一个多边形(参见图 6-12)。绕在链轮上的链条每转过一节,其速度方向就突然变化一个角度。而链速的大小也随之变化,从而造成链传动的不均匀性,这种链传动中的固有现象称为多边形效应。

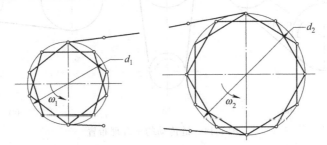

图 6-12　链传动的多边形效应

由于链传动的多边形效应,使链传动的瞬时传动比为一变量。链传动的瞬时传动比

$$i_s = \frac{R_2 \cos\gamma}{R_1 \cos\beta}$$

式中　β——主动轮上最后进入啮合的链节铰链的圆周速度与水平线的夹角;
　　　γ——链节铰链在从动轮上的相位角,其亦不断地在 $\pm 180°/z_2$ 的范围内变化。

因此，在连续的传动中，虽然主动链轮的角速度为常数，但链条的瞬时速度却是呈周期性的变化的（参见图 6-13）。从而使链条在工作时发生抖动，且链条的速度越大，链节距越大，链条抖动越厉害。由此造成其传动平稳性较差，工作时有噪声。为避免这种不利情况，获得平稳的传动，在设计时，就必须合理选择链传动的各个参数，如选用较小的链节距，较多的链轮齿数，并采用适当的转速及自动张紧装置等。

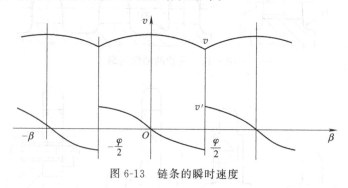

图 6-13　链条的瞬时速度

五、布置、张紧与润滑

链传动的合理布置可以提高其工作能力和使用寿命。设计时应从以下几个方面考虑：

① 两链轮的回转平面应在同一平面内，否则易使链条脱落或产生不正常磨损；

② 两链轮的中心线最好在水平面内，若需要倾斜布置时，倾角应小于 45°［见图 6-14 (a)］，应避免垂直布置［见图 6-14 (b)］，因为过大的下垂量会影响链轮与链条的正确啮合，降低传动能力；

③ 链传动最好紧边在上，松动在下，以防松边下垂量过大使链条与链轮齿发生干涉［见图 6-14 (c)］或松边与紧边相碰。

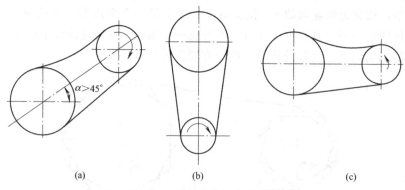

图 6-14　链传动的不合理布置

为了避免在链条垂度过大时啮合不良和链条振动，同时也为了增加链条与链轮的啮合包角，可在链传动中合适布置张紧装置。一般情况下，链传动设计成中心距可调的形式，通过调整中心距来定期张紧链条；当中心距不可调时，可用张紧轮张紧，如图 6-15 (a) (b) 所示装置分别利用弹簧的张力和重锤的重力调整张紧轮的位置，图 6-15 (c) 所示为利用调节螺旋通过托板实现对链条的定期张紧。

链传动得到良好润滑将能有效地缓和冲击，减轻磨损，延长链条使用寿命。链传动的润滑

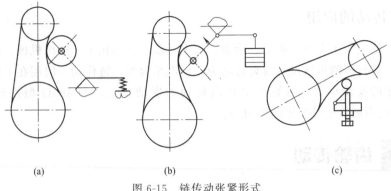

图 6-15 链传动张紧形式

方式可根据图 6-16 选取,具体润滑装置见图 6-17。润滑时应设法在链活动关节的缝隙中注入润滑油,并均匀地分布在链宽上。常用的润滑油有 L-AN32、L-AN46、L-AN68、L-AN100 等。

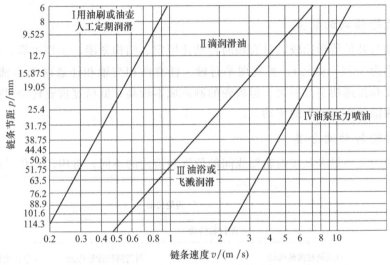

图 6-16 链传动润滑方式的选择

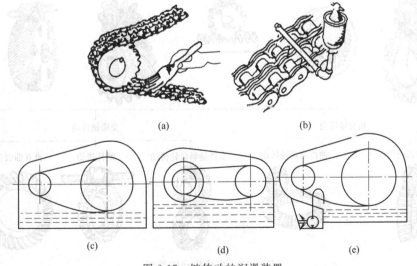

图 6-17 链传动的润滑装置

六、链传动的应用

链传动广泛应用于农业、矿山、冶金、起重运输、石油化工、纺织机械,以及机床、汽车、摩托车、自行车的机械设备或装置之中。以汽车为例,链传动一般用在工作负荷不大的轿车、小客车的发动机上,特别是上置凸轮轴的发动机上,如490Q型汽油机、菲亚特125P轿车用汽油机的正时链传动机构等。

第三节 齿轮传动

齿轮传动由主动齿轮、从动齿轮和支承件等组成,是通过轮齿间直接啮合来传递运动和动力的一种机械传动,在机械中应用非常广泛。

一、齿轮传动的特点与分类

(一)齿轮传动的特点

齿轮传动与其他传动比较,具有瞬时传动比恒定、结构紧凑、工作可靠、寿命长、效率高(传动效率为96%~99%),可实现平行轴、任意两相交轴和任意两交错轴之间的传动,适应圆周速度和传递功率范围大。但齿轮的制造成本较高,低精度齿轮传动时噪声和振动较大,不适宜两轴间距离较大的传动。

(二)齿轮传动的分类

齿轮传动的类型很多,按齿轮轴线间的位置和齿向的不同,常用齿轮传动的分类方法如图6-18所示。

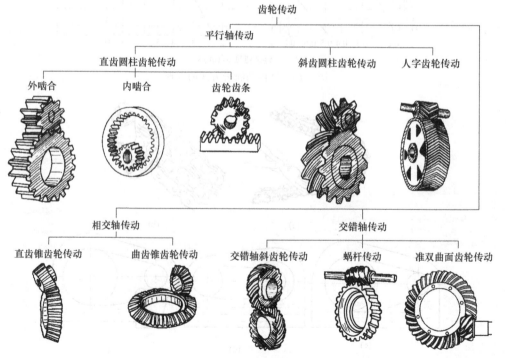

图6-18 齿轮传动的类型

二、渐开线齿轮

(一) 渐开线的形成及基本性质

齿轮齿廓有渐开线、摆线和圆弧三种，其中渐开线齿轮应用最广泛，本节主要介绍渐开线齿轮。当直线 $\overline{NK}$ 沿着一固定的圆作纯滚动时，此直线上任一点 K 的轨迹称为该圆的渐开线，这个圆称为渐开线的基圆，直线 $\overline{NK}$ 称为渐开线的发生线（见图 6-19）。

由渐开线形成的过程可知，渐开线具有下列性质：

① 发生线沿基圆滚过的长度 $\overline{NK}$，等于基圆上被滚过的圆弧长 $\overset{\frown}{AN}$，即 $\overline{NK}=\overset{\frown}{AN}$。

② 发生线 $\overline{NK}$ 是渐开线在任意点 K 的法线。由图 6-19 可知，形成渐开线时，K 点附近的渐开线可看成是以 N 为圆心，以 $\overline{NK}$ 为半径的一段圆弧。因此，N 点是渐开线在 K 点的曲率中心，$\overline{NK}$ 是渐开线上 K 点的法线。又由于发生线在各个位置与基圆相切，因此，渐开线上任意点的法线必与基圆相切。

③ 图 6-19 中的 α_K 是渐开线上 K 点的法线与该点的速度方向所夹的锐角，称为该点的压力角。渐开线各点处的压力角不等，r_K 越大（K 点离圆心 O 越远），其压力角越大；反之越小。基圆上的压力角等于零。

④ 渐开线形状决定于基圆的大小。基圆半径越小，渐开线越弯曲；基圆半径越大，渐开线越平直；基圆半径无穷大时，渐开线为一条斜直线（齿条齿廓）。

⑤ 基圆以内无渐开线。

(二) 标准直齿圆柱齿轮的各部分名称和符号

图 6-20 所示为渐开线直齿圆柱齿轮的一部分，齿轮轮齿两侧均为渐开线，整个轮缘由轮齿与齿槽组成。图中半径 r_a 所在的圆是齿顶圆，其直径用 d_a 表示；半径 r_f 所在的圆是齿根圆，其直径用 d_f 表示；齿轮齿廓渐开线所在的基圆直径用 d_b 表示。为了设计、制造方便，将齿轮上某个圆尺寸作为度量齿轮的基准，这个圆称为分度圆。分度圆半径和直径分别用 r 和 d 表示。分度圆上，一个齿槽两侧齿廓间的弧长称为齿槽宽，用 e 表示；一个轮齿两侧齿廓间的弧长称为齿厚，用 s 表示，$e=s$；相邻两齿同侧齿廓之间的弧长称为分度圆齿距，用 p 表示，显然齿轮的齿距 $p=e+s$。分度圆与齿顶圆之间的径向高度称为齿顶高，用 h_a 表示；分度圆与齿根圆之间的径向高度称为齿根高，用 h_f 表示；齿顶圆和齿根圆之间的径向高度，称为全齿高，用 h 表示，显然 $h=h_a+h_f$。齿轮几何尺寸均取决于齿轮的基本参数。

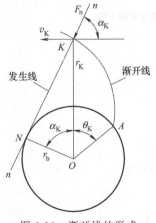

图 6-19 渐开线的形成

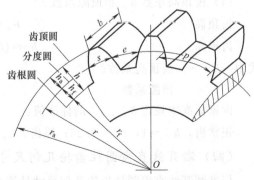

图 6-20 直齿圆柱齿轮各部分的名称和符号

(三) 直齿圆柱齿轮的基本参数

渐开线标准直齿圆柱齿轮的基本参数有：齿数 z、模数 m、压力角 α、齿顶高系数 h_a^*、顶隙系数 c^* 等。

(1) 齿数 z　在齿轮整个圆周上齿的总数称为该齿轮的齿数，用符号 z 表示，齿数由设计计算确定。

(2) 模数 m　分度圆的周长为 $\pi d = zp$ 或 $d = \dfrac{zp}{\pi}$，式中 π 为无理数，为便于设计、制造和检验，把 p/π 比值制定成标准值，称为模数，用 m 表示，即 $m = p/\pi$。因此，分度圆直径为

$$d = mz \tag{6-1}$$

模数 m 是齿轮几何尺寸计算的重要参数。齿数相同的齿轮，模数越大，其径向尺寸越大，轮齿所能承受的载荷也越大，如图 6-21 所示。齿轮的模数已标准化，表 6-3 为国家标准中的模数系列，设计时应选择标准模数。

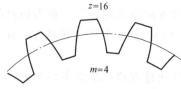

(3) 压力角 α　如图 6-19 所示，渐开线 K 点的压力角 α_K 可用 $\cos\alpha_K = r_b/r_K$ 表示，因此，渐开线齿轮分度圆上的压力角可用下式计算

$$\cos\alpha = \dfrac{r_b}{r} \tag{6-2}$$

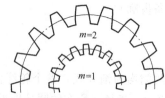

图 6-21　模数与齿轮尺寸的关系

式中　r_b——基圆半径，mm；
　　　r——分度圆半径，mm。

国家标准规定，标准齿轮的压力角 $\alpha = 20°$。

表 6-3　标准模数系列表　　　　　　　　　　　　　　mm

第一系列	1	1.25	1.5	2	2.5	3	4	5	6	8
	10	12	16	20	25	32	40	50		
第二系列	(1.75)	(2.25)	(2.75)	(3.25)	(3.75)	(4.5)	(5.5)	7	9	(11)
	(14)	(18)	(22)	(28)	36	45				

注：1. 本表用于渐开线圆柱齿轮，对斜齿轮是指法向模数。
　　2. 选用模数时，应优先采用第一系列，其次是第二系列，括号内的模数尽可能不用。

(4) 齿顶高系数 h_a^* 和顶隙系数 c^*

齿顶高　　　　　　　　　　　　$h_a = h_a^* m$

齿根高　　　　　　　　　　　　$h_f = (h_a^* + c^*) m$

式中　h_a^*——齿顶高系数；
　　　c^*——顶隙系数。

国家标准中规定 h_a^*、c^* 的标准值：

正常齿，$h_a^* = 1$，$c^* = 0.25$；短齿，$h_a^* = 0.8$，$c^* = 0.3$。

(四) 渐开线直齿圆柱齿轮几何尺寸计算

标准渐开线直齿圆柱齿轮几何尺寸计算公式列于表 6-4。

表 6-4 标准渐开线直齿圆柱齿轮几何尺寸计算公式   mm

名　称	符　号	计算公式
分度圆直径	d	$d=mz$
基圆直径	d_b	$d_b=d\cos\alpha$
齿顶高	h_a	$h_a=h_a^* m$
齿根高	h_f	$h_f=(h_a^*+c^*)m$
齿高	h	$h=h_a+h_f$
顶隙	c	$c=c^* m$
齿顶圆直径	d_a	$d_a=d+2h_a$
齿根圆直径	d_f	$d_f=d-2h_f$
齿距	p	$p=\pi m$
齿厚	s	$s=\dfrac{p}{2}=\dfrac{\pi m}{2}$
齿槽宽	e	$e=\dfrac{p}{2}=\dfrac{\pi m}{2}$
标准中心距	a	$a=\dfrac{m(z_1+z_2)}{2}$

（五）内齿轮与齿条

如图 6-22（a）所示为一圆柱内齿轮，内齿轮的齿廓是内凹的渐开线。其特点是：齿厚相当于外齿轮的齿槽宽，而齿槽相当于外齿轮的齿厚；内齿轮的齿顶圆小于分度圆，齿根圆大于分度圆。

如图 6-22（b）所示为一齿条，当外齿轮的齿数增加到无穷多时，齿轮上的圆变为互相平行的直线，渐开线齿廓就变成直线齿廓，这种齿轮的一部分就是齿条。齿条无论在分度线或与其平行的其他直线上，齿距 p 均相等，即 $p=\pi m$；分度线上 $s=e$，其他直线上不相等；齿廓上各点处的压力角均相等，标准值为 20°。

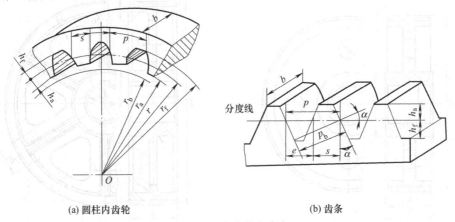

(a) 圆柱内齿轮　　　　　　　　(b) 齿条

图 6-22 内齿轮与齿条

三、直齿圆柱齿轮的结构

齿轮的结构与毛坯种类、所选材料、几何尺寸、制造工艺及经济性等因素有关。通常是先按齿轮直径和材料选定合适的结构形式，然后再由经验公式或有关数据确定各部分尺寸。齿轮常用的结构形式有如下几种。

(一）齿轮轴

对于直径较小的齿轮，齿根圆直径与轴径相差很小，应将齿轮与轴做成一体，称为齿轮轴。通常是齿轮键槽底部与齿根圆之间的径向尺寸 $x < 2.5\text{mm}$ 时，可将齿轮和轴做成一体，如图 6-23 所示。

（二）实心式齿轮

若齿根圆到键槽底部的径向尺寸 $x > 2.5\text{mm}$，直径 $d_a \leqslant 200\text{mm}$ 时，做成实心齿轮，如图 6-24 所示。

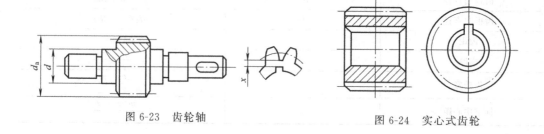

图 6-23　齿轮轴　　　　　　图 6-24　实心式齿轮

（三）腹板式齿轮

当齿轮直径较大，即 $200\text{mm} \leqslant d_a \leqslant 500\text{mm}$ 时，为节约材料及减轻质量，通常做成腹板式，如图 6-25 所示。

（四）轮辐式齿轮

当 $d_a > 500\text{mm}$ 时，齿轮毛坯锻造不便，往往改用铸铁或铸钢浇注。铸造齿轮常做成轮辐式，如图 6-26 所示。

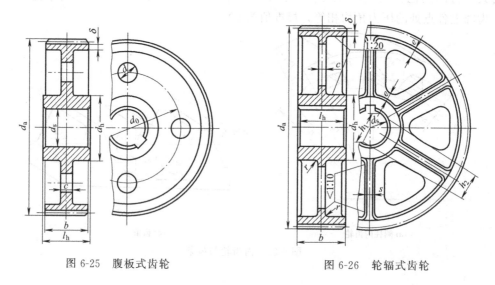

图 6-25　腹板式齿轮　　　　　　图 6-26　轮辐式齿轮

四、渐开线标准直齿圆柱齿轮啮合传动

上面所讨论的是单个渐开线齿轮，而机器上所使用的齿轮总是成对的，下面介绍一对齿轮啮合传动的情况。

(一) 渐开线齿轮的啮合过程

如图 6-27 所示为一对渐开线齿轮相啮合，由渐开线性质可知，N_1N_2 是两齿廓在啮合点的公法线，也是两基圆的内公切线，所以渐开线齿轮啮合时，各啮合点始终沿着两基圆的内公切线 N_1N_2 移动，N_1N_2 称为啮合线。设齿轮 1 为主动轮，齿轮 2 为从动轮。当一对齿轮开始啮合时，先以主动轮的齿根部分推动从动轮的齿顶，因此，起始啮合是从动轮的齿顶圆与啮合线的交点 B_2。当两轮继续转动时，主动轮轮齿上的啮合点向齿顶移动，而从动轮轮齿上的啮合点向齿根部移动。终止啮合点是主动轮的齿顶圆与啮合线的交点 B_1，此时两轮齿将脱离接触。线段 B_2B_1 为齿轮啮合点的实际轨迹，称为实际啮合线段。若将两齿顶圆加大，则 B_1B_2 将越接近点 N_1 和 N_2。但因基圆内无渐开线，故线段 N_1N_2 称为理论最大的啮合线段，称为理论啮合线段。

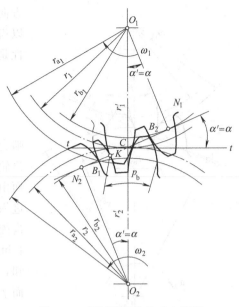

图 6-27 渐开线齿轮的啮合过程

(二) 渐开线齿轮啮合传动特点

1. 传动比（瞬时传动比）恒定

齿轮的传动比是指主、从动轮的角速度之比，习惯上也用主、从动轮的转速度之比表示，即

$$i_{12}=\frac{\omega_1}{\omega_2}=\frac{n_1}{n_2}$$

由渐开线的性质可知，渐开线齿轮啮合时，同一方向的啮合线只有一条，所以它与两轮连心线的交点 C 必为一固定点，称为节点（见图 6-27）。r'_1、r'_2 分别称为主从动轮的节圆半径。啮合线 N_1N_2 与两节圆的公切线 t-t 所夹的锐角称为啮合角，用 α' 表示。一对渐开线标准齿轮，如不计制造安装等误差，则安装的两齿轮的分度圆分别与两齿轮的节圆相重合，此时啮合角 α' 等于压力角 α，即 $\alpha'=\alpha$。于是，一对渐开线直齿圆柱齿轮的传动比又可表达为

$$i_{12}=\frac{\omega_1}{\omega_2}=\frac{n_1}{n_2}=\frac{O_2C}{O_1C}=\frac{r'_2}{r'_1}=\frac{r_{b2}}{r_{b1}}=\frac{mz_2}{mz_1}=\frac{z_2}{z_1} \qquad (6-3)$$

从上式可知，由于 C 点为固定点，r'_2/r'_1 为定值，故瞬时传动比 i_{12} 恒定不变。这就保证了齿轮传动的平稳性。

2. 中心距具有可分性

由上面的分析可知，渐开行齿轮传动比还取决于基圆半径的大小。当一对齿轮制成后，其基圆半径已确定，因而传动比确定。在齿轮安装以后，中心距的微小变化不会改变瞬时传动比，渐开线齿廓的这个特性称为中心距具有可分性。齿轮在制造、安装、调试时，充分利用了这一特性。

3. 传动的作用力方向不变

两齿轮无论在何点啮合，齿廓间作用的压力方向始终沿着法线方向，即啮合线 N_1N_2

方向。由于啮合线是与两轮基圆相切的固定直线,所以齿廓间作用的压力方向不变,这对齿轮传动的平稳性是很有利的。

(三) 渐开线齿轮啮合传动的条件

1. 正确啮合的条件

一对渐开线齿轮要实现啮合传动,必须满足正确啮合条件。下面对图 6-28 所示的一对齿轮进行分析。齿轮传动时,每一对轮齿仅啮合一段时间便要分离,而由后一对轮齿接替。为了保证每对轮齿都能正确地进入啮合,要求前一对轮齿在 K 点接触时,后一对轮齿能在啮合线上另一点 K' 正常接触。而 KK' 恰为齿轮 1 和齿轮 2 的法向齿距,$p_{n1}=p_{n2}$。由渐开线性质可知,法向齿距 p_n 与基圆齿距 p_b 相等,因此 $p_{b1}=p_{b2}$。而 $p_b = p\cos\alpha = \pi m\cos\alpha$,得到

$$m_1\cos\alpha_1 = m_2\cos\alpha_2$$

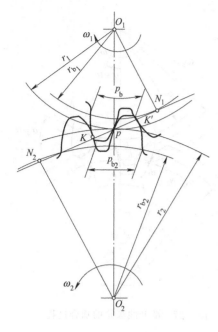

图 6-28 渐开线齿轮正确啮合条件

式中　m_1,m_2,α_1,α_2——两轮的模数和分度圆压力角。

由于 m、α 均已标准化,所以得到正确啮合条件为

$$\begin{cases} m_1 = m_2 = m \\ \alpha_1 = \alpha_2 = \alpha \end{cases} \tag{6-4}$$

可见直齿圆柱齿轮正确啮合的条件是:两轮的模数和压力角必须分别相等并为标准值。

2. 连续传动条件

如图 6-27 所示,由齿轮啮合过程可知,为使齿轮连续的进行传动,就必须使前一对轮齿尚未脱离啮合时,后一对轮齿已经进入啮合。这就要求实际啮合线必须大于或等于基圆齿距,即

$$\overline{B_2B_1} \geqslant p_b$$

此式称为连续传动条件。

上式可写成

$$\varepsilon = \frac{\overline{B_2B_1}}{p_b} \geqslant 1 \tag{6-5}$$

式中　ε——重合度。

重合度越大,表明齿轮传动的连续性和平稳性越好。直齿圆柱齿轮的重合度 $\varepsilon=1.1\sim1.4$,汽车齿轮重合度 $\varepsilon=1.1\sim1.2$。

3. 标准安装的条件

一对标准齿轮节圆与分度圆相重合的安装称为标准安装,标准安装时的中心距称为标准中心距,以 a 表示。一对齿轮标准安装时,两个齿轮的传动可以看作是两个分度圆的纯滚动。在满足正确啮合的条件下,存在 $s_1=e_2$,$e_1=s_2$,此时,两轮可实现无侧隙啮合。这对

避免传动的反向空程冲击是有实际意义的。

标准安装时，对于外啮合传动（见图6-29），则有

$$a = r_1' + r_2' = r_1 + r_2 = \frac{m}{2}(z_1 + z_2) \quad (6-6)$$

图6-30表示一内啮合标准齿轮传动，当按标准中心距安装时，两轮的各分度圆与各自的节圆重合相切，其标准中心距为

$$a = r_1 - r_2 = \frac{m}{2}(z_1 - z_2) \quad (6-7)$$

需要指出的是，分度圆和压力角是单个齿轮所具有的参数，节圆和啮合角是一对齿轮啮合时，才出现的几何参数。单个齿轮不存在节圆和啮合角。

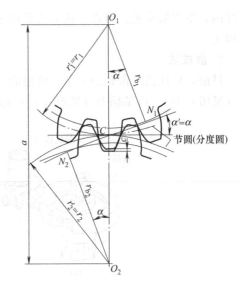

图6-29 外啮合齿轮传动

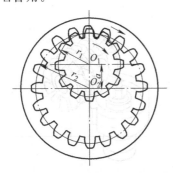

图6-30 内啮合标准齿轮传动

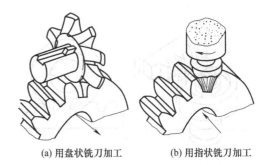

(a) 用盘状铣刀加工　　(b) 用指状铣刀加工

图6-31 仿形法切齿

五、渐开线齿轮的切齿原理与根切现象

（一）渐开线齿轮的切齿原理

齿轮的切齿方法就其原理来说可分为仿形法和展成法两种。

1. 仿形法

这种方法的特点是所采用的成型刀具，在其轴向剖面内，刀刃的形状和被切齿轮齿槽的形状相同。常用的盘状铣刀和指状铣刀。

如图6-31（a）所示为用盘状铣刀加工齿轮的情况。加工时铣刀转动，同时，齿轮毛坯随铣床工作台沿平行于齿轮轴线的方向直线移动，切出一个齿槽后，由分度机构将轮坯转过$360°/z$，再切制第二个齿槽，直至整个齿轮加工结束。如图6-31（b）所示为用指状铣刀加工齿轮的情况，加工方法与盘状铣刀时相似。指状铣刀常用于加工大模数（$m > 20$mm）的齿轮，并可以切制人字形齿轮。

仿形法的优点是：加工方法简单，不需要专门的齿轮加工设备。缺点是：由于铣制相同模数不同齿数的齿轮是用一组有限数目的齿轮铣刀来完成的，因此，所选铣刀不可能与要求齿形准确吻合，加工出的齿形不够准确，轮齿的分度有误差，制造精度较低地；由于切削是

断续的，生产效率低。所以，仿形法常用于单件、修配或少量生产及齿轮精度要求不高的齿轮加工。

2. 展成法

目前，展成法是齿轮加工中最常用的一种方法。展成法加工齿轮常用的刀具有：齿轮插刀（见图6-32）、齿条插刀（见图6-33）和齿轮滚刀（见图6-34）。

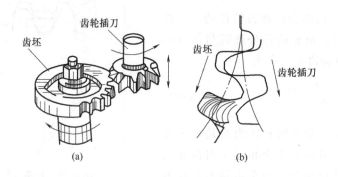

图6-32 齿轮插刀加工齿轮

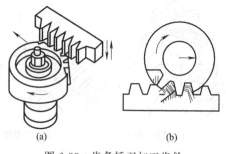

图6-33 齿条插刀加工齿轮

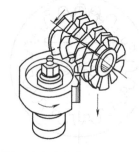

图6-34 齿轮滚刀加工齿轮

（1）齿轮插刀加工齿轮　齿轮插刀是一个具有刀刃的渐开线外齿轮。加工时插刀与轮坯严格地按定传动比做展成运动，即啮合传动，同时插刀沿轮坯轴线方向作上下往复的切削运动。为防止插刀退刀时擦伤已加工的齿廓表面，在退刀时，轮坯还需要作小距离的让刀运动。另外，要切出轮齿的整个宽度，插刀还需要向轮坯中心移动，作径向进给运动。

（2）齿条插刀加工齿轮　刀具与轮坯的展成运动相当于齿条与齿轮啮合传动，其切齿原理与用齿轮插刀加工齿轮的原理相同。

（3）齿轮滚刀加工　采用齿轮插刀、齿条插刀加工齿轮其切削是不连续的，不仅影响生产率的提高，还限制了加工精度。因此，在生产中更广泛地采用齿轮滚动切制齿轮。图6-34为用用齿轮滚刀切制齿轮的情况，滚刀形状像一螺旋，它的轴向剖面为一齿条。当滚刀转动时，相当于齿条作轴向移动，滚刀转一周，齿条移动一个导程的距离。所以，用滚刀切制齿轮的原理和齿条插刀切制齿轮的原理基本相同。滚刀除了旋转之外，还沿着轮坯的轴线缓慢地进给，以便切出整个齿宽。

用展成法加工齿轮时，只要刀具和被加工齿轮的模数 m 和压力角 α 相同，则无论被加工齿轮的齿数多少，都可以用同一把齿轮刀具加工，而且生产效率较高。所以，在大批生产中多采用展成法。

（二）根切现象与不发生根切的最少齿数 z_{min}

1. 根切现象

用展成法加工标准齿轮时，如果刀具的齿顶线超过了极限啮合点 N_1，轮齿根部的渐开线齿廓将会被刀具切去一部分，这种现象称为切齿干涉，又称根切，如图 6-35（a）所示。产生严重根切的齿轮，会使轮齿的抗弯强度降低，并使重合度减小，影响传动的平稳性，对传动十分不利，因此，应避免根切现象的产生。

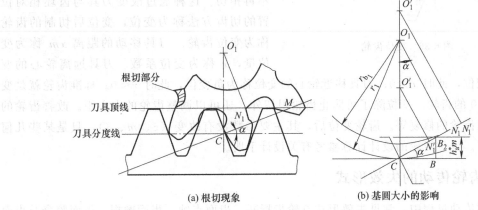

图 6-35　轮齿根切及其原理

2. 最少齿数 z_{min}

要避免根切，就必须使刀具的顶线不超过 N_1 点。刀具模数确定后，刀具齿顶高也是一定值。由于标准齿轮在分度圆上的齿厚 s 与齿槽宽 e 相等，为此，加工时刀具的分度中线必须与轮坯分度圆相切。这样，齿顶线位置也就确定下来。由图 6-35（b）可见，当轮坯基圆半径越小，齿数越少，N_1 点越接近 C，产生根切的可能性越大，若要不发生根切，应使 $CB_2 \leqslant CN_1$。由 $\triangle O_1 N_1 C$，得

$$CN_1 = r\sin\alpha = \frac{mz}{2}\sin\alpha$$

由 $\triangle CB_2 B$ 得

$$CB_2 = \frac{h_a^* m}{\sin\alpha}$$

即

$$\frac{h_a^* m}{\sin\alpha} \leqslant \frac{mz}{2}\sin\alpha$$

故有

$$z \geqslant \frac{2h_a^*}{\sin^2\alpha}$$

上述即为切制标准齿轮不发生根切的条件。

令

$$z_{min} = \frac{2h_a^*}{\sin^2\alpha} \tag{6-8}$$

式中　z_{min}——标准齿轮不发生根切的最少齿数。

对于正常齿 $z_{min}=17$，允许少量根切时 $z_{min}=14$，对于短齿 $z_{min}=14$。

由上述可知，标准齿轮避免根切的措施是使齿轮齿数大于或等于最少齿数。

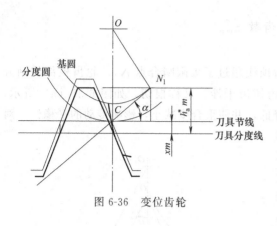

图 6-36 变位齿轮

（三）变位及变位齿轮

为了改善齿轮传动的性能，或避免切齿干涉发生根切现象，可以采用将刀具移离齿坯一段距离 xm（见图 6-36），使刀具顶线不再超过极限点 N_1，则切出来的齿轮不会发生根切，但此时刀具的分度线与齿轮的分度圆不再相切。这种通过改变刀具与齿坯相对位置的切齿方法称为变位，变位后切制的齿轮称为变位齿轮。刀具移动的距离 xm 称为变位量，x 称为变位系数。刀具远离轮心的变位称为正变位，此时 $x>0$；刀具移近轮心的变位称为负变位，此时 $x<0$。标准齿轮就是变位系数 $x=0$ 的齿轮。变位除了可防止齿轮根切外，还可以调整齿轮的中心距、改善齿轮的强度及实现齿轮的修复等。齿轮变位后，其主要参数没有改变（z、m、α），只是某些几何尺寸改变了。变位齿轮的设计计算参考有关设计手册。

六、齿轮传动的失效形式

齿轮在传动过程中，常见失效形式有轮齿折断、齿面点蚀、齿面磨损、齿面胶合及齿面塑性变形等。

（一）轮齿折断

轮齿折断形式有两种：一种是在交变载荷作用下，齿根弯曲应力超过允许限度时，齿根处产生微小裂纹，随后裂纹不断扩展，最终导致轮齿疲劳折断；另一种是短时过载或受冲击载荷发生突然折断，如图 6-37 所示。

防止轮齿折断的措施有：限制齿根上的弯曲应力；降低齿根处的应力集中；选用合适的齿轮参数和几何尺寸；强化处理（如喷丸、碾压）和良好的热处理工艺等。

（二）齿面点蚀

轮齿齿面在交变载荷的反复作用下，当轮齿表面接触应力超过允许限度时，表面发生微小裂纹，以致小颗粒的金属剥落形成麻坑，称为齿面疲劳点蚀，如图 6-38 所示。点蚀的产生破坏了渐开线的完整性，从而引起振动和噪声，继而恶性循环，以至传动不能发正常进行。

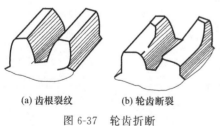

(a) 齿根裂纹　　(b) 轮齿断裂

图 6-37 轮齿折断

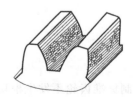

图 6-38 齿面疲劳点蚀

在润滑防护良好的闭式（有箱体防护）传动中，轮齿面齿轮（硬度小于或等于 350HBS）易发生齿面点蚀。在开式（无箱体防护）齿轮传动中，齿面磨损大，看不到点蚀现象。

防止齿面点蚀的措施：限制齿面接触应力；提高齿面硬度；降低齿面的表面粗糙度值；采用黏度高的润滑油等。

（三）齿面磨损

在开式传动中，轮齿工作面间进入灰尘杂物时，会引起齿面磨损。齿面磨损后，齿厚变薄，渐开线齿廓被破坏，引起冲击、振动和噪声，最后导致轮齿因强度不足而折断，见图 6-39。防止齿面磨损的措施：提高齿面硬度；降低表面粗糙度值；改善工作条件；采用适当的防护罩；在润滑油中加入减磨剂并保持润滑油的清洁等。

（四）齿面胶合

高速、重载传动中，由于齿面的压力大、相对滑动速度高，造成局部温度过高，使齿面油膜破裂，产生接触齿面金属黏着，随着齿面的相对运动，使金属从齿面上撕落。这种现象称为齿面胶合，如图 6-40 所示。防止齿面胶合的措施：提高齿面硬度；采用黏度较大或抗胶合性能好的润滑油；降低齿面表面粗糙度值等。

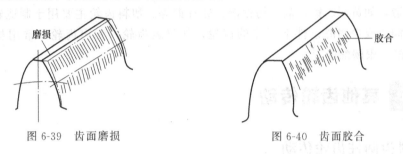

图 6-39　齿面磨损　　　　图 6-40　齿面胶合

（五）齿面塑性变形

硬度不高的齿面在重载荷作用下，可能产生局部的塑性变形。这种失效常在过载严重和启动频繁的传动中出现。

防止的措施：保证良好的润滑；降低表面粗糙度值；选用屈服强度较高的材料等。

七、齿轮材料

选择齿轮材料的要求：应使齿轮的齿面具有较高的抗磨损、抗点蚀、抗胶合及抗塑性变形的能力，而且齿根应有足够的抗折断能力。因此，对齿轮材料性能总的要求为齿面硬、齿心韧，同时，应具有良好的加工和热处理的工艺性。

齿轮一般应选用具有良好力学性能的中碳结构钢和中碳合金结构钢；承受较大冲击载荷的齿轮，可选用合金渗碳钢；一些低速或中速低应力、低冲击载荷条件下工作的齿轮，可选用铸钢、灰铸铁或球磨铸铁；一些受力不大或在无润滑条件下工作的齿轮，可选用有色金属和非金属材料。

（一）调质钢齿轮

调质钢主要用于制造对硬度和耐磨性要求不是很高，对冲击韧度要求一般的中、低速和载荷不大的中、小型传动齿轮。一般常用的热处理是调质或正火处理后，再进行表面淬火（硬齿面），有时经调质和正火处理后也可直接使用（软齿面）。对于精度要求高、转速快的齿轮，可选用渗氮钢（如 38CrMoAlA），经调质处理和渗氮处理后使用。

（二）渗碳钢齿轮

渗碳钢主要用于制造高速、重载、冲击较大的重要齿轮，如汽车变速箱齿轮、驱动桥齿轮、立式车床的重要齿轮等。通常采用 20CrMnTi、20CrMo、20Cr、18Cr2Ni4WA、20CrMnMo

制造，经渗碳淬火和低温回火处理后（硬齿面），表面硬度高，耐磨性好，心部韧性好，耐冲击。为了增加齿面的残余压应力，进一步提高齿轮的疲劳强度，还可进行喷丸处理。

（三）铸钢和铸铁齿轮

形状复杂、难以锻造成型的大型齿轮采用铸钢和铸铁等材料制造。对于工作载荷大、韧性要求较高的齿轮，如起重机齿轮等，选用 ZG270-500、ZG310-570、ZG340-640 制造；对于耐磨性、疲劳强度要求较高，但冲击载荷较小的齿轮，如机油泵齿轮等，可选用球墨铸铁制造，如 QT500-7、QT600-3 等；对于冲击载荷很小的低精度、低速齿轮，可选用灰铸铁制造，如 HT200、HT250、HT300 等。

（四）有色金属齿轮和塑料齿轮

仪器、仪表中的齿轮，以及某些在腐蚀介质中工作的轻载齿轮，常选用耐腐蚀、耐磨的有色金属制造，如黄铜、铝青铜、锡青铜、硅青铜等。塑料齿轮主要用于制造轻载、低速、耐腐蚀、无润滑或少润滑条件下工作的齿轮，如仪表齿轮、无声齿轮，常用材料如尼龙、ABS、聚甲醛、聚碳酸酯等。

第四节 其他齿轮传动

一、斜齿圆柱齿轮传动

（一）斜齿圆柱齿轮齿面的形成

直齿圆柱齿轮齿廓曲面的形成如图 6-41 所示。直齿圆柱齿轮的齿廓曲面为渐开线曲面。斜齿圆柱齿轮齿廓曲面的形成如图 6-42 所示，当平面沿基圆柱做纯滚动时，其上与母线成一倾斜角 β_b 的斜直线 KK 在空间所走过的轨迹为渐开线螺旋面，该螺旋面即为斜齿圆柱齿轮齿廓曲面，β_b 称为基圆柱上的螺旋角。

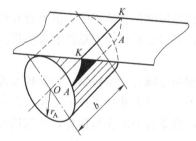

图 6-41 直齿圆柱齿轮齿廓曲面的形成

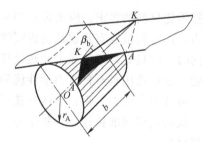

图 6-42 斜齿圆柱齿轮齿廓曲面的形成

图 6-43 所示为斜齿圆柱齿轮分度圆柱面展开图，圆柱齿螺旋线展开成一条条斜直线。该直线与轴线的夹角称为分度圆柱上的螺旋角，简称螺旋角，用 β 表示。螺旋角是反映斜齿圆柱齿轮特征的一个重要参数。

（二）标准斜齿圆柱齿轮传动的几何尺寸

斜齿圆柱齿轮的轮齿为螺旋形，在垂直于齿轮轴线的端面（下标以 t 表示）和垂直于齿廓螺旋面的法面（下标以 n 表示）上有不同的参数（见图 6-43）。斜齿圆柱齿轮的法面参数为标准值。

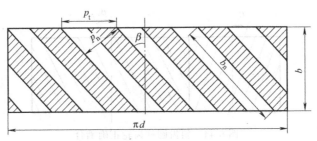

图 6-43 法面齿距与端面齿距

标准斜齿圆柱齿轮传动尺寸计算公式列于表 6-5 中。

表 6-5 标准斜齿圆柱齿轮传动尺寸计算公式

名　称	符　号	计　算　公　式
分度圆直径	d	$d=\dfrac{m_n z}{\cos\beta}$
基圆直径	d_b	$d_b = d\cos\alpha_t$
齿顶高	h_a	$h_a = h_{an}^* = h_{an}^* m_n = m_n$
齿根高	h_f	$h_f = (h_{an}^* + c_n^*) m_n = 1.25 m_n$
全齿高	h	$h = h_a + h_f = 2.25 m_n$
顶隙	c	$c = c_n^* m_n = 0.25 m_n$
齿顶圆直径	d_a	$d_a = d + 2 m_n$
齿根圆直径	d_f	$d_f = d - 2h_f = d - 2.5 m_n$
标准中心距	a	$a = \dfrac{1}{2}(d_1 + d_2) = \dfrac{m_n}{2\cos\beta}(z_1 + z_2)$

【例 6-1】 一对斜齿圆柱齿轮 $z_1=21$，$z_2=76$，$m_n=4.5\text{mm}$，轮齿螺旋角 $\beta=28°11'52''$，求这对斜齿圆柱齿轮的中心距和齿顶圆直径。

解 (1) 中心距 a

由表 6-5 得

$$a = \frac{1}{2}(d_1 + d_2) = \frac{m_n}{2\cos\beta}(z_1 + z_2) = \frac{4.5}{2\times 0.88}(21+76) = 248(\text{mm})$$

(2) 齿顶圆直径 d_{a1}、d_{a2}

$$d_{a1} = d_1 + 2m_n = m_n\left(\frac{z_1}{\cos\beta} + 2\right) = 4.5\times\left(\frac{21}{0.88} + 2\right) = 116\ (\text{mm})$$

$$d_{a2} = d_2 + 2m_n = m_n\left(\frac{z_2}{\cos\beta} + 2\right) = 4.5\times\left(\frac{76}{0.88} + 2\right) = 398\ (\text{mm})$$

(三) 斜齿圆柱齿轮传动的正确啮合条件

一对标准斜齿圆柱齿轮正确啮合条件如下（见图 6-44）：
① 两斜齿圆柱齿轮的法面模数相等。
② 两斜齿圆柱齿轮的法面压力角相等。
③ 两斜齿圆柱齿轮的螺旋角大小相等，方向相反。

即

$$\begin{cases} m_{n1} = m_{n2} = m \\ \alpha_{n1} = \alpha_{n2} = 20° \\ \beta_1 = -\beta_2 \end{cases} \tag{6-9}$$

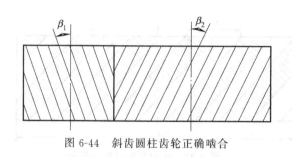

图 6-44　斜齿圆柱齿轮正确啮合

（四）斜齿与直齿圆柱齿轮传动的比较

斜齿圆柱齿轮传动与直齿圆柱齿轮传动相比，主要有下列优点。

（1）啮合性能好　由于轮齿倾斜，在啮合过程中，每对轮齿是逐渐进入啮合和逐渐退出啮合的，因而传动平稳，冲击噪声小。

（2）承载能力高　斜齿圆柱齿轮的承载能力是按当量直齿圆柱齿轮考虑的，因此，节点处的曲率半径增大。同时，由于重合度增加，一对轮齿受力减小。从而降低齿面接触应力，提高了齿面承载能力。在齿根弯曲强度方面，由于齿根厚度增大，而且轮齿接触线倾斜（见图 6-42）又减小了弯曲力臂，降低了弯曲应力，因此，斜齿圆柱齿轮的弯曲强度也比直齿圆柱齿轮的高。

（3）不发生根切的最少齿数比直齿圆柱齿轮的少　斜齿圆柱齿轮传动不发生根切的最少齿数比直齿圆柱齿轮传动的小。因而，在其他条件相同的情况下，斜齿圆柱齿轮传动的结构尺寸比直齿圆柱齿轮传动的小。

（4）对制造误差的敏感性小　由于轮齿倾斜，位于同一圆柱面上的各点不同时参加啮合，这在一定程度上分散了制造误差对传动的影响。

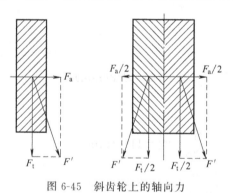

图 6-45　斜齿轮上的轴向力

（5）可以凑配中心距　在齿数、模数相同的情况下，由表 6-5 可得，由于 β 的不同，可以得到不同的中心距 a。

（6）有轴向力　由于有螺旋角，斜齿工作中产生轴向力 F_a（见图 6-45），螺旋角越大，轴向力越大。一对斜齿圆柱齿轮齿的螺旋角 β 一般控制为 $8°\sim 20°$，常用 $\beta=8°\sim 15°$，β 角太大，工作中轴向力过大，式轴承容易损坏；β 角太小不能发挥斜齿轮的优点。为克服存在轴向力，可采用人字齿轮消除轴向力，但人字齿轮加工困难、精度较低，多在传动大功率的重载机械中使用。

（五）螺旋圆柱齿轮传动特点

螺旋圆柱齿轮（$\beta=45°$ 的斜齿圆柱齿轮）传动，是用来传递空间两交叉轴间的运动和转矩。例如，汽车发动机中机油泵驱动齿轮就是由配气机构凸轮轴和机油泵轴上一对螺旋圆柱齿轮来传动的，如图 6-46 所示。螺旋圆柱齿轮传动的两轮轴线是相互交错的；斜齿圆柱齿轮传动是两轴线相互平行的。

从单个的螺旋圆柱齿轮与斜齿圆柱齿轮比较没有什么区别，而螺旋圆柱齿轮传动的特点如下：

图 6-46 发动机中的螺旋齿轮

① 两个齿轮的发生面相交，齿廓间为点接触。受载后，齿廓接触部分便形成一小块面积接触，由于接触面小，接触应力大，易于磨损，所以不能传动大功率。

② 螺旋圆柱齿轮齿廓间沿高度方向有相对滑动，在齿廓公切线方向也有相对滑动，所以齿廓磨损更快，传动效率低。

③ 中心距稍有改变，对传动质量影响很大，引起振动和噪声。

④ 改变两轮的螺旋角的大小和方向，会使传动轮转向改变。

⑤ 传动比与齿轮分度圆和螺旋有关；传动中轴向力大。

二、圆锥齿轮传动

圆锥齿轮是用来传递两轴相交的旋转运动的，在汽车的驱动桥中常用圆锥齿轮将动力旋转平面改变 90°，使其与驱动轮转动方向一致。圆锥齿轮种类较多，在汽车与汽车修理设备中常见的有直齿、斜齿和曲齿圆锥齿轮（见图 6-47）。下面以直齿圆锥齿轮传动为例，来研

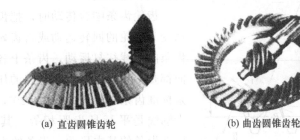

(a) 直齿圆锥齿轮　　　　(b) 曲齿圆锥齿轮

图 6-47 圆锥齿轮

究圆锥齿轮传动的特点。图 6-48（a）为一对标准直齿圆锥齿轮传动，两轮的分度圆锥面与节圆锥面重合。直齿圆锥齿轮以大端几何参数为标准值，它的正确啮合条件是两齿轮大端的模数和压力角分别相等，即

$$\begin{cases} m_1 = m_2 \\ \alpha_1 = \alpha_2 \end{cases}$$

直齿圆柱齿轮的真实齿形就是端面上的齿形，而直齿圆锥齿轮的真实齿形是节圆锥在垂直面上投影的"背锥"齿形，如图 6-48（b）所示。"背锥"展开为一个不完整的齿轮，若将它补足为一个完整的齿轮，就成了圆锥齿轮的"当量圆柱齿轮"。它的齿形就是该直齿圆锥齿轮的齿形。当量齿轮的齿数 z_v，当量分度圆直径为 d_v。则

$$z_v = \frac{z}{\cos\delta} \tag{6-10}$$

式中　δ——锥齿轮分度圆锥角。

例如：一个直齿圆锥齿轮的齿数为 24，分度圆锥角 $\delta=35°$，则 $z_v = \frac{24}{\cos 35°} = 29$，意思

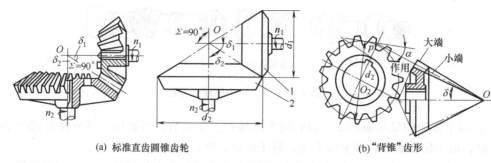

(a) 标准直齿圆锥齿轮　　　　　(b) "背锥"齿形

图 6-48　直齿圆锥齿轮

就是24个齿的直齿锥齿轮与29个齿的直齿圆柱齿轮的齿形相同。

圆锥齿轮加工和安装较难，而且有轴向力，使结构复杂化，会降低啮合传动精度和承载能力。所以，圆锥齿轮传动一般用做汽车的驱动桥齿轮传动，曲齿圆锥齿轮用于主减速机构传动，而直齿圆锥齿轮用做差速器齿轮传动。

三、齿轮齿条传动

当齿轮的基圆半径增大到无穷大时，渐开线变成一条直线，齿轮就变成了齿条（见图6-49）。这时分度圆、齿顶圆、齿根圆和基圆变成了相互平行的直线，即分度线、齿顶线、齿根线、基准线。

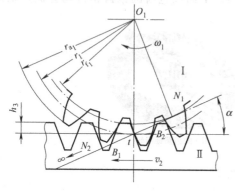

图 6-49　齿轮齿条传动

齿轮齿条啮合传动时，把齿条的直线往复运动变为齿轮的回转运动或将齿轮的回转运动变为齿条的直线往复运动，齿条上各点速度大小和方向都是一致的。齿廓上各点的压力角相等，如果是标准齿条，则压力角 $\alpha=20°$，齿条上各齿同侧齿廓线是平行且齿距相等。其大小为 $p=\pi m$，标准齿条的基本尺寸：齿条的齿顶高 $h_a=m$；齿条的齿根高 $h_f=1.25m$；齿条的齿厚 $s=\dfrac{p}{2}=\dfrac{\pi m}{2}$；齿条的齿槽宽 $e=s$。当齿轮的转速为 n_1（r/min）；齿轮的模数 m（mm）；齿轮的齿数 z_1，齿条的移动速度为 $v=n\pi d_1=n_1\pi m z_1$（mm/min）；当齿轮转一圈 $n_1=1$ 时，齿条移动的距离 $L=\pi d_1=\pi m z_1$（mm）。齿条齿轮传动在汽车上多用于轿车转向器，是以齿轮为主动件，齿条为从动件。这种转向器结构简单，传动比不可见而且较小。采用带有转向加力器后，齿轮齿条转向器使用增多。

四、蜗杆传动

（一）蜗杆传动的特点和及应用

蜗杆传动主要由蜗杆和蜗轮组成，用于传递空间两较粗轴之间的回转运动和动力，通常通常两轴交错角为90°，一般蜗杆是主动件（见图6-50）。蜗杆传动工作平稳，噪声低，结构紧凑，传动比大（单级传动比为8~80，在分度结构中可达到1000）；但传动效率低，一般效率为 0.7~0.9，自锁时其效率低于 0.5（$\eta=0.45$ 左右），易磨损、发热，制造成本高，轴向力较大，蜗杆与蜗轮不能任意互换啮合。蜗杆传动在汽车上主要用于转向器，汽车修理和钣金设备中采用的减速器中也广泛采用蜗杆传动。

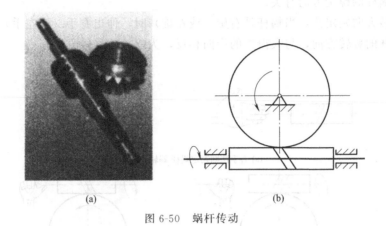

图 6-50　蜗杆传动

根据蜗杆形状的不同，蜗杆传动可分为圆柱蜗杆传动 [见图 6-51（a）]、环形面蜗杆传动 [见图 6-51（b）]、锥蜗杆传动 [见图 6-51（c）] 等。按加工方法的不同，圆柱蜗杆又分为阿基米德蜗杆和渐开线蜗杆。阿基米德蜗杆螺旋面的形成与螺纹的形状相同，如图 6-52 所示，在垂直于蜗杆轴向的截面上，齿廓为阿基米德螺旋线。由于阿基米德蜗杆制造简单，故应用较广。

(a) 圆柱蜗杆传动　　(b) 环形面蜗杆传动　　(c) 锥蜗杆传动

图 6-51　蜗杆传动的类型

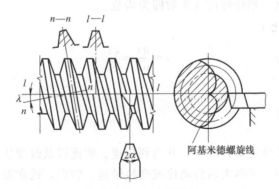

图 6-52　阿基米德蜗杆

（二）蜗杆传动旋转方向的判定

蜗杆蜗轮螺旋方向判定法：分左旋齿和右旋齿，蜗杆、蜗轮的螺旋方向用右手法则判定。如图 6-53（a）所示，手心对着自己，4 个手指顺蜗杆蜗轮轴线方向摆放，齿向与右手拇指指向一致，为右旋蜗杆或蜗轮，反之为左旋蜗杆或蜗轮。

蜗杆传动旋转方法判定法：如图 6-53（b）所示，蜗轮的旋转方向与蜗杆的旋转方向有关，而且与蜗杆的螺旋方向有关。

蜗轮旋转方向判定法：当蜗杆是右旋（或左旋）时，伸出右手（或左手）握拳，用 4 个手指顺着螺杆的旋转方向，与大拇指的指向相反，为蜗轮的旋转方向。

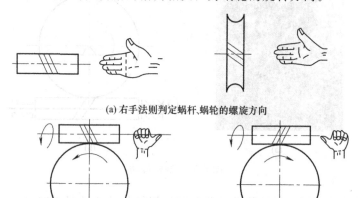

(a) 右手法则判定蜗杆、蜗轮的螺旋方向

(1)　　　　　　　　　(2)

(b) 蜗杆传动蜗轮方向判定

图 6-53　蜗轮、蜗轮旋向的判定

（三）蜗杆传动的基本参数

1. 模数和压力角

国家标准规定蜗轮、蜗杆在中间平面的模数和压力角为标准值。

2. 蜗杆的头数 z_1 和蜗轮的齿数 z_2

常数 $z_1=1，2，4，6$，z_2 根据传动比而定。如果在蜗杆上只有一条螺旋线，称为单头蜗杆（单线蜗杆），即在端面上只有一个轮齿。如果在蜗杆上有两条螺旋线，称为双头蜗杆（双线蜗杆）。以此类推，蜗杆螺旋线头数即为齿数。

3. 蜗杆传动传动比 i

蜗杆传动传动比为

$$i=\frac{n_1}{n_2}=\frac{z_2}{z_1}$$

第五节　轮系

用一对齿轮可以传递运动和转矩，并达到减速、增速以及改变从动轮轴转向等目的。但是，在许多机械中，为了获得大的传动比或变换转速、转向，通常需要采用一系列互相啮合的齿轮将主动轴和从动轴连接起来。这种由一系列齿轮组成的传动系统称为轮系。

一、轮系的分类

按照轮系中每个齿轮几何轴线的相对位置是否固定，轮系可以分为定轴轮系、周转轮系和混合轮系三种类型，如图 6-54 所示。

1. 定轴轮系

在如图 6-54（a）所示的轮系中，每个齿轮的几何轴线都是固定的，这种轮系称为定轴轮系或普通轮系。

2. 周转轮系

在如图 6-54（b）所示的轮系中，齿轮 2 除能绕自身的几何轴线 O_2 转动（自转）外，还能随轴线 O_2 绕固定轴线 O_1（公转）。这种至少有一个齿轮的几何轴线绕位置固定的另一齿轮的几何轴线转动的轮系称为周转轮系。

3. 混合轮系

在如图 6-54（c）所示的轮系中，齿轮 1 与 2 组成定轴轮系，齿轮 3、4、5 与构件 H 组成周转轮系。这种由定轴轮系和周转轮系或由几个单一的周转轮系组成的轮系称为混合轮系。

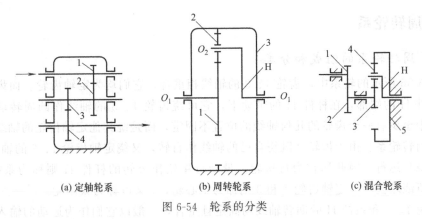

图 6-54 轮系的分类

二、定轴轮系

计算定轴轮系的传动比，不仅需要确定传动比数值的大小，而且要确定首末齿轮转向的异同（它的正负号）。一对平行轴间的圆柱齿轮传动的传动比为

$$i_{12}=\frac{w_1}{w_2}=\frac{n_1}{n_2}=\frac{z_2}{z_1} \tag{6-11}$$

外啮合传动时，主动轮与从动轮转向相反，规定 i 取负号，或在图上用反方向箭头来表示。内啮合传动时，两轮转向相同，i 取正号，或在图上用同方向箭头表示，如图 6-55 所示。

轮系传动比为轮系中首末两齿轮的角速度比。若以 F 与 L 分别代表首末两轮的标号，则定轴轮系传动比为

$$i_{FL}=\frac{n_F}{n_L}=(-1)^m\frac{\text{从 F 到 L 之间所有从动轮齿数连乘积}}{\text{从 F 到 L 之间所有主动轮齿数连乘积}} \tag{6-12}$$

式中 m——外啮合齿轮对数。

对于有圆锥齿轮、交错轴斜齿轮或蜗杆蜗轮等空间齿轮结构的定轴轮系，其轮系传动比仍按式（6-12）计算。但轮系传动比的正负号，各轮的转向不能根据 $(-1)^m$ 确定，而必须用画箭头的办法确定各轮的转向，如图 6-55（b）所示。

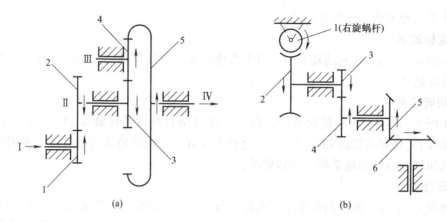

图 6-55　定轴轮系传动比分析

三、周转轮系

（一）周转轮系的组成和分类

在图 6-56 所示的轮系中，齿轮 1、3 的轴线相重合，它们均为定轴齿轮。而齿轮 2 的转轴装在杆件 H 的端部，在杆件 H 的带动下，它可绕齿轮 1、3 的轴线作圆周转动。这种在运转过程中至少有一个齿轮的几何轴线的位置不固定，而是绕其他定轴齿轮的轴线转动的轮系，称为周转轮系。由于齿轮 2 既绕自己的轴线作自转，又绕定轴齿轮 1、3 的轴线作公转，犹如行星绕日运行，因此称它为行星轮。带动行星轮作公转的杆件 H 则称为系杆或转臂。而行星轮所绕之公转的定轴齿轮 1 和 3 则称为中心轮，1 又可称为太阳轮。

中心轮 1、3 和系杆 H 的回转轴线均固定且重合，一般以它们作为运动的输入或输出构件，通常称它们是组成周转轮系的基本构件。

根据周转轮系所具有的自由度数目的不同，周转轮系可划分为以下两种。

（1）行星轮系　图 6-56 (a) 所示的周转轮系中，中心轮 3 是固定不动的，整个轮系的自由度为 1。这种自由度为 1 的周转轮系称为行星轮系。为了确定该轮系的运动，只需要给定轮系中一个基本构件以独立的运动规律即可。

（2）差动轮系　图 6-56 (b) 所示的周转轮系中，中心轮 3 不固定，则整个轮系的自由度变为 2。这种自由度为 2 的周转轮系称为差动轮系。为了使其具有确定的运动，需要在基本构件中给定两个原动件。

（二）周转轮系的传动比

由于周转轮系中包含几何轴线可以运动的行星轮，它的传动比不能直接使用定轴轮系传动比的计算公式 (6-12) 来进行计算。因为行星轮相对系杆旋转，并且系杆本身也在运动，这里有一个相对运动的问题，可用反转法，将坐标原点固定在系杆 H 的旋转中心上，这样在新坐标系下周转轮系中的系杆相对固定，但是系杆与各个构件之间的相对运动保持不变，则可将周转轮系转化为假想的定轴轮系（称为转化机构），这样就可以按照式 (6-12) 建立转化机构的相对传动比方程，求解未知量。这种计算方法称为转化机构法。

图 6-56 (b) 所示的 2K-H 型单排内外啮合周转轮系，假设已知各轮和系杆的绝对转速分别为 n_1、n_2、n_3 和 n_H，都是顺时针方向。根据反转法，整个周转轮系相对于系杆有一个

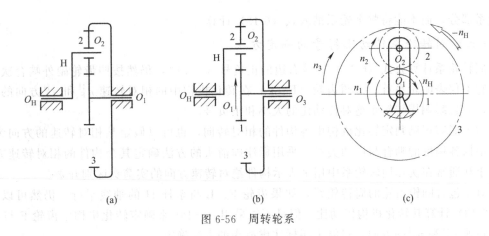

图 6-56 周转轮系

公共转速——n_H [见图 6-56（c）]，各个构件的相对转速就要发生变化，如表 6-6 所示。

表 6-6 周转轮系转化机构中各构件的相对转速

构件代号	绝对转速	在转化机构中的相对于系杆的转速
1	n_1	$n_1^H = n_1 - n_H$
2	n_2	$n_2^H = n_2 - n_H$
3	n_3	$n_3^H = n_3 - n_H$
H	n_H	$n_H^H = n_H - n_H = 0$

转化机构中各个构件之间的相对运动关系保持不变。但是，系杆的相对转速变成 $n_H^H = 0$，转化机构变成一个假想的定轴轮系。

因此，可以按照式（6-12）建立该转化机构的相对传动比方程

$$n_{13}^H = \frac{n_1^H}{n_3^H} = \frac{n_1 - n_H}{n_3 - n_H} = (-1)^1 \frac{z_2 z_3}{z_1 z_2} = -\frac{z_3}{z_1}$$

注意，上式右边的负号只能表示在转化机构中齿轮 1 与 3 的相对转速与齿轮 1 的方向相反，并不能说明它们在周转轮系中的绝对转速 n_1 与 n_3 的方向就一定相反，它还取决于周转轮系中 z_1、z_3，以及 n_1、n_3 和 n_H 的值。

一般而言，假设周转轮系首轮 F、末轮 L 和系杆 H 的绝对转速分别为 n_F、n_L 和 n_H，其转化机构传动比的一般表达式为

$$i_{FL}^H = \frac{n_F - n_H}{n_L - n_H} = (-1)^m \frac{\text{从 F 到 L 之间所有从动轮齿数连乘积}}{\text{从 F 到 L 之间所有主动轮齿数连乘积}} \quad (6-13)$$

如果已知周转轮系中各轮齿数以及 n_F、n_L 和 n_H 三个运动参数中的任意两个，就可以按照式（6-13）计算出另外一个运动参数，从而计算出周转轮系任意两个构件的传动比。应用式（6-13）计算转化机构传动比时，应当注意：

① 构件 F、L 和 H 的绝对转速 n_F、n_L 和 n_H 都是代数量（只有大小，没有方向）。在其轴线互相平行的条件下，各构件的绝对转速关系，在与轴线平行的平面上，将表现为代数量的关系。所以，在应用该计算公式时，n_F、n_L 和 n_H 都必须带有表示本身转速方向的正号或负号。一般可假定某绝对转速的方向为正，与之相反的则为负。

② 转化机构中构件的相对转速 n_F^H 和 n_L^H 并不等于实际周转轮系中构件的绝对转速 n_F 和 n_L，故周转轮系的绝对传动比 i_{FL} 不等于其转化机构的相对传动比 i_{FL}^H。

③ 对于混合轮系（轮系既包含周转轮系又有定轴轮系），式（6-13）仅适用于其中的周

转轮系部分,而不能将整个轮系纳入式(6-13)计算。

(三)周转轮系传动比符号的确定方法

周转轮系计算公式(6-13)等号右边的正负号$(-1)^m$,仍然按照齿轮副外啮合次数确定,它不仅表明轮系首、末两齿轮(F、L)在转化机构中的相对转速n_F^H和n_L^H方向的相互关系,而且影响周转轮系绝对传动比的大小和正负号。

为了能够正确判定转化机构中各构件的相对转向,也可以假定某相对转速的方向为正,然后根据各构件的啮合与运动关系,采用标注虚箭头的方法确定其余构件的相对转速方向,以便于和通常在实际周转轮系中用来表示构件绝对转速方向的实箭头区别开来。

对于包含圆锥齿轮的周转轮系,如果齿轮F、L与系杆H的轴线平行,仍然可以使用式(6-13)计算其转化机构传动比,但是不能采用$(-1)^m$来确定转化机构中齿轮F与L的相对转速n_F^H和n_L^H的方向,只能采用标注虚箭头的方法确定。

四、混合轮系

混合轮系是由定轴轮系和周转轮系,或是由几个基本周转轮系组成的复杂轮系。计算混合轮系的传动比,必须分析轮系类型及其组成。主要有两个方面的任务:一是将混合轮系中的几个基本周转轮系区别开来,或是将混合轮系中的基本周转轮系部分与定轴轮系部分区别开来;二是找出各部分的内在联系。

分析混合轮系中是否包含周转轮系,可以根据周转轮系的特点进行判断。轴线可动的行星轮、支持行星轮转动的系杆(它的外形不一定像杆件,可以是滚筒、转动壳体或齿轮本身,系杆的符号也不一定是H)以及与行星轮啮合切轴线与周转轮系主轴线重合的中心轮,组成一个基本周转轮系。没有行星轮,所有齿轮轴均固定的部分就是定轴轮系。将混合轮系分解成若干个基本轮系后,就可以分别对定轴轮系应用式(6-12)和对周转轮系转化机构应用式(6-13)列出多个传动比方程式,再根据它们的内在联系(如相关构件之间是刚性连接,它们的绝对转速相同)进行联立求解。

实训 认识链传动、带传动和齿轮传动在汽车上的应用

一、实训目的

通过参观机械基础实验室、汽车实训室,认真观看汽车模型传动系统的演示过程,了解链传动、带传动和齿轮传动在汽车上的应用机器运动特性,了解带传动、链传动的应用环境和传动特点;了解渐开线锥齿轮结构特点,加强对机器与机构及机械零部件的认识。使学生对汽车常见的传动形式有一个感性认识。

二、实训设备

机械基础实验室内的设备和模型、汽车实训室的汽车模型、汽车发动机配气系统、润滑系统、已拆解手动变速器、主减速器等等。

三、实训内容

(1)认识了解机器、机构、机械、构件、零件,了解机器的组成。

(2) 认识了解汽车常用的机构：如汽车配气系统的同步带传动、润滑系统的链传动、手动变速器和主减速器的齿轮传动等。

(3) 认识了解轴、轴承、联轴器、离合器、弹簧等。

四、实训步骤

(1) 认真听老师讲解。
(2) 仔细观察实物的运动过程。
(3) 小组讨论，分析机器、机构的运动路线。

五、注意事项

(1) 注意安全；
(2) 不要乱动各种模型，以防损坏。

六、思考题

(1) 为什么对气门顶置式曲轴下置式发动机配气系统传动多采取同步带传动？
(2) 发动机润滑其他的机油泵驱动为何采用链条传动？如果换成带传动或齿轮传动，对发动机有何影响？
(3) 与带传动、齿轮传动相比，链传动有何特点？
(4) 与手动变速器的齿轮相比，主减速器主从动锥齿轮轮齿有何特点？这种构造对汽车传动有何积极意义？

复习与思考题

一、填空题

1. 齿轮传动是指用主、从动轮轮齿直接啮合、_____和动力的装置。
2. V 带的构造有_____、_____、_____和_____四层。
3. V 带的横截面是_____形，楔角是_____，工作面是_____面。
4. 规定小带轮上的包角 α 不小于_____。
5. 链的长度用_____表示，一般应取为_____数。
6. 已知某标准直齿圆柱齿轮的齿数 $z=42$，齿全高 $h=6.75$mm，则该齿轮的模数 $m=$___ mm，分度圆直径 $d=$_____mm。
7. 只有当两个标准直齿圆柱齿轮的_____和_____分别相等，且等于标准值时，才能正确啮合。
8. 已知一对啮合齿轮的转速分别为 n_1、n_2，直径为 D_1、D_2，齿数为 z_1、z_2，则其传动比 $i=$_____=_____=_____。
9. 轮系分为_____、_____和_____。
10. 周转轮系中至少有一个_____运动的齿轮，该齿轮被叫做_____。

二、判断题

1. 内燃机中的连杆是构件而非一个零件，但活塞是一个零件而非构件。（　　）
2. 链传动能保证准确恒定的传动比。（　　）
3. 带传动不能保证传动比不变。（　　）

4. 带速的范围不受限制，大小可以任意。 （　）
5. 齿轮的标准压力角和标准模数都在分度圆上。 （　）
6. 模数 m 反映齿轮轮齿的大小，m 越大轮齿的承载能力越大。 （　）
7. V 带传动装置必须安装防护罩。 （　）
8. 链传动能保证准确的平均传动比，传动功率较大。 （　）

三、选择题

1. 内燃机中的连杆小头与活塞销之间的连接是（　）。
   A. 转动副　　　　　　B. 移动副　　　　　　C. 高副　　　　　　D. 铆接
2. 传动带的紧边是（　）。
   A. 绕入主动轮的边　　B. 绕入从动轮的边　　C. 位置在上的边　　D. 有拉力的边
3. 对于 V 带，张紧轮的正确安装位置是（　）。
   A. 松边内侧　　　　　B. 紧边内侧　　　　　C. 松边外侧　　　　D. 紧边外侧
4. 带传动在工作时，传动带受到的最大应力一般发生在（　）。
   A. 紧边进入小带轮处
   B. 紧边离开大带轮处
   C. 松边离开小带轮处
   D. 松边进入大带轮处
5. 工作中能保持瞬间传动比恒定的传动是（　）。
   A. 摩擦轮传动　　　　B. 链传动　　　　　　C. 齿轮传动　　　　D. 带传动
6. 齿轮传动的特点是（　）。
   A. 传递的功率和速度范围大
   B. 使用寿命长，但传动效率低
   C. 制造和安装精度要求不高
   D. 能实现无级变速
7. 关于斜齿轮传动，下列说法不正确的是（　）。
   A. 适用于大功率传动
   B. 适宜用于高速传动
   C. 不能作变速滑移齿轮
   D. 不产生轴向力
8. 齿轮传动能保证准确的（　），所以传动平稳，工作可靠性高。
   A. 平均传动比　　　　B. 瞬时传动比　　　　C. 传动比
9. 齿轮的齿面点蚀一般出现在（　）。
   A. 润滑条件良好的闭式齿轮传动
   B. 开式齿轮传动
   C. 硬度≤300HBS 的软件齿轮传动
10. 欲在两轴相距较远，工作条件恶劣的环境下传递较大功利，宜选（　）。
    A. 带传动　　　　　　B. 链传动　　　　　　C. 齿轮传动　　　　D. 蜗杆传动

四、简答题

1. 链传动有哪些主要特点？适用于什么场合？
2. 标准直齿圆柱齿轮的正确啮合条件是什么？
3. 什么叫轮系？轮系具有哪些功用？

五、分析计算题

1. 试判定图 6-57 中蜗杆和蜗轮的转动方向或螺旋方向，其中蜗杆均为主动。
2. 某机床上有一对标准直齿圆柱齿轮啮合传动，传动比为 4，由于小齿轮已损坏，测得大齿轮齿数为 84，齿顶圆直径为 172mm，请选择一小齿轮为其配对使用。
3. 图 6-58 所示轮系中，已知 $z_1=18$，$z_2=24$，$z_3=20$，$z_4=30$，$z_5=2$（右旋蜗杆），$z_6=40$，升降机卷筒直径 $D=200$mm，由轮 6 带动运转。若 $n_1=800$r/min，求重物 G 移动的速度和方向。

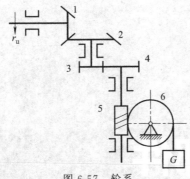

图 6-57 轮系

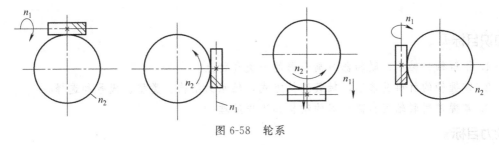

图 6-58 轮系

4. 图 6-59 所示的时钟齿轮传动机构由 4 个齿轮组成，已知 $z_1=14$，$z_2=80$，$z_3=30$，其中齿轮 z_1 固定在分针轴上，齿轮 z_4 固定在时针轴上。求齿数 z_4。

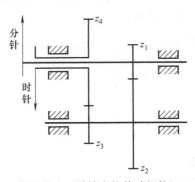

图 6-59 时钟齿轮传动机构

第七章 轴系零部件

知识目标

1. 了解轴、轴承、联轴器与离合器的分类和特点。
2. 掌握轴的材料及选用,轴毂连接方式,轴承的结构、类型、代号和选择。
3. 掌握常用联轴器和离合器的结构和工作原理。

能力目标

1. 掌握轴的材料性能及选用方法。
2. 掌握滚动轴承和滑动轴承的性质比较、特点及应用场合。
3. 掌握滚动轴承的代号及类型选择。
4. 掌握离合器和联轴器的选用。

第一节 轴

一、轴的分类

1. 根据轴的承载情况分类

根据承载性质不同,轴可分为转轴、心轴和传动轴三类。

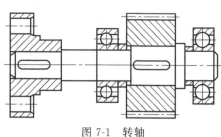

图 7-1 转轴

(1) 转轴 既承受弯矩,又传递转矩的轴称为转轴。机器中大多数轴都属于这一类,如图 7-1 所示。

(2) 心轴 只承受弯矩而不传递转矩的轴,心轴按其是否转动又可分为固定心轴[如图 7-2 (a) 所示自行车前轮车轴]和转动心轴[如图 7-2 (b) 所示火车轮轴]。

(3) 传动轴 主要承受转矩作用,不承受或承受很小弯矩的轴,如汽车的传动轴(见图 7-3)。

2. 根据轴线的形状不同分类

根据轴线的形状不同,轴又可分为直轴、曲轴和挠性轴三类。

(1) 直轴 轴线是直线的轴称为直轴,直轴按外形可以分为光轴(图 7-4)和阶梯轴

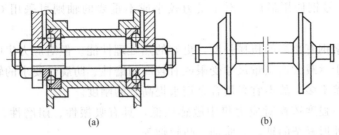

图 7-2 心轴

(图 7-1)。光轴形状简单,加工容易,应力集中源少,主要用作传动轴和心轴。阶梯轴各段截面直径不同,各轴段的强度相近,便于轴上零件的装配和定位,主要用作转轴。

直轴一般制成实心的,但为减轻重量或满足某种工作要求,也可采用空心轴。如图 7-5 所示。

(2) 曲轴　轴线是曲线的轴称为曲轴,可以在直线运动与旋转运动中转换。如图 7-6 所示。

(3) 挠性轴　挠性轴也叫软轴。挠性轴可以将旋转或扭转运动传送到不同的位置。如图 7-7 所示。

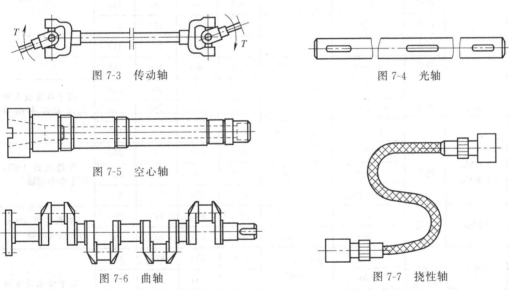

图 7-3 传动轴

图 7-4 光轴

图 7-5 空心轴

图 7-6 曲轴

图 7-7 挠性轴

二、轴的材料及其选择

1. 轴的材料的主要要求

轴的主要失效形式是疲劳破坏,因此轴的材料应具有足够的疲劳强度,对应力集中的敏感性小;与滑动零件接触的表面应有足够的耐磨性。还应易于加工和热处理。

2. 轴的常用材料

轴的材料应保证足够的强度、刚度、耐腐蚀性、耐磨性要求,并具有良好的工艺性。轴的材料主要采用碳素钢和合金钢,其次采用球墨铸铁和高强度铸铁。

碳素钢有足够的强度,对应力集中的敏感度较低,价格低廉,可以利用热处理办法提高其抗疲劳强度和耐磨性。碳素钢如 30、40、45 具有较高的力学性能,常用于承载较大的轴，其中 45 号钢使用最广。对于受力较小或不重要的轴则可采用 Q235、Q275 等碳素钢。

合金钢比碳素钢有更高的机械强度，更好的热处理性能。但对应力集中敏感性高，价格较高。所以常用于承载大而重量尺寸受限或有较高耐磨性、防腐性要求的轴。合金钢与碳素钢的弹性模量相差不多，故不宜采用合金钢来提高轴的刚度。

球墨铸铁和高强度铸铁对应力集中敏感性低，具有吸振性、耐磨性、铸造性能好等优点，可用于制造外形复杂的轴，如曲轴、凸轮轴等。

轴的常用材料牌号及主要力学性能见表 7-1。

表 7-1 轴的常用材料牌号及主要力学性能

材料	牌号	热处理	毛坯直径/mm	硬度HBS	力学性能/MPa				备注
					抗拉强度极限	屈服极限	弯曲疲劳极限	剪切疲劳极限	
碳素结构钢	Q235				440	235	200	105	用于不重要或载荷不大的轴
	Q275				580	275	230	135	
优质碳素钢	45	正火	25	≤241	600	360	260	150	应用最广泛
		正火	≤100	170～217	600	300	275	140	
		回火	>100～300	162～217	580	290	270	135	
		调质	≤200	217～255	650	360	300	155	
合金钢	40Cr	调质	25		1000	800	500	280	用于载荷较大而无很大冲击的重要轴
			≤100	241～266	750	550	350	200	
			>100～300	241～266	700	550	340	185	
	35SiMn (42SiMn)	调质	25		900	750	460	255	性能接近40Cr，用于中小型轴
			≤100	229～286	800	520	400	205	
			>100～300	217～269	750	450	350	185	
	40MnB	调质	25		1000	800	485	280	性能接近40Cr，用于重要的轴
			≤200	241～286	750	550	335	195	
	20Cr	渗碳淬火回火	15	表面50～60 HRC	850	550	375	215	用于要求强度和韧性均较高的轴
			≤60		650	400	280	160	
	20CrMnTi		15	表面56～62 HRC	1100	850	525	300	
球墨铸铁	QT400-18			156～197	400	250	145	125	
	QT600-3			197～269	600	370	215	185	

三、轴的结构

如图 7-8 为圆柱齿轮减速器轴。轴主要由轴头、轴颈、轴身三部分组成。轴上安装回转零件的部分叫做轴头，轴上与轴承配合的部分叫做轴颈，连接轴头与轴颈的部分叫做轴身。

影响轴的结构的主要因素是：

① 轴上载荷的性质、大小、方向及分布情况；

② 轴承的尺寸、位置和类型；
③ 轴上零件的位置、配合性质及固定方式；
④ 轴的加工工艺及装配方法等。

轴的结构设计应考虑的原则是：
① 安装在轴上零件要能可靠相对固定且牢固；
② 轴结构加工容易，轴上零件便于拆装与调整；
③ 轴上各段受力合理，有利于提高轴的强度与刚度；
④ 减少应力集中，并节省材料，减轻轴的重量。

根据以上原则，下面以减速器轴来讨论轴的结构问题。

1. 轴上零件的轴向定位和固定

这种固定的作用和目的是为了保证零件在轴上有确定的轴向位置，防止零件作轴向移动，并能承受轴向力。一般采用的方法是：利用轴肩、轴环、轴套、圆螺母和轴端挡圈（也称为压板）等零件，作为轴上零件的轴向定位作用。

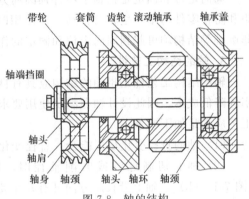

图 7-8 轴的结构

（1）用轴肩和轴环固定　阶梯轴上截面变化处称为轴肩或轴环，起轴向定位和单向固定轴上零件的作用。如图 7-8 所示，带轮、齿轮和右端轴承都是依靠轴肩或轴环作轴向定位的。左端轴承是依靠套筒定位的。两端轴承盖将轴在箱体上定位。

为了使定位可靠，使零件能紧靠定位面，轴肩的过渡角半径 r 应小于轴上零件的倒角 [见图 7-9（a）] 或圆半径 R [见图 7-9（b）]。轴肩和轴环的高度 h 可在 $(0.07d+5)$ ～$(0.1d+5)$ 范围内选取，轴环宽度 $b \approx 1.4h$。安装滚动轴承处的轴肩或轴环高度必须低于轴承内圈端面，b 值也应参考轴承标准规定的安装尺寸确定。

轴肩和轴环定位，简单可靠，可承受较大的轴向力。

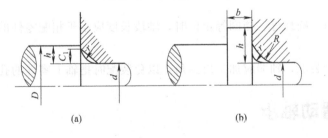

图 7-9 轴肩与轴环定位

（2）用轴套和圆螺母固定　当轴上两零件相距较近时，用轴套（又称套筒）作相对固定，可简化轴的结构，但不宜用于高转速轴。如图 7-8 所示，齿轮就是利用轴套和轴环作轴向定位的。当套筒太长时，可采用圆螺母作轴向固定（见图 7-10）。

（3）用紧定螺钉和销固定　如图 7-11 和图 7-12 所示，对于外伸轴端上的零件固定，则可采用轴端紧定螺钉或销使零件轴向固定。采用这两种紧固方法结构简单，但只能承受较小的轴向力。

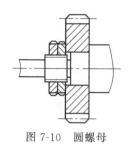 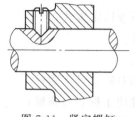 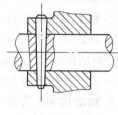

图 7-10　圆螺母　　　　　图 7-11　紧定螺钉　　　　　图 7-12　销

2. 轴上零件的周向固定

周向定位和固定是指轴上零件轴圆周方向进行定位和固定，目的是为了保证零件传递扭矩和防止零件与轴产生相对转动。在使用时，常采用键、花键、销、紧定螺钉、过盈配合、非圆轴等结构均可起到周向定位和固定的作用。

3. 轴的结构工艺性

轴的结构工艺性是指轴的结构应具有良好的加工和装配工艺性能，并且有利于提高生产率和降低成本。因此设计轴在满足使用要求前提下，轴的结构形式应该尽量简化。轴的结构工艺应满足如下要求：

（1）轴的直径变化尽可能少，直径变化越多，加工工艺越复杂，成本也越高。

（2）轴上切制螺纹或磨削轴径时，应留有退刀槽［图 7-13（a）］或砂轮越程槽［图 7-13（b）］。轴上沿长度方向开有几个键槽时，应将它们安排在同一母线上，且槽宽尽可能统一。

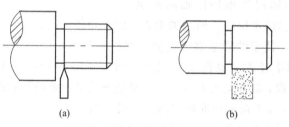

图 7-13　退刀槽和砂轮越程槽

（3）在用套筒、圆螺母、挡圈等定位时，轴段长度应小于相配零件的宽度，以保证定位和固定可靠。

（4）为了便于装配，轴端应加工出倒角，以免装配时把轴上零件的孔壁擦伤。

第二节　滑动轴承

一、概述

轴承是在机械传动过程中起固定和减小摩擦系数的部件。主要功用是支撑机械旋转体，用以降低设备在传动过程中的摩擦系数。按运动元件摩擦性质的不同，轴承可分为滑动轴承和滚动轴承两大类。

在滑动摩擦下工作的轴承称为滑动轴承。滑动轴承一般应用在转速高、重载和必须剖分安装等工况条件下，如内燃机、汽轮机、铁路机车、金属切削机床、大型电机、航空发动机、高心式压缩机、雷达以及各种仪表中。

但是，由于滑动轴承具有一些独特的优点，因此，在不少场合仍得到广泛的应用：

① 当要求轴承的直径方向尺寸很小时，一般的滚动轴承就不适宜应用。

② 当承受很大的振动和冲击载荷时，滚动轴承由于是高副接触，对振动冲击特别敏感而不适用。

③ 因装配原因而必须做成剖分式轴承（如连杆大端轴承）时，则只能用滑动轴承。

④ 对特重型的、单件或批量很少的轴承，定制滚动轴承成本将是很高的。

⑤ 工作转速特别高或要求回转精度特别高时，滚动轴承达不到要求，只能采用液体或气体润滑的高精度动压或静压滑动轴承。

二、滑动轴承的种类和结构

滑动轴承可分为两类：径向滑动轴承和止推轴承。

1. 径向滑动轴承

径向滑动轴承承受径向载荷。径向滑动轴承一般由轴承座、轴瓦（轴套）和润滑装置组成。

（1）整体式滑动轴承 图7-14所示为整体式滑动轴承，由轴承座和整体轴套组成。轴承座用螺栓与机座连接，顶部装有润滑油杯，轴轴套上开有油孔，内表面上开设油沟，进而将润滑油引入承载区，实现润滑。这种轴承结构简单、成本低，但轴套磨损后无法调整，装拆不方便，轴颈只能从端部装入。所以这种轴承多用在低速、轻载或间歇性工作的机器中，如某些手动机械、农业机械等。

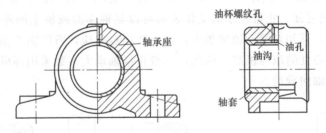

图7-14 整体式滑动轴承

（2）剖分式滑动轴承 图7-15为剖分式滑动轴承，由轴承座、轴承盖、剖分轴瓦及轴承盖螺柱等组成。轴承盖上部开有螺纹孔，用来安装油杯或油管。为了节省贵重金属或其他需要，常在轴瓦内表面上贴一层轴承衬。剖分面间放有少量垫片，以便轴轴瓦磨损以后，借助垫片厚度调整轴承间隙。在轴瓦不承受载荷的表面上开设油槽，润滑油通过油孔和油槽流进轴承间隙。轴承剖分面最好与载荷方向近于垂直，多数轴承的剖分面是水平的，也有斜着布置的。

剖分式轴承按对开面位置，可分为平行于底面的正滑动轴承（见图7-15）和与底面成45°的斜滑动轴承（见图7-16），以便承受不同方向的载荷。

（3）调心式滑动轴承 对于轴颈较长的滑动轴承（轴承宽度与轴颈直径比大于1.5），为避免因轴的挠曲或轴承孔的同轴度较低而造成轴与轴瓦端部边缘产生局部接触而磨损，可采用自动调心滑动轴承，如图7-17（b）所示，其轴瓦外表面制成球面，当轴颈倾斜时轴瓦自动调心。

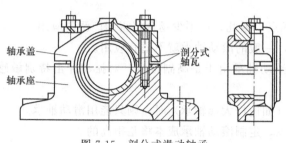 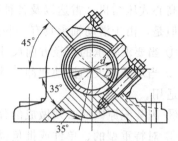

图 7-15　剖分式滑动轴承　　　　图 7-16　剖分式斜滑动轴承

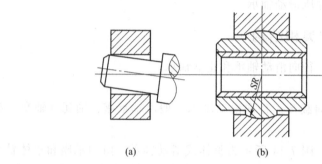

图 7-17　调心径向滑动轴承

2. 止推轴承

止推轴承用于承受轴向载荷，如图 7-18 所示。按轴颈支承面的形式不同，分为实心 [见图 7-19（a）]、环形 [见图 7-19（b）]、空心 [见图 7-19（c）] 和多环形 [见图 7-19（d）] 等几种。由图可知，止推轴承的工作表面可以是轴端面或轴上的环形平面。由于支承面上离中心越远处，其相对滑动速度越大，因而磨损也越快，所以实心轴端面上的压力分布极不均匀，靠近中心处的压强极高。因此，一般止推轴承大多数采用环形支承面。多环轴颈能承受较大的双向轴向载荷。

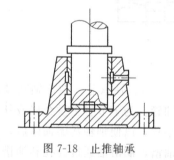 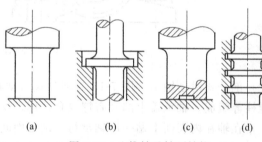

图 7-18　止推轴承　　　　图 7-19　止推轴承轴颈结构

三、滑动轴承的材料

滑动轴承的材料是指轴瓦和轴承衬的材料，轴承材料性能应满足以下几点要求：
① 良好的耐磨性、抗胶合性和跑合性。
② 良好的导热性、顺应性和耐蚀性。
③ 足够的抗压强度和疲劳强度。
④ 良好的工艺性和经济性。

实际生产中没有一种轴承材料能够全面具备上诉性能，应根据具体情况，仔细进行分析后合理选用。

常用的轴承材料有金属材料、粉末冶金和非金属材料三大类。

1. 金属材料

（1）轴承合金（又称巴氏合金或白合金）　由铅、锑、锡、铜等组成。其特点是摩擦系数小，抗胶合能力强，耐蚀性好，但机械强度低、价格高，一般作为轴承衬浇铸在软钢或青铜轴瓦上。

（2）铜合金　主要分为锡青铜、铝青铜、铅青铜。锡青铜的强度、减摩性和耐磨性最好，应用较广。铝青铜强度及硬度较高，抗胶合性差，适用于低速重载轴承。铅青铜抗胶合能力强，具有良好的冲击韧性和冲击疲劳强度，使用于高速重载轴承。

（3）铝基合金　强度高、耐蚀性和耐磨性好。因此在部分领域取代了较贵的轴承合金和青铜。铝基合金可制成单金属件，如轴套、轴承等，也可制成双金属件，双金属轴瓦以铝基轴承合金为轴承衬，用钢作衬背。

（4）灰铸铁及球墨铸铁　特点是有一定的耐磨性，价格低廉，但性脆，磨合性差，故只适用于轻载低速和不受冲击载荷的场合。

2. 粉末冶金材料

粉末冶金材料是利用铁粉或铜粉和石墨粉混合经压型、烧结而成的，其特点是组织疏松多孔，使孔隙中充满润滑油，便成了含油轴承。工作时，由于轴颈转动的泵油作用及轴瓦发热使油膨胀的作用，油被挤入摩擦表面间进行润滑。不工作时，部分油又吸入孔隙中。所以这种轴承可在长时间不加油的情况下工作。粉末冶金轴承耐磨性好、价格低；但力学性能差、韧性小，只能适于低速、载荷平稳，加油不便的场合。

3. 非金属材料

非金属材料中应用最多的是各种塑料，还有石墨、橡胶和木材等。塑料材料的优点是耐磨、耐腐蚀、摩擦系数小，塑性好，具有足够的抗压强度和疲劳强度，可承受冲击载荷。缺点是承载能力低，热变形大，导热性和尺寸稳定性差。因此，应注意冷却。

第三节　滚动轴承

滚动轴承是依靠滚动体与轴承座圈之间的滚动接触承受载荷，用于支承摆动零件或旋转零件，具有摩擦阻力小、效率高、启动容易、安装与维护简便等优点。其缺点是噪声大、成本较高、耐冲击性能较差。滚动轴承尺寸已实现国际标准化，为专业化生产，其广泛应用于各个领域中，如汽车、飞机、船舶、雷达、机床、计算机等。

一、滚动轴承的构造

如图 7-20 所示，滚动轴承是由外圈、内圈、滚动体和保持架所组成。保持架的作用是使滚动体相互间均匀隔开，以减少摩擦和磨损。内圈装在轴颈上，外圈装在机座内，通常内圈随轴一起转动，外圈固定不动。当内圈与外圈相对滚动时，滚动体沿滚道滚动。滚动体分球和滚子两大类，滚子又有圆柱形、圆锥形、鼓形、滚针等（见图 7-21）。

内外圈和滚动体的材料一般采用铬轴承钢 GCr15（G 表示滚动轴承钢），热处理后硬度不低于 61HRC。保持架多数用低碳钢冲压制成，也有用黄铜、塑料等制成实体式（见图 7-22）。

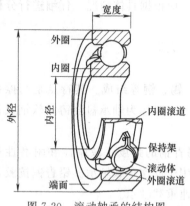

图 7-20 滚动轴承的结构图

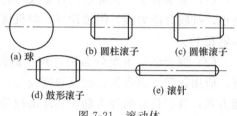

图 7-21 滚动体

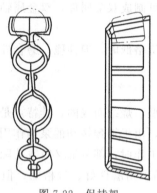

图 7-22 保持架

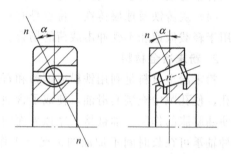

图 7-23 滚动轴承的接触角

二、滚动轴承的基本类型、特性和应用

国产滚动轴承按承受的载荷方向或公称接触角（见图 7-23）、滚动体种类不同可综合分类，各类轴承的结构形式不同，分别适用于不同的载荷转速和使用条件。常用的九种类型的轴承的特性和应用见表 7-2。

表 7-2 常用滚动轴承的类型、主要性能及应用

类型及代号	简　图	主要性能及应用
调心 球轴承 1		主要承受径向载荷，也可以承受不大的轴向载荷；能自动调心，允许角偏差，<2°~3°；适用于多支点传动轴、刚性较小的轴以及难以对中的轴
调心 滚子轴承 2		与调心球轴承特性基本相同，允许角偏差<1°~2.5°，承载能力比前者大；常用于其他种类轴承不能胜任的重载情况，如轧钢机、大功率减速器、吊车车轮等

续表

类型及代号	简图	主要性能及应用
圆锥滚子轴承 3		可同时承受径向载荷和单向轴向载荷,承载能力高;内、外圆可以分离,轴向和径向间隙容易调整;常用于斜齿轮轴、锥齿轮轴和蜗杆减速器轴以及机床主轴的支撑等;允许角偏差 $2'$,一般成对使用
推力球轴承 4		只能承受轴向载荷,51000 用于承受单向轴向载荷,52000 用于承受双向轴向载荷;不宜在高速下工作,常用于起重机吊钩、蜗杆轴和立式车床主轴的支承等
双向推力球轴承 5		
深沟球轴承 6		主要承受径向载荷,也能承受一定的轴向载荷;极限转速较高,当量摩擦因数最小;高转速时可用来承受不大的纯轴向载荷;允许角偏差 $<2'\sim 10'$;承受冲击能力差;适用于刚性较大的轴,常用于机床齿轮箱、小功率电机等
角接触球轴承 7 7000C 型($\alpha=15°$) 7000AC 型($\alpha=25°$) 7000B 型($\alpha=40°$)		可承受径向和单向轴向载荷;接触角 α 越大,承受轴向载荷的能力也越大,通常应成对使用;高速时用它代替推力球轴承较好;适用于刚性较大、跨距较小的轴,如斜齿轮减速器和蜗杆减速器中轴的支承等;允许角偏差 $<2'\sim 10'$
推力圆柱滚子轴承 8		只能承受单向轴向载荷,承载能力比推力球轴承大得多,不允许有角偏差,常用于承受轴向载荷大而又不需调心的场合
圆柱滚子轴承(外圈无挡边) N		内、外圈可以分离,内、外圈允许少量轴向移动,允许角偏差很小,$<2'\sim 4'$;能承受较大的冲击载荷;承载能力比深沟球轴承大;适用于刚性较大、对中良好的轴,常用于大功率电机、人字齿轮减速器
滚针轴承		不能承受轴向载荷,不允许有角偏斜,极限转速较低,结构紧凑,在内径相同的条件下,与其他轴承比较,其外径最小。适用于径向尺寸受限制的部件中

三、滚动轴承的代号

滚动轴承是标准件，按照 GB/T 272—1993 规定，一般用途的滚动轴承代号，由前置代号、基本代号和后置代号构成，其代表内容和排列顺序见表 7-3。

表 7-3 滚动轴承的代号

前置代号	基本代号				后置代号
字母	类型代号	宽度代号	直径系列代号	内径代号	字母符号,数字
	数字或字母	一位数字	一位数字	二位数字	

1. 基本代号

基本代号表示轴承的基本类型、结构和尺寸，是轴承代号的基础。除滚针轴承外，基本代号由轴承类型代号、尺寸系列代号以及内径代号构成。轴承基本代号的排列见表 7-4。

表 7-4 轴承基本代号的排列

基本代号		
类型代号	尺寸系列代号	内径代号

（1）类型代号。类型代号由基本代号右起第五个数字或字母表示，见表 7-2。

（2）尺寸系列代号。包括直径系列代号（基本代号右起第三位数字）和宽（高）度系列代号。

直径系列代号右起第三位数字表示轴承的直径系列代号。直径系列是指同一内径的轴承，配有不同外径的尺寸系列，常用代号为 0、1、2、3、4，尺寸依次递增。

宽（高）度系列代号右起第四位数字表示宽（高）度系列代号。宽（高）度系列是指内径、外径都相同的轴承，对向心轴承，配有不同宽度的尺寸系列，常用代号为 8、0、1、2、3，尺寸依次递增；对推力轴承，配有不同高度的尺寸系列，代号为 7、9、1、2，尺寸依次递增。

当宽度系列为 0 系列时，对多数轴承在代号中可不标出宽度系列，但对于调心滚动轴承和圆锥滚子轴承，则不可省略。

（3）内径代号。右边第一、二位数字代表内径尺寸，表示方法见表 7-5。

表 7-5 轴承内径代号

内径代号	00	01	02	03	04~96
轴承内径 d/mm	10	12	15	17	数字×5

2. 前置代号

前置代号用字母表示，是用以说明成套轴承的分部件特点的补充代号。例如，K 表示滚子和保持架组件，L 表示可分离轴承的内圈或外圈。一般轴承无前置代号。需要时请查阅 GB/T 272—1993。

3. 后置代号

后置代号用字母或字母加数字的组合表示轴承的结构、公差以及材料特殊要求等，后置代号的内容很多，下面介绍几种常用的代号。

（1）内部结构代号　内部结构代号表示同一类型轴承的不同内部结构，用字母在后置代号左起第一位表示。例如，角接触球轴承的公称接触角 α 有 $15°$、$25°$ 和 $45°$，分别用 C、AC 和 B 表示；同一类型轴承的加强型用 E 表示。

(2) 公差等级代号　轴承的公差等级为 2 级、4 级、6 级、6x 级（仅适用于圆锥滚子轴承）和 0 级，其代号分别为 /P2、/P4、/P5、/P6、/P6x、/P0，其精度等级依次降低，0 级为普通级，在轴承代号中不标注。

(3) 游隙代号　常用轴承径向游隙系列分为 1 组、2 组、0 组、3 组、4 组、5 组，径向游隙依次增大；其中 0 组为基本游隙组，在轴承代号中部标注，其余组别的代号依次为 /C1、/C2、/C3、/C4、/C5。

后置代号还可能有其他项目，但较少用到，详细可查看 GB/T 272—1993。

代号举例：

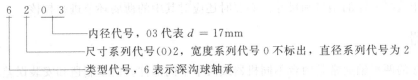

无前置代号。

公差等级为 0 级、径向游隙为 0 组，故后置代号不标出。

```
6  0  1  0
               内径代号，10 代表 d = 50mm
            尺寸系列代号(1)0，直径系列代号为 0，故宽度系列代号 1 不标出
         类型代号，6 表示深沟球轴承
```

无前置代号。

公差等级为 0 级、径向游隙为 0 组，故后置代号不标出。

```
3  0  2  1  0  /P6x
                     后置代号：公差等级 6x；径向游隙为 0 组，不标出
                  内径代号，10 代表 d = 50mm
               尺寸系列代号，宽度系列代号为 0，直径系列代号为 2
            类型代号，3 表示圆锥滚子轴承
```

无前置代号。

四、滚动轴承的类型选择

轴承类型的正确选择是在了解各类轴承特点的基础上，综合考虑轴承的具体工作条件和使用要求进行的。

滚动轴承类型的选择原则主要如下。

(1) 轴承所受的载荷　轴承所受载荷的大小、方向和性质是选择轴承类型的主要依据。轻载和中等载荷时应选用球轴承；重载或有冲击载荷时，应选用滚子轴承。纯径向负荷时，可选用纯径向接触轴承；纯轴向载荷时，可选用推力轴承；既有径向载荷又有轴向载荷时，若轴向载荷不太大时，可选用深沟球轴承或接触角较小的角接触球轴承、圆锥滚子轴承；若轴向载荷较大时，可选用接触角较大的这两类轴承；若轴向载荷很大而径向载荷较小时，可选用推力角接触轴承，也可以采用向心轴承和推力轴承组合在一起的支承结构。

(2) 轴承的转速　转速高时，宜选用球轴承；转速低时可用滚子轴承。为了减小离心惯性力，高速时宜选用同一直径系列中外径较小的轴承。外径较大的轴承宜用于低速重载场合。

(3) 装卸方便　为了便于安装和拆卸，可选用内、外圈可分离的圆锥滚子轴承等。

(4) 经济性　一般说，球轴承比滚子轴承便宜，公差等级低的轴承比公差等级高的便宜，有特殊结构的轴承比普通结构的轴承贵。

第四节　联轴器与离合器

联轴器和离合器是用来连接轴与轴或轴与其他旋转零件，使之共同回转并传递运动及转矩。联轴器在工作时始终将两轴牢固地连接成一体，若要两轴分离，必须停机拆卸；而离合器则可在机器运转中，根据工作需要随时将两轴接合或分离。常用的联轴器和离合器种类很多，大多已标准化。一般可先根据工作条件和使用要求选择合适的类型，然后根据轴径、转速和转矩从标准中选择所需的型号和尺寸。必要时还应对其中的薄弱环节进行校核。

一、联轴器

联轴器所连接的两根轴通常是两台不同机器或两个不同部件。由于制造和安装误差以及承载后的变形和热变形影响，往往不能保证两轴线对中（两轴线重合），再加上其他原因造成机座的变形或下沉，两轴线将产生如图 7-24 所示的某种相对位移。因此，要求联轴器在结构上具有补偿一定范围位移的性能。

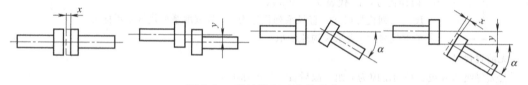

图 7-24　两轴线相对位移形式

联轴器根据其是否有弹性元件分为刚性联轴器和弹性联轴器两大类。刚性联轴器适用于两轴能严格对中，并在工作中不发生相对位移的地方；弹性联轴器适用于两轴轴工作中有相对位移的地方。

1. **刚性联轴器**

常用的刚性联轴器有凸缘联轴器、滑块联轴器、万向联轴器三种。

（1）凸缘联轴器　凸缘联轴器是由两个带有凸缘的半联轴器用键分别与两轴相连，再用螺栓把两个半联轴器连成一体组成的（图 7-25）。凸缘联轴器有两种对中方法：一种是用半

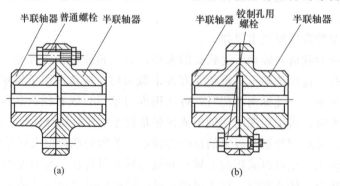

图 7-25　凸缘联轴器

联轴器接合端面上的凸台与凹槽相嵌合来对中［见图 7-25（a）］；另一种是用铰制孔用螺栓对中［见图 7-25（b）］。前一种对中方法精度高，但两轴分离时必须移动轴；后者只要卸下螺栓，不需移动轴，即可使两轴分离，因此装卸方便。

图 7-25（a）所示联轴器传递转矩是靠两个半联轴器接合面间的摩擦力矩来传递的；图 7-25（b）所示联轴器传递转矩是靠铰制螺栓光杆承受挤压和剪切力来传递的。

凸缘联轴器结构简单，工作可靠，装拆方便，刚性好，传递矩大。但当两轴对中精度较低时，将引起较大的附加动载荷。适用于对中精度好的一般传动。制造精度高时，也可用于高速传动。

凸缘联轴器的型号、许用转矩［M］、许用转速［n］及主要尺寸见国家标准 GB/T 5843—1986。凸缘联轴器的材料有 35、45 钢或 ZG310-570，当外缘圆周速度≤30m/s 时，可采用 HT20 灰铸铁。

(2) 滑块联轴器 滑块联轴器由两个带径向通槽的半联轴器和一个两面具有相互垂直的凸榫的中间滑块所组成（见图 7-26），滑块上的凸榫分别和两个半联轴器的凹槽相嵌合。由于凸榫可在凹槽中滑动，故可补偿两轴间的位移。

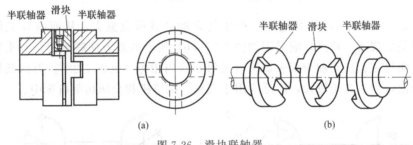

图 7-26 滑块联轴器

因为中间滑块与两个半联轴器组成移动副，不会发生相对转动，故工作时两个半联轴器，即主动、从动轴角速度相等。当两轴在有位移的情况下工作时，滑块将会产生较大的离心力，从而使动载荷增大，磨损加快，因此其工作转速不能大于规定值。为了减少摩擦及磨损，除将工作表面进行热处理提高硬度外，使用时应充分注意在滑块的油孔中注油进行润滑。

滑块联轴器常用 45 钢制造。要求较低时也可用 Q275 钢，不进行热处理。

这种联轴器一般用于转矩较大而转速较低（n＜250r/min），轴的刚度大，且无剧烈冲击处。

(3) 万向联轴器 万向联轴器由两个叉形接头、一个中间连接件和两个轴销组成［见图 7-27（a）］。两轴销互相垂直并分别将两个叉形接头与中间件连接起来，构成铰链连接。这种联轴器允许两轴间有较大的夹角 α，最大可达 45°。在机器运转过程中，即使夹角发生改变，仍可正常传动。但当 α 过大时，传动效率降低。

万向联轴器的主要零件通常采用 40Cr 或 40CrNi 等合金钢制造，以获得较高的耐磨性及较小的径向尺寸。

万向联轴器是一类容许两轴间有较大角位移的联轴器，适用于有较大角位移的两轴间的连接，一般两轴间的最大夹角可达 35°～45°，而且在运转过程中可以随时改变轴间的夹角。

单万向联轴器的主要缺点是两轴线倾斜一个 α 角度时［见图 7-27（a）］，即使主动轴角度 ω_1 恒定不变，从动轴的角速度 ω_2、也会周期地变化，其变化规律和范围为 $\omega_1 \cos\alpha \leqslant$

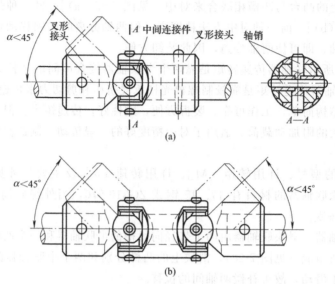

图 7-27 万向联轴器

$\omega_2 \leqslant \omega_1/\cos\alpha$。$\alpha$ 愈大，ω_2 变化愈大，产生的附加动载荷也愈大，从而破坏了传动的平稳性。为了避免出现这一缺点，应采用如图 7-27（b）所示的双万向联轴器，双头轴叉应位于同一平面，而且主、从动轴与双头轴叉的夹角 α 应当相等（见图 7-28）。万向联轴器结构紧凑，维护方便，传递力矩较大，广泛应用于汽车、拖拉机和金属切削机床中。

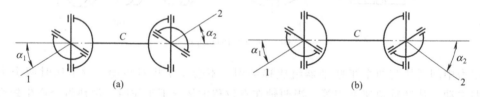

图 7-28 双万向联轴器的安装

2. 弹性联轴器

弹性联轴器根据其弹性元件材料的不同，又可分为金属弹性元件弹性联轴器和非金属弹性元件弹性联轴器两种。

（1）弹性套柱销联轴器　弹性套柱销联轴器是金属弹性元件弹性联轴器中常用的一种，这种联轴器的构造与凸缘联轴器相似，只是用套有弹性套的柱销代替了连接螺栓，如图 7-29 所示。弹性套常用耐油橡胶制成，其截面形状作成如图中网纹部分所示，以提高其弹性。

半联轴器与轴的配合孔可制成圆柱形或圆锥形（见图 7-29）。

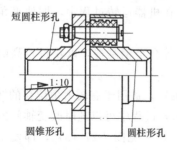

图 7-29 弹性套柱销联轴器

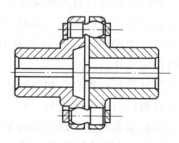

图 7-30 弹性柱销联轴器

半联轴器的材料常用 HT200，有时也采用 35 钢或 ZG270-500；柱销用 45 钢制造。

弹性套柱销联轴器制造容易，装拆方便，成本较低，但弹性套易磨损，寿命较短。它适用于载荷平稳、正反转或启动频繁、中小功率的两轴连接。

(2) 弹性柱销联轴器　弹性柱销联轴器是非金属弹性元件弹性联轴器中的一种，其结构如图 7-30 所示，弹性柱销将两个半联轴器连接起来。为防止柱销脱落，两侧装有挡板。柱销的材料多用尼龙 6，也可用酚醛布棒等其他材料制造。

这种联轴器与弹性套柱销联轴器很相似，但传递转矩的能力大，结构更简单，制造、安装方便，寿命长，也有一定的缓冲和吸振能力。适用于轴向窜动较大，正反转或启动频繁的场合。由于尼龙柱销对温度较敏感，故工作温度限制在 $-20 \sim +70$℃ 的范围内。

二、离合器

离合器主要用于在机器运转过程中随时将主动、从动轴接合或分离。要具有这一功能，离合器应满足以下要求：

① 离合迅速，平稳无冲击，分离彻底，动作准确可靠；
② 接合元件耐磨性高，使用寿命长，散热条件好；
③ 惯性小，操纵方便省力，工作安全；
④ 调节维修方便，成本低廉。

按接合元件传动的工作原理不同，离合器可分为牙嵌式离合器和摩擦式离合器。

1. 牙嵌式离合器

牙嵌式离合器由两个端面上带牙的半离合器组成（见图 7-31）。其中一个半离合器固定在主动轴上；另一个半离合器用导键或花键与从动轴连接，并可由操纵机构使其作轴向移动，以实现接合或分离。为使两个半离合器能准确对中，在主动轴端的半离合器上固装一个对中环，从动轴端可在对中环内自由转动。

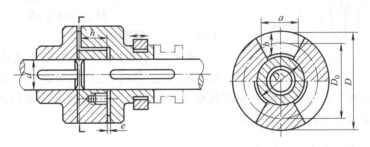

图 7-31　牙嵌式离合器

牙嵌式离合器常用的牙形如图 7-32 所示，三角形牙 [图 7-32 (a)、(b)] 用于传递小转矩的低速离合器；梯形牙 [图 7-32 (c)] 的强度高，能传递较大的转矩，并能自动补偿牙的磨损和牙侧间隙，从而减少冲击，故应用较广；锯齿形牙 [图 7-32 (d)] 强度最高，但只能传递单向转矩；矩形牙 [图 7-32 (e)] 无轴向分力，但不便于接合与分离，磨损后无法补偿，故使用较少；[图 7-32 (f)] 所示的牙形主要用于安全离合器；[图 7-32 (g)] 所示为牙形的纵截面。牙数一般取 3~60。

牙嵌式离合器结构简单，外廓尺寸小，连接后两轴不会发生相对滑转，适用于机床等要求精确传动的场合。但这种离合器必须在两轴不回转或转速差很小时进行接合，否则，牙齿

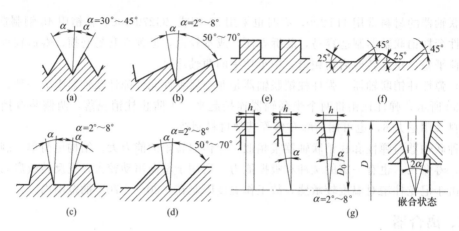

图 7-32 牙嵌式离合器的各种牙形图

可能会因受撞击而折断。

2. 摩擦式离合器

摩擦式离合器的形式很多，其中以圆盘摩擦片离合器应用最广。圆盘摩擦片离合器有单摩擦片式和多摩擦片式两种。

（1）单摩擦片式离合器 图 7-33 为单摩擦片式离合器简图，主动摩擦盘用键固定在主动轴上，从动摩擦盘可以沿键在从动轴上移动，操纵环可使两盘接合（压紧）或分离。轴向力 F_A 压紧两盘工作表面，当圆盘转动时，工作表面产生摩擦力矩以平衡主动轴输入转矩，从而达到传递运动和转矩的目的。设摩擦力合力作用在半径为 R 的圆周上，则单摩擦片式离合器能传递的最大转矩为

$$M_{max}=F_A f R$$

式中 f——摩擦系数。

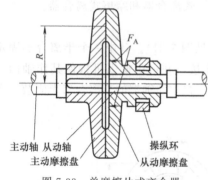

图 7-33 单摩擦片式离合器

由上式可以看出，单摩擦片式离合器传递的最大转矩 M_{max} 受到 F_A、f 和 R 三个因素的制约。为了提高圆盘摩擦离合器的承载能力而不致增大径向尺寸的最有效办法是增加接合面（摩擦面）数目，即采用多摩擦片式离合器。

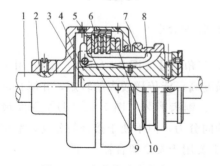

图 7-34 多摩擦片式离合器

1—主动轴；2—离合器壳体；3—从动轴；4—套筒；5—外摩擦片组；
6—内摩擦片组；7—滑环；8—曲臂压杆；9—压盘；10—螺母

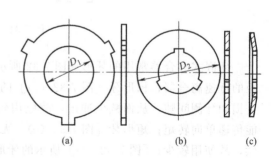

图 7-35 摩擦片结构形式

(2) 多摩擦片式离合器 图 7-34 所示的多摩擦片式离合器有两组摩擦片,外摩擦片组 5 以其外齿插入主动轴 1 的离合器壳体 2 内缘的纵向槽中,摩擦片的孔壁则不与任何零件接触,所以外摩擦片组 5 可随主动轴 1 一起转动,且可在轴向力作用下作轴向移动。另一组内摩擦片组 6 以其孔壁凹槽(花键槽)与从动轴 3 上套筒 4 的凸齿连接,但外缘不与任何零件接触,所以内摩擦片组 6 可随从动轴 3 一起转动,还可作轴向移动。此外在套筒 4 上开有三个纵向槽,安装可绕销轴转动的曲臂压杆 8,当滑环 7 向左移动时,螺母 10 可调节摩擦片之间的压力。内摩擦片可以做成碟形[见图 7-35(c)],当承受压力时,被压平与外摩擦片贴紧;放松时,由于弹力作用可以迅速与外摩擦片分离。

实训　键销及其连接的应用

一、实训内容

(1) 通过对汽缸、油缸和减速器等具有连接结构的部件的展示,教师的介绍、答疑及同学们的观察去认识机器常用的键、销及其连接。
(2) 通过安装与拆卸键销及其连接,使理论与实际结合起来。

二、实训目的

(1) 熟悉键销连接的类型、应用特点及应用场合。
(2) 掌握键销连接件的安装与拆卸方法。
(3) 熟悉常用拆装工具的使用方法。

三、实训器材

扳手、木槌、冲子、手电钻、油槽铲、钩子、尖嘴钳、锉刀、螺丝刀等。

四、操作步骤及工作要点

1. 键、花键、销及其连接的认识

(1) 键连接。键连接主要用来实现轴和轴上零件之间的周向固定,以传递转矩和运动,有的还能实现轴上零件的轴向固定或轴向滑动。常用的键可分为平键、半圆键、楔键和切向键等,且均已标准化。平键连接和半圆键连接为松键连接,楔键连接和切向键连接为紧键连接。

(2) 花键连接。花键连接是由周向均布的多个键齿的花键轴与带有相应的键齿槽的轮毂相配合而组成的可拆连接。花键连接与平键连接相比,承载能力强,对轴削弱小,导向性和定心性好;但齿根仍有应力集中,加工需专用设备和量具,制造成本高。

(3) 销连接。当销主要用来固定零件之间的相对位置时,称为定位销,它是组合加工和装配时的重要辅助零件;用于连接时,称为连接销,可传递不大的载荷;作为安全装置中的过载剪断组件时,称为安全销。

2. 键、销及其连接的装配

(1) 平键的装配　装配时,键的两侧面应有一定的过盈,而在键的顶面和轮毂间应有一定的间隙,键的底面应与槽底相接触。

（2）花键的装配　清理好键上的毛刺和锐边，然后把内花键套在外花键上。用手晃动轴上的相配合的零件，不能感觉到有任何间隙；零件在移动时松紧程度要均匀，不允许有局部倾斜或花键咬塞现象。

（3）圆柱销的装配　装配圆柱销时，先将销钉涂上润滑油，用铜棒垫好，打入孔内。不可用力过大，以免将销钉头打坏、翻帽。对于某些定位销，不能用打入法，可用夹头把销压入孔内。要严格控制配合精度，一旦经拆卸而失去过盈，则必须更换。

3. 键、销及其连接的拆卸

（1）拆卸键连接　如果键的工作面良好，不需要更换，一般不予拆下。如果键已损坏，可用油槽铲铲入键的一端，然后把键剔除；当松动时，可用尖嘴钳拔出。滑键上有专供拆卸的螺纹孔，这时可用螺钉旋入孔中，抵住油槽轴面，将键顶出。拆卸楔键时，应使冲子从键较薄的一端向外将楔键冲出。如果楔键带有钩头，可用钩子拉出；如果没有钩头，可在键的端面开一螺纹孔，拧上螺钉后将其拉出。

（2）拆卸销连接　用木槌或冲子从小头打销钉，让其退出，冲子直径要比销钉直径小一些。当遇到因销钉弯曲而打不出时，可用手电钻钻掉销钉。钻头直径要比销钉小一些。对于端部产生毛边的销钉，要用锉刀将毛边锉掉。

复习与思考题

一、填空题

1. 根据承载性质不同，轴可分为____、____和____三类。
2. 轴的材料主要采用____和____，其次采用____和____。
3. 圆柱齿轮减速器轴，轴主要由____、____、____三部分组成。
4. 径向滑动轴承一般由____、____和____组成。
5. 止推轴承按轴颈支承面的形式不同，分为____、____、____和____。
6. 滑动轴承的金属材料有____、____、____、____四种。
7. 滚动轴承的____套在轴颈上，____套在机座内，通常____随轴一起转动，____固定轴机座或零件的轴承孔内。
8. 选择滚动轴承类型时主要考虑____、____、____和____四种原则。
9. 常用的刚性联轴器有____、____、____三种。
10. 圆盘摩擦片离合器有____和____两种。

二、判断题

1. 既承受弯矩，又传递转矩的轴称为心轴。　　　　　　　　　　　　　　　　　（　）
2. 白口铸铁常用于承载大而重量尺寸受限或有较高耐磨性、防腐性要求的轴。　　（　）
3. 轴结构加工容易，轴上零件便于拆装与调整是轴的结构设计应考虑的原则之一。（　）
4. 轴肩和轴环的高度 h 可在 $(0.7d+2) \sim (d+2)$ 范围内选取，轴环宽度 $b \approx 1.4h$。（　）
5. 周向定位和固定是指轴上零件轴圆周方向进行定位和固定，目的是为了保证零件传递扭矩和防止零件与轴产生相对转动。　　　　　　　　　　　　　　　　　　　　　　　　　　　　　（　）
6. 一般止推轴承大多数采用环形支承面。多环轴颈能承受较大的双向轴向载荷。（　）
7. 深沟球轴承只能承受单向轴向载荷，不允许有角偏差，常用于承受轴向载荷大而又不需调心的场合。
　　　　　　　　　　　　　　　　　　　　　　　　　　　　　　　　　　　　（　）

8. 滑块联轴器是由两个带径向通槽的半联轴器和一个两面具有相互垂直的凸榫的中间滑块所组成的。
（　　）
9. 万向联轴器由一个叉形接头、两个中间连接件和一个轴销组成。（　　）
10. 离合器可分为牙嵌式离合器和摩擦式离合器。（　　）

三、简答题

1. 轴的功用是什么？轴的常用材料有哪些？
2. 轴结构设计应考虑的原则是什么？
3. 自行车的中轴和后轮轴是什么类型的轴？为什么？
4. 轴上最常用的轴向定位结构是什么？
5. 轴上的轴肩与轴环有何异同？
6. 轴上传动零件最常用的周向固定有哪些方法？各有何特点？
7. 滑动轴承有什么特点？主要应用在什么场合？
8. 简述整体式与剖分式滑动轴承的结构特点和应用。
9. 滚动轴承由哪些基本元件组成？各元件的作用是什么？
10. 滚动轴承各元件一般采用什么材料及热处理？为什么？
11. 解释下列轴承代号的意义：1206，7410AC，3208/P5，61715/P6N210。
12. 联轴器和离合器的主要功能是什么？其功能有何异同？
13. 常用联轴器有哪些主要类型？选用联轴器应考虑哪些因素？
14. 对离合器的主要要求有哪些？
15. 摩擦式离合器有何优、缺点？
16. 比较牙嵌式离合器与摩擦式离合器的优缺点。
17. 为什么要限制多摩擦片式离合器的接合面数？

第八章 液压传动

知识目标

1. 了解液压传动的工作原理、液压系统的基本参数。
2. 知道液压油的种类、性质、选用、合理使用及其污染控制。
3. 掌握液压传动系统的组成及液压系统的图形符号。

能力目标

1. 掌握典型液压元件的构造、工作原理、主要使用性能及规格。
2. 掌握典型回路的构成及一般简单液压系统的分析方法。
3. 能读懂简单的液压系统图。

用液体作为工作介质来实现能量传递的传动方式称为液体传动。液体传动按工作原理的不同分为两类,以液体动能进行工作的称为液力传动,以液体压力能进行工作的称为液压传动。液压传动在交通领域中得到了广泛的应用。

第一节 液压传动的基本概念

一、液压传动的工作原理

图 8-1 是液压千斤顶的工作原理示意图。活塞能在缸体内滑动并具有良好的密封。当杠杆 1 被提起时,液压缸 3 的密封容积增大,形成局部真空而使压力低于大气压,油箱 9 中的油液在大气压的作用下顶开单向阀 4 内的钢球进入液压缸 3,从而完成一次吸油。压下杠杆时,由于液压缸 3 内的压力增大,油液顶开单向阀 5 中的钢球进入液压缸 6 中,推动活塞 7 上升,即将重物 G 举起一段距离。再提起杠杆时,单向阀 5 阻止液压缸 6 中的压力油倒流入液压缸 3,从而保证重物不致自行下落。如此反复,可将重物提升到指定的高度。液压阀 8 的作用是放油,当其自图中位置旋转 90°时,液压缸 6 中的油液流回油箱,活塞可

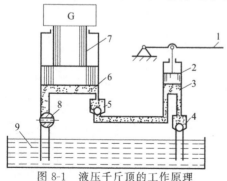

图 8-1 液压千斤顶的工作原理
1—杠杆;2,7—活塞;3,6—液压缸;
4,5—单向阀;8—放油阀;9—油箱

降到指定的高度。

从以上液压千斤顶的工作过程可以看出：液压传动是依靠液体在密封容积中的压力能实现能量（运动和动力）传递的。它先将某一种形式的机械能转换成液体介质的压力能，再通过液压缸（或液压马达）将液体的压力能转换为机械能以推动负载运动。液压传动的过程就是机械能—液压能—机械能的能量转换过程。

二、液压传动的组成

液压千斤顶是一种简单的液压传动装置。完整的液压系统应该由以下五个主要部分组成。

（1）能源装置 它是供给液压系统压力油，把机械能转换成液压能的装置。最常见是液压泵。

（2）执行装置 它是把液压能转换成机械能的装置。有作直线运动的液压缸，有作回转运动的液压马达，它们又称为液压系统的执行元件。

（3）控制调节装置 它是对系统中的压力、流量或流动方向进行控制或调节的装置。如溢流阀、节流阀、换向阀、开停阀等。

（4）辅助装置 上述三部分之外的其他装置，例如油箱、滤油器、油管、压力表等。它们对保证系统正常工作是必不可少的。

（5）工作介质 传递能量的流体。

三、液压系统的基本参数

通过对上面液压千斤顶工作过程的分析，可以初步了解到液压传动的基本工作原理。液压千斤顶的简化模型如图 8-2 所示，由此可分析两活塞之间的力比例关系、运动关系和功率关系。

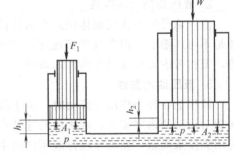

图 8-2 液压千斤顶的简化模型

（一）力比例关系

力（或力矩）的传递是靠液体压力来实现的，按帕斯卡原理（静压传递原理）："在密闭容器内，施加于静止液体上的压力将以等值同时传到液体各点"。由此得出：

$$W/A_2 = F_1/A_1 = p$$

式中 W——大活塞上物体的重量；

A_2——大活塞的横截面积；

F_1——小活塞上的作用力；

A_1——小活塞的横截面积；

p——液体传递的压力。

结论：在液压传动中工作压力取决于负载，而与流入的液体多少无关。

（二）运动关系

运动速度（或转速）的传递是按照"容积变化相等"的原则进行的。基于此，有人把液压传动看成"容积式液体传动"。在流体力学中，把单位时间内流过某一通流截面 A 的流体体积称为流量，则流量

$$q = v \cdot A$$

式中 v——液体在截面 A 处的平均流速。

结论：(1) 活塞移动速度正比于流入液压缸中油液流量 q，与负载无关。也就是说，活塞的运动速度可以通过改变流量的方式进行调节。基于这一点，液压传动可以实现无级调速。

(2) 活塞的运动速度反比于活塞面积，可以通过对活塞面积的控制来控制速度。

（三）功率关系

由前述可得：
$$P_{out} = P_{in} = pq$$

上式说明，在不计各种功率损失的条件下，液压传动系统的输出功率等于输入功率，并且液压传动中的功率可以用压力 p 和流量 q 的乘积来表示。

总结上述，在液压传动中压力 p 和流量 q 是最基本、最重要的两个参数。

四、液压油

液压油不仅是液压传动系统中的传动介质，而且还对液压装置的机构、零件起着润滑、冷却和防锈作用。液压传动系统的压力、温度和流速在很大的范围内变化，因此液压油的质量优劣直接影响液压系统的工作性能。故此，合理选用液压油也是很重要的。

（一）液压油的性质

1. 液压油密度 ρ

$$\rho = m/V \ (kg/m^3)$$

一般矿物油的密度为 $850\sim950\mathrm{kg/m^3}$。

2. 液压油的可压缩性

液压油受压力作用而体积减小的特性称为液压油的可压缩性。在常温下，一般认为液压油是不可压缩的。但在某些情况下，如研究液压系统的动态特性以及远距离操纵的液压机构，就得考虑液压油可压缩性的影响。

3. 液压油的黏性

液压油在外力作用下流动时，由于液压油分子间的内聚力而产生一种阻碍液压油分子之间相对运动的内摩擦力，液压油的这种产生内摩擦力的性质称为液压油的黏性。黏性的大小可用黏度来衡量，黏度是选择液压油的主要指标，是影响液压油的重要物理性质。

在一般情况下，压力对黏度的影响比较小，在工程中当压力低于 5MPa 时，黏度值的变化很小，可以不考虑。当液压油所受的压力加大时，分子之间的距离缩小，内聚力增大，其黏度也随之增大。因此，在压力很高以及压力变化很大的情况下，黏度值的变化就不能忽视。黏度对温度的变化极为敏感，温度升高，黏度显著降低。

（二）液压油的类型和选用

1. 分类

(1) 石油基液压油 这种液压油是以石油的精炼物为基础，加入各种改进性能的添加剂而成。添加剂有抗氧添加剂、油性添加剂、抗磨添加剂等。不同工作条件要求具有不同性能的液压油，不同品种的液压油是由精度不同的基础油加入不同的添加剂而成。

(2) 合成液压油 磷酸酯液压油是难燃液压油之一。它的使用范围宽，抗燃性好，氧化安定性和润滑性都很好。缺点是与多种密封材料的相容性很差，有一定的毒性。

(3) 水-乙二醇液压油 这种液体由水、乙二醇和添加剂组成，蒸馏水占 35%～55%，因而抗燃性好。这种液体的凝固点低，达－50℃，黏度指数高。缺点是能使油漆涂料变软，但对一般密封材料无影响。

（4）乳化液　乳化液属抗燃液压油，它由水、基础油和各种添加剂组成。可分为水包油乳化液和油包水乳化液，前者含水量达90%～95%，后者含水量达40%。

2. 选用

正确而合理地选用液压油，是保证液压设备高效率正常运转的前提。

选用液压油时，可根据液压元件生产厂样本和说明书所推荐的品种号数来选用，或者根据液压系统的工作压力、工作温度、液压元件种类及经济性等因素全面考虑。一般是先确定适用的黏度范围，再选择合适的液压油品种。同时还要考虑液压系统工作条件的特殊要求，如在寒冷地区工作的系统则要求油的黏度指数高、低温流动性好、凝固点低；伺服系统则要求油质纯、压缩性小；高压系统则要求油液抗磨性好。在选用液压油时，黏度是一个重要的参数。黏度的高低将影响运动部件的润滑、缝隙的泄漏以及流动时的压力损失、系统的发热温升等。所以，在环境温度较高，工作压力高或运动速度较低时，为减少泄漏，应选用黏度较高的液压油，否则相反。

液压油的牌号（即数字）表示在40℃下油液运动黏度的平均值。如32号液压油，就是指这种液压油在40℃运动黏度的平均值为$32mm^2/s$。选用液压油时，应尽量选用较好的液压油，虽然初始成本要高些，但由于优质油使用寿命长，对元件损害小，所以从整个使用周期看，其经济性要比选用劣质油好些。液压油的主要品种及特性和用途见表8-1。

表8-1　液压油的主要品种及特性和用途

类型	名称	代号	特性和用途
矿油型	通用液压油	L-HL	精制矿油加添加剂，提高抗氧化和防锈性能，适于一般设备的中低压系统
	抗磨型液压油	L-HM	L-HL油加添加剂，改善抗磨性能，适用于工程机械、车辆液压系统
	液压导轨油	L-HG	L-HM油加添加剂，改善黏温特性，适用于机床中液压和导轨润滑合用的系统
	低温液压油	L-HV	可用于环境温度－40～－20℃的高压系统
	高黏度指数液压油	L-HR	L-HL油加添加剂，改善黏温特性，适用于对黏温特性有特殊要求的低压系统
合成型	水-乙二醇液	L-HFC	难燃，黏温特性和抗蚀性好，能在－30～60℃温度范围内使用，适用于有抗燃要求的中低压系统
	磷酸酯液	L-HFDR	难燃，润滑抗磨性和抗氧化性能良好，能在－54～135℃温度范围内使用，但有毒。适用于有抗燃要求的高压精密系统中
乳化型	水包油乳化液	L-HFA	其含油为5%～10%，含水量90%～95%，另加各种添加剂。其特点是难燃，黏温特性好，有一定的防锈能力，但润滑性差，易泄漏
	油包水乳化液	L-HFB	其含油为60%，含水量40%，另加各种添加剂。其特点是有较好的润滑性、防锈性、抗燃性，但使用温度不能高于65℃

3. 对液压油的要求

液压油是液压传动系统的重要组成部分，是用来传递能量的工作介质。除了传递能量外，它还起着润滑运动部件和保护金属不被锈蚀的作用。液压油的质量及其各种性能将直接影响液压系统的工作。从液压系统使用油液的要求来看，有下面几点：

① 适宜的黏度和良好的黏温性能。一般液压系统所用的液压油其黏度范围为

$$\nu = 11.5 \times 10^{-6} \sim 35.3 \times 10^{-6} \, \text{m}^2/\text{s}$$

② 润滑性能好。在液压传动机械设备中，除液压元件外，其他一些有相对滑动的零件也要用液压油来润滑，因此，液压油应具有良好的润滑性能。为了改善液压油的润滑性能，可加入添加剂以增加其润滑性能。

③ 良好的化学稳定性：即对热、氧化、水解、相容都具有良好的稳定性。

④ 对液压装置及相对运动的元件具有良好的润滑性。

⑤ 对金属材料具有防锈性和防腐性。

⑥ 比热容，热导率大，热膨胀系数小。

⑦ 抗泡沫性好，抗乳化性好。

⑧ 油液纯净，含杂质量少。

⑨ 流动点和凝固点低，闪点（明火能使油面上油蒸气点燃的温度）和燃点高。

（三）液压油的污染与防护

液压油是否清洁，不仅影响液压系统的工作性能和液压元件的使用寿命，而且直接关系到液压系统是否能正常工作。液压系统多数故障与液压油受到污染有关，因此控制液压油的污染是十分重要的。

1. 液压油被污染的主要原因

① 液压系统的管道及液压元件内的型砂、切屑、磨料、焊渣、锈片、灰尘等污垢在系统使用前冲洗时未被洗干净，在液压系统工作时，这些污垢就进入液压油里。

② 外界的灰尘、砂粒等，在液压系统工作过程中通过往复伸缩的活塞杆，流回油箱的漏油等进入液压油里。另外在检修时，稍不注意也会使灰尘、棉绒等进入液压油里。

③ 液压系统本身也不断地产生污垢，而直接进入液压油里，如金属和密封材料的磨损颗粒，过滤材料脱落的颗粒或纤维及油液因油温升高氧化变质而生成的胶状物等。

2. 油液污染的危害

液压油污染严重时，直接影响液压系统的工作性能，使液压系统经常发生故障，使液压元件寿命缩短。造成这些危害的原因主要是污垢中的颗粒。对于液压元件来说，由于这些固体颗粒进入元件里，会使元件的滑动部分磨损加剧，并可能堵塞液压元件里的节流孔、阻尼孔，或使阀芯卡死，从而造成液压系统的故障。水分和空气的混入使液压油的润滑能力降低并使它加速氧化变质，产生汽蚀，使液压元件加速腐蚀，使液压系统出现振动、爬行等。

3. 防止污染的措施

污染控制要贯穿于整个液压装置的设计、制造、安装、使用、维护和修理等各个阶段。为防止油液污染，在实际工作中应采取如下措施。

① 使液压油在使用前保持清洁。液压油在运输和保管过程中都会受到外界污染，新买来的液压油必须将其静放数天后经过滤加入液压系统中使用。

② 使液压系统在装配后、运转前保持清洁。液压元件在加工和装配过程中必须清洗干净，液压系统在装配后、运转前应彻底进行清洗，最好用系统工作中使用的油液清洗，清洗时油箱除通气孔（加防尘罩）外必须全部密封，密封件不可有飞边、毛刺。

③ 使液压油在工作中保持清洁。液压油在工作过程中会受到环境污染，因此应尽量防止工作中空气和水分的侵入，为完全消除水、气和污染物的侵入，采用密封油箱，通气孔上加空气滤清器，防止尘土、磨料和冷却液侵入，经常检查并定期更换密封件和蓄能器中的

胶囊。

④ 采用合适的滤油器。这是控制液压油污染的重要手段。应根据设备的要求，在液压系统中选用不同的过滤方式，不同的精度和不同结构的滤油器，并要定期检查和清洗滤油器和油箱。

⑤ 定期更换液压油。更换新油前，油箱必须先清洗一次，系统较脏时，可用煤油清洗，排尽后注入新油。

⑥ 控制液压油的工作温度。液压油的工作温度过高对液压装置不利，液压油本身也会加速变质，产生各种生成物，缩短它的使用期限。

第二节 液压元件

一、液压泵

液压泵将原动机（电动机或内燃机）输出的机械能转换为工作液体的压力能，是一种能量转换装置，是系统不可缺少的核心元件。

（一）液压泵的工作原理

液压泵都是依靠密封容积变化的原理来进行工作的，故一般称为容积式液压泵，图 8-3 所示的是一单柱塞液压泵的工作原理图，图中柱塞 2 装在泵体 3 中形成一个密封容积，柱塞在弹簧 4 的作用下始终压紧在偏心轮 1 上。原动机驱动偏心轮 1 旋转使柱塞 2 作往复运动，使密封容积的大小发生周期性交替变化。当密封容积由小变大时就形成部分真空，使油箱中油液在大气压作用下，经吸油管顶开单向阀 5 进入油箱密封容积而实现吸油；反之，当密封容积由大变小时，密封容积腔中吸满的油液将顶开单向阀 6 流入系统而实现压油。这样液压泵就将原动机输入的机械能转换成液体的压力能，原动机驱动偏心轮不断旋转，液压泵就不断地吸油和压油。图 8-4 所示为液压泵的图形符号。

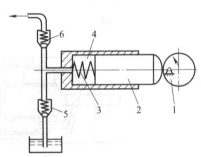

图 8-3　容积式液压泵工作原理图

1—偏心轮；2—柱塞；3—泵体；4—弹簧；5—吸油阀（单向阀）；6—压油阀（单向阀）

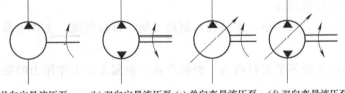

(a) 单向定量液压泵　(b) 双向定量液压泵　(c) 单向变量液压泵　(d) 双向变量液压泵

图 8-4　液压泵的图形符号

（二）液压泵的特点

单柱塞液压泵具有一切容积式液压泵的基本特点。

① 具有若干个密封且又可以周期性变化的空间。液压泵输出的流量与此空间的容积变

化量和单位时间内的变化次数成正比,与其他因素无关。这是容积式液压泵的一个重要特性。

② 油箱内液体的绝对压力必须恒等于或大于大气压力。这是容积式液压泵能够吸入油液的外部条件。因此,为保证液压泵正常吸油,油箱必须与大气相通,或采用密闭的充压油箱。

③ 具有相应的配油机构,将吸油腔和压油腔隔开,保证液压泵有规律地、连续地吸、压液体。液压泵的结构原理不同,其配油机构也不相同。如图 8-3 中的单向阀 5、6 就是配油机构。

（三）液压泵的分类

液压泵按其在单位时间内所能输出的油液的体积是否可调节而分为定量泵和变量泵两类;按结构形式可分为齿轮式、叶片式和柱塞式三大类。

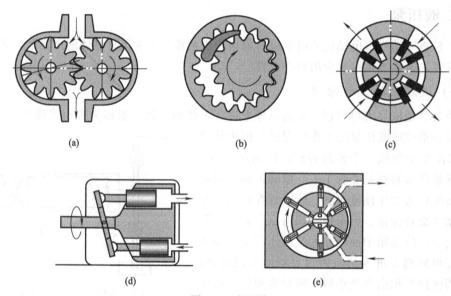

图 8-5　液压泵

1. 齿轮泵

齿轮泵是液压系统中广泛采用的一种液压泵,它一般做成定量泵,按结构不同,齿轮泵分为外啮合齿轮泵[见图 8-5 (a)]和内啮合齿轮泵[见图 8-5 (b)]两种类型。

（1）外啮合齿轮泵特点

优点:结构简单,尺寸小,重量轻,制造方便,价格低廉,工作可靠,自吸能力强,对污染不敏感。

缺点:齿轮轴承受不平衡径向力,磨损严重,泄漏大,工作压力的提高受限制,压力脉动和噪声比较大。

（2）内啮合齿轮泵特点

优点:结构紧凑,尺寸小,重量轻,使用寿命长,流动脉动远小于外啮合齿轮泵。

缺点:加工精度要求高,造价较高。

2. 叶片泵 [见图 8-5 (c)]

优点:工作压力高,流动脉动小,工作平稳,噪声小,寿命较长,易于实现变量。

缺点：结构复杂，吸油能力不太好，对油液污染比较敏感。

3. 柱塞泵

柱塞泵按柱塞的排列和运动方向不同，可分为轴向柱塞泵［见图 8-5（d）］和径向柱塞泵［见图 8-5（e）］两大类。

（1）轴向柱塞泵特点

优点：可变量，结构紧凑，径向尺寸小，惯性小，容积效率高，工作压力高，一般用于高压系统中。

缺点：轴向尺寸大，轴向作用力大，结构复杂。

（2）径向柱塞泵特点

优点：流量大，工作压力高，轴向尺寸小，可变量。

缺点：径向尺寸大，结构复杂，自吸能力，配流轴受径向不平衡力，易磨损，限制了转速和压力的提高。

二、液压马达

（一）液压马达的特点

液压马达是把液体的压力能转换为旋转机械能的装置，从原理上讲，液压泵可以作液压马达用，液压马达也可作液压泵用。但事实上同类型的液压泵和液压马达虽然在结构上相似，但由于两者的工作情况不同，使得两者在结构上也有某些差异。

① 液压马达一般需要正反转，所以在内部结构上应具有对称性，而液压泵一般是单方向旋转的，没有这一要求。

② 为了减小吸油阻力，减小径向力，一般液压泵的吸油口比出油口的尺寸大。而液压马达低压腔的压力稍高于大气压力，所以没有上述要求。

③ 液压马达要求能在很宽的转速范围内正常工作，因此，应采用液动轴承或静压轴承。因为当马达速度很低时，若采用动压轴承，就不易形成润滑膜。

④ 叶片泵依靠叶片跟转子一起高速旋转而产生的离心力使叶片始终贴紧定子的内表面，起封油作用，形成工作容积。若将其当马达用，必须在液压马达的叶片根部装上弹簧，以保证叶片始终贴紧定子内表面，以便马达能正常启动。

⑤ 液压泵在结构上需保证具有自吸能力，而液压马达就没有这一要求。

⑥ 液压马达必须具有较大的启动扭矩。所谓启动扭矩，就是马达由静止状态启动时，马达轴上所能输出的扭矩，该扭矩通常大于在同一工作压差时处于运行状态下的扭矩，所以，为了使启动扭矩尽可能接近工作状态下的扭矩，要求马达扭矩的脉动小，内部摩擦小。

由于液压马达与液压泵具有上述不同的特点，使得很多类型的液压马达和液压泵不能互逆使用。

（二）液压马达的分类

液压马达按其额定转速分为高速和低速两大类，额定转速高于 500r/min 的属于高速液压马达，额定转速低于 500r/min 的属于低速液压马达。液压马达也可按其结构类型来分，可以分为齿轮式、叶片式、柱塞式和其他形式等。

（三）液压马达的图形符号

图 8-6 为液压马达的职能符号。

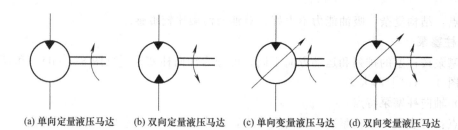

(a) 单向定量液压马达　(b) 双向定量液压马达　(c) 单向变量液压马达　(d) 双向变量液压马达

图 8-6　液压马达的职能符号

三、液压缸

液压缸又称为油缸，它是液压系统中的一种执行元件，其功能就是将液压能转变成直线往复式的机械能。

液压缸的种类很多，其详细分类可见表 8-2。

表 8-2　液压缸的分类

分类	名称	符号	说明
单作用液压缸	柱塞式液压缸		活塞仅单向运动，由外力使活塞反向运动
	单活塞杆液压缸		活塞仅单向运动，由外力使活塞反向运动
	双活塞杆液压缸		活塞两侧都装有活塞杆，只能向活塞一侧供给液压油，返回行程通常利用弹簧力、重力或外力
	伸缩液压缸		以短杆获得长行程，用液压油由大到小逐节推出，靠外力由小到大逐节缩回
双作用液压缸	单活塞杆液压缸		单边有杆，两向液压驱动，两向推力和速度不等
	双活塞杆液压缸		两边有杆，两向液压驱动，可实现等速往复运动
	伸缩液压缸		双向液压驱动，由大到小逐节推出，由小到大逐节缩回
组合液压缸	弹簧复位液压缸		单向液压驱动，由弹簧力复位
	串联液压缸		由于缸的直径受限制，而长度不受限制，获得大的推力
	增压缸		由低压力室驱动，使高压力室获得油源
	齿条传动液压缸		活塞往复运动由装在一起的齿条驱动齿轮获得往复回转运动
摆动液压缸	摆动马达		输出轴直接输出扭矩，其往复回转的角度小于 360°

四、液压控制阀

(一) 方向控制阀

1. 单向阀

液压系统中常见的单向阀有普通单向阀和液控单向阀两种。

(1) 普通单向阀　普通单向阀的作用，是使油液只能沿一个方向流动，不许它反向倒流。图 8-7 (a) 所示为一种管式普通单向阀的结构。压力油从阀体左端的通口 P_1 流入时，克服弹簧 3 作用在阀芯 2 上的力，使阀芯向右移动，打开阀口，并通过阀芯 2 上的径向孔 a、轴向孔 b 从阀体右端的通口流出。但是压力油从阀体右端的通口 P_2 流入时，它和弹簧力一起使阀芯锥面压紧在阀座上，使阀口关闭，油液无法通过。图 8-7 (b) 所示为单向阀的职能符号图。

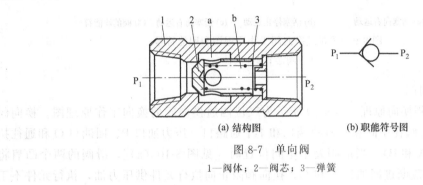

图 8-7　单向阀
1—阀体；2—阀芯；3—弹簧

(2) 液控单向阀　图 8-8 (a) 所示为液控单向阀的结构。当控制口 K 处无压力油通入时，它的工作机制和普通单向阀一样；压力油只能从通口 P_1 流向通口 P_2，不能反向倒流。当控制口 K 有控制压力油时，因控制活塞 1 右侧 a 腔通泄油口，活塞 1 右移，推动顶杆 2 顶开阀芯 3，使通口 P_1 和 P_2 接通，油液就可在两个方向自由通流。图 8-8 (b) 所示为液控单向阀的职能符号。

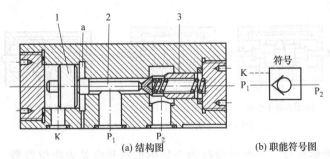

图 8-8　液控单向阀
1—活塞；2—顶杆；3—阀芯

2. 换向阀

换向阀利用阀芯相对于阀体的相对运动，使油路接通、关断，或变换油流的方向，从而使液压执行元件启动、停止或变换运动方向。

(1) 转阀　图 8-9 所示为转阀工作原理图，阀芯 1 上开有 4 个对称的圆缺，两两对应连通，阀体 2 上开有四个油口分别与油泵 P、油箱 T、油缸两腔 A、B 连通。当阀体处于图8-9（a）所示位置时，P 与 A 连通、B 与 T 连通，活塞向右运动；当阀芯处于图 8-9（b）所示位置时，P、A、B、T 均不连通，活塞停止运动；当阀芯处于图 8-9（c）所示位置时，P 与 B 连通、A 与 T 连通，活塞向左运动。图 8-9（d）为转阀的职能符号。

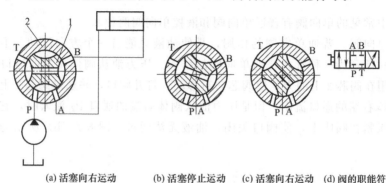

(a) 活塞向右运动　　(b) 活塞停止运动　　(c) 活塞向右运动　　(d) 阀的职能符号

图 8-9　转阀式换向阀工作原理图和职能符号

1—阀芯；2—阀体

（2）滑阀式换向阀

① 滑阀式换向阀换向原理。图 8-10 所示为三位四通换向阀的换向工作原理图。换向阀有 3 个工作位置（滑阀在中间和左右两端）和 4 个通路口（压力油口 P、回油口 O 和通往执行元件两端的油口 A 和 B）。当滑阀处于中间位置时［见图 8-10（a）］，滑阀的两个凸肩将 A、B 油口封死，并隔断进回油口 P 和 O，换向阀阻止向执行元件供压力油，执行元件不工作；当滑阀处于右位时［见图 8-10（b）］，压力油从 P 口进入阀体，经 A 口通向执行元件，而从执行元件流回的油液经 B 口进入阀体，并由回油口 O 流回油箱，执行元件在压力油作用下向某一规定方向运动；当滑阀处于左位时［见图 8-10（c）］，压力油经 P、B 口通向执行元件，回油则经 A、O 口流回油箱，执行元件在压力油作用下反向运动。控制时滑阀在阀体内作轴向移动，通过改变各油口间的连接关系，实现油液流动方向的改变，这就是滑阀式换向阀的工作原理。

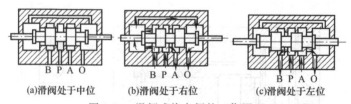

(a) 滑阀处于中位　　(b) 滑阀处于右位　　(c) 滑阀处于左位

图 8-10　滑阀式换向阀的工作原理

② 换向阀的图形符号。一个换向阀的完整图形符号应是表明位置数、通数及操纵方式、复位方式和定位方式的符号。方框表示阀的作用位置，方框数即"位数"，换向滑阀的位数分二位和三位。在一个方框内，箭头或"⊥"于方框交点数为油口通路数，即"通数"，通数有二通、三通、四通、五通等。通常在相应位置的方框内表示油口的数目及通道的方向，其中"↑"、"↓"表示通路，"⊥"和"⊤"表示通路被阀芯堵死。滑阀的操纵方式有手动、机动、液动、电磁和电液动等多种形式。常见的滑阀操纵方式示于图 8-11 中。

③ 换向阀的中位机能分析。三位换向阀的阀芯在中间位置时，各通口间有不同的连通方式，可满足不同的使用要求。这种连通方式称为换向阀的中位机能。三位四通换向阀常见

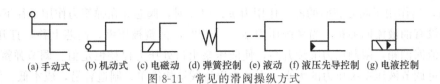

(a) 手动式　(b) 机动式　(c) 电磁动　(d) 弹簧控制　(e) 液动　(f) 液压先导控制　(g) 电液控制

图 8-11　常见的滑阀操纵方式

的中位机能、符号、特点及其作用，列于表 8-3 中。三位五通换向阀的情况与此相似。不同的中位机能是通过改变阀芯的形状和尺寸得到的。

表 8-3　三位四通换向阀常见的中位机能

滑阀机能	符　号	机能特点和作用
O		P、A、B、T 四油口全封闭；液压泵不卸荷，液压缸闭锁
H		四油口全串通；活塞处于浮动状态，在外力作用下可移动；泵卸荷
Y		P 口封闭，A、B、T 三油口相通；活塞浮动，在外力作用下可移动泵不卸荷
K		P、A、T 三油口相通，B 口封闭；活塞处于闭锁状态；泵卸荷
M		P、T 口相通，A 和 B 口均封闭；活塞不动；泵卸荷
X		四油口处于半开启状态；泵基本上卸荷，但仍保持一定的压力
P		P、A、B 三油口相通，T 口封闭；泵与缸两腔相通，可组成差动回路
J		P 与 A 口封闭，B 与 T 口相通；活塞停止，外力作用下可向一边移动；泵不卸荷
C		P 与 A 口相通，B 与 T 口封闭；活塞处于停止位置
N		P 与 B 口封闭，A 与 T 口相通；活塞停止，外力作用下可向一边移动；泵不卸荷
U		P、T 口都封闭，A 和 B 口相通；活塞浮动，在外力作用下可移动；泵不卸荷

（二）压力控制阀

在液压传动系统中，控制油液压力高低的液压阀称为压力控制阀，简称压力阀。这类阀的共同点是利用作用在阀芯上的液压力和弹簧力相平衡的原理工作的。

在具体的液压系统中，根据工作需要的不同，对压力控制的要求是各不相同的。有的需要限制液压系统的最高压力，如安全阀；有的需要稳定液压系统中某处的压力值（或者压力差，压力比等），如溢流阀、减压阀等定压阀；还有的是利用液压力作为信号控制其动作，如顺序阀、压力继电器等。

1. 溢流阀

溢流阀的主要作用是对液压系统定压或进行安全保护。几乎在所有的液压系统中都需要用到它，其性能好坏对整个液压系统的正常工作有很大影响。常用的溢流阀按其结构形式和基本动作方式可分为直动式和先导式两种。

（1）直动式溢流阀　直动型溢流阀的结构如图 8-12 所示，其工作原理如图 8-13 所示。

由图可知，当作用于阀芯底面的液压作用力 $p_A < F_簧$ 时，阀芯 3 在弹簧力作用下往下移并关闭回油口，没有油液流回油箱。当系统压力 $p_A > F_簧$ 时，弹簧被压缩，阀芯上移，打开回油口，部分油液流回油箱，限制压力继续升高，使液压泵出口处压力保持恒定值。调节弹簧力 $F_簧$ 的大小，即可调节液压系统压力的大小。直动型溢流阀结构简单，制造容易，成本低，但油液压力直接靠弹簧平衡，所以压力稳定性较差，动作时有振动和噪声；此外，系统压力较高时，要求弹簧刚度大，使阀的开启性能变坏，所以直动型溢流阀只用于低压液压系统中。

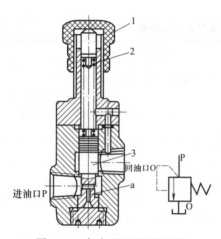 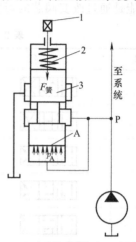

图 8-12　直动型溢流阀的结构　　　　　图 8-13　直动型溢流阀的工作原理
1—调压螺母；2—弹簧；3—阀芯　　　　1—调压零件；2—弹簧；3—阀芯

（2）先导式溢流阀　先导型溢流阀是由先导阀和主阀组成。先导阀用以控制主阀芯两端的压差，主阀芯用于控制主油路的溢流。图 8-14（a）所示为一种板式连接的先导型溢流阀的结构原理图。由图可见，先导型溢流阀由先导阀 1 和主阀 2 两部分组成。先导阀就是一个小规格的直动型溢流阀，而主阀阀芯是一个具有锥形端部、上面开有阻尼小孔的圆柱筒。

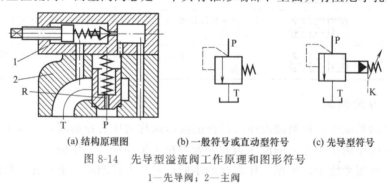

图 8-14　先导型溢流阀工作原理和图形符号
1—先导阀；2—主阀

在图 8-14（a）中，油液从进油口 P 进入，经阻尼孔 R 到达主阀弹簧腔，并作用在先导阀锥阀阀芯上（一般情况下，外控口 K 是堵塞的）。当进油压力不高时，液压力不能克服先导阀的弹簧阻力，先导阀口关闭，阀内无油液流动。这时，主阀芯因前后腔油压相同，故被主阀弹簧压在阀座上，主阀口亦关闭。当进油压力升高到先导阀弹簧的预调压力时，先导阀口打开，主阀弹簧腔的油液流过先导阀口并经阀体上的通道和回油口 T 流回油箱。这时，油液流过阻尼小孔 R，产生压力损失，使主阀芯两端形成了压力差，主阀芯在此压差作用下克服弹簧阻力向上移动，使进、回油口连通，达到溢流稳压的目的。调节先导阀的调压螺钉，便能调整溢流压力。更换不同刚度的调压弹簧，便能得到不同的调压范围。

先导型溢流阀的阀体上有一个远程控制口 K，当将此口通过二位二通阀接通油箱时，主阀芯上端的弹簧腔压力接近于零，主阀芯在很小的压力下便可移动到上端，阀口开至最大，这时系统的油液在很低的压力下通过阀口流回油箱，实现卸荷作用。如果将 K 口接到另一个远程调压阀上（其结构和溢流阀的先导阀一样），并使打开远程调压阀的压力小于先导阀的调定压力，则主阀芯上端的压力就由远程调压阀来决定。使用远程调压阀后便可对系统的溢流压力实行远程调节。

溢流阀的图形符号如图 8-14（b）、(c) 所示。其中，图 8-14（b）所示为溢流阀的一般符号或直动型溢流阀的符号；图 8-14（c）为先导型溢流阀的符号。

2. 减压阀

减压阀是使其出口压力低于进口压力，并使出口压力可以调节的压力控制阀。在液压系统中减压阀用于降低或调节系统中某一支路的压力，以满足某些执行元件的需要。

减压阀按其工作原理亦有直动型和先导型之分。按其调节性能又分为是保证出口压力为定值的定值减压阀；保证进出口压力差不变的定差减压阀；保证进出口压力成比例的定比减压阀。其中定值减压阀应用最广，简称减压阀。这里只介绍定值减压阀。

图 8-15（a）所示为直动型减压阀的工作原理，图 8-15（b）所示为直动型或一般减压阀符号，当阀芯处在原始位置上时，它的阀口是打开的，阀的进、出沟通。这个阀的阀芯由出口处的压力控制，出口压力未达到调定压力时阀口全开，阀芯不工作。当出口压力达到调定压力时，阀芯上移，阀口关小，整个阀处于工作状态了。如忽略其他阻力，仅考虑阀芯上的液压力和弹簧力相平衡的条件，则可以认为出口压力基本上维持在某一固定的调定值上。这时如出口压力减小，阀芯下移，阀口开大，阀口处阻力减小，压降减小，使出口压力回升到调定值上。反之，如出口压力增大，则阀芯上移，阀口关小，阀口处阻力加大，压降增大，使出口压力下降到调定值上。

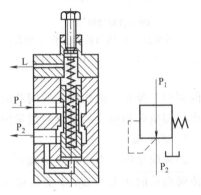

(a) 工作原理图　(b) 一般减压阀职能符号

图 8-15　直动型减压阀工作原理和图形符号

3. 顺序阀

顺序阀是用来控制液压系统中各执行元件动作的先后顺序。依控制压力的不同，顺序阀又可分为内控式和外控式两种。前者用阀的进口压力控制阀芯的启闭，后者用外来的控制压力油控制阀芯的启闭（即液控顺序阀）。顺序阀也有直动式和先导式两种，前者一般用于低压系统，后者用于中高压系统，下面介绍直动型顺序阀。

直动型顺序阀的结构如图 8-16 所示，其结构和工作原理都和直动型溢流阀相似。压力油液自进油口

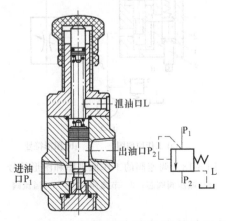

(a) 工作原理图　(b) 图形符号

图 8-16　直动型顺序阀的工作原理和图形符号

P_1 进入阀体,经阀芯中间小孔流入阀芯底部油腔,对阀芯产生一个向上的液压作用力。当油液的压力较低时,液压作用力小于阀芯上部的弹簧力,在弹簧力作用下,阀芯处于下端位置,P_1 和 P_2 两油口被隔开。当油液的压力升高到作用于阀芯底端的液压作用力大于调定的弹簧力时,在液压作用力的作用下,阀芯上移,使进油口 P_1 和出油口 P_2 相通,压力油液自 P_2 口流出,可控制另一执行元件动作。

(三) 流量控制阀

流量控制阀是通过改变节流口面积的大小,改变通过阀流量的阀。在液压系统中,流量控制阀的作用是对执行元件的运动速度进行控制。常见的流量控制阀有节流阀、调速阀等。

1. 普通节流阀

图 8-17 所示为可调节流阀的结构和图形符号。节流口采用轴向三角槽形式,压力油从进油口 P_1 流入,经通道 b、阀芯 3 右端的节流沟槽和通道 a 从出油口 P_2 流出。转动手柄 1,通过推杆 2 使阀芯作轴向移动,可改变节流口通流截面积,实现流量的调节。弹簧 4 的作用是使阀芯向左抵紧在推杆上。这种节流阀结构简单,制造容易,体积小,但负载和温度的变化对流量的稳定性影响较大。

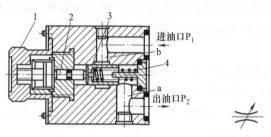

图 8-17 普通节流阀工作原理和图形符号
1—手柄;2—推杆;3—阀芯;4—弹簧

2. 调速阀

调速阀是由一个定差减压阀和一个可调节流阀串联组合而成。用定差减压阀来保证可调节流阀前后的压力差 Δp 不受负载变化的影响,从而使通过节流阀的流量保持稳定。

图 8-18 所示为调速阀的工作原理图。压力油液 p_1 经节流减压后以压力 p_2 进入节流阀,然后以压力 p_3 进入液压缸左腔,推动活塞以速度 v 向右运动。节流阀前后的压力差 $\Delta p = p_2 - p_3$。减压阀阀芯 1 上端的油腔 b 经通道 a 与节流阀出油口相通,其油液压力为 p_3;其肩部油腔 c 和下端油腔 d 经通道 f 和 e 与节流阀进油口(即减压阀出油口)相通,其油液压力为 p_2,当作用于液压缸的负载 F 增大时,压力 p_3 也增大,作用于减压阀阀芯上端的液压力也随之增大,使阀芯下移,减压阀进油口处的开口加大,压力降减小,因而使减压阀出口(节流阀进口)处压力 p_2 增大,结果保持了节流阀前后的压力差 $\Delta p = p_2 - p_3$ 基本不变。当负载 F 减小时,压力 p_3 减小,减压阀阀芯上端油腔压力减小,阀芯在油腔 c 和 d 中压力油(压力为 p_2)的作用下上移,使减压阀进油口处开口减小,压力降增大,因而使 p_2 随之减小,结果仍保持节流阀前后压力差 $\Delta p = p_2 - p_3$ 基本不变。

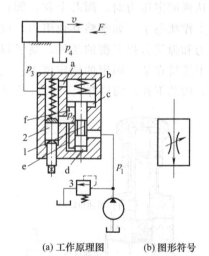

图 8-18 调速阀的工作原理图和图形符号
1—减压阀阀芯;2—节流阀阀芯;3—溢流阀

五、液压辅助元件

液压辅助元件有过滤器、蓄能器、管件、密封件、油箱和热交换器等,除油箱通常需要自行设计外,其余皆为标准件。液压辅助元件和液压元件一样,都是液压系统中不可缺少的组成部分。它们对系统的性能、效率、温升、噪声和寿命的影响非常大,必须加以重视。

(一) 过滤器

液压油中往往含有颗粒状杂质,会造成液压元件相对运动表面的磨损、滑阀卡滞、节流孔口堵塞,使系统工作可靠性大为降低。在系统中安装一定精度的过滤器,是保证液压系统正常工作的必要手段。

过滤器按滤芯的材料和结构形式分,可分为网式、线隙式、纸质滤芯式、烧结式过滤器及磁性过滤器等。按过滤器安放的位置不同,还可以分为吸油过滤器、压油过滤器和回油过滤器,考虑到泵的自吸性能,吸油过滤器多为粗滤器。

(二) 蓄能器

1. 蓄能器的作用

蓄能器的作用是将液压系统中的压力油储存起来,在需要时又重新放出。其主要作用表现在以下几个方面。

(1) 作辅助动力源 在间歇工作或实现周期性动作循环的液压系统中,蓄能器可以把液压泵输出的多余压力油储存起来。当系统需要时,由蓄能器释放出来。

(2) 系统保压或作紧急动力源 对于执行元件长时间不动作,而要保持恒定压力的系统,可用蓄能器来补偿泄漏,从而使压力恒定。对某些系统要求当泵发生故障或停电时,执行元件应继续完成必要的动作,这时需要有适当容量的蓄能器作紧急动力源。

(3) 吸收系统脉动,缓和液压冲击 蓄能器能吸收系统压力突变时的冲击,如液压泵突然启动或停止;液压阀突然关闭或开启;液压缸突然运动或停止;也能吸收液压泵工作时的流量脉动所引起的压力脉动,相当于油路中的平滑滤波,这时需在泵的出口处并联一个反应灵敏而惯性小的蓄能器。

2. 蓄能器的种类和特点

蓄能器的种类比较多,常见的有以下两种。

(1) 活塞式蓄能器 活塞式蓄能器中的气体和油液由活塞隔开,其结构如图 8-19 所示。活塞 2 的上部为压缩空气,下部为液体,气体由上阀口充入,液压油由下阀口通向液压系统,活塞 2 随下部压力油的储存和释放而在缸筒内来回滑动。这种蓄能器结构简单、寿命长,其缺点是加工要求高、有摩擦损失、有少量气液混合。它主要用于大体积和大流量的液压系统。

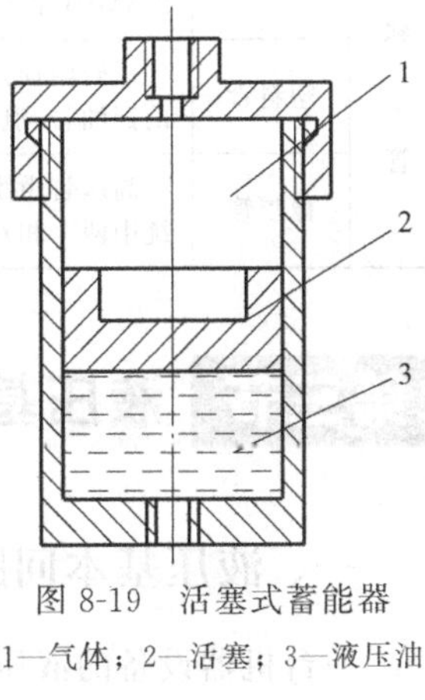

(2) 皮囊式蓄能器 皮囊式蓄能器中气体和油液用皮囊隔开,其结构如图 8-20 所示。皮囊固定在耐高压的壳体的上部,皮囊内充入惰性气体,壳体下端的提升阀 4 由弹簧加菌形阀构成,压力油由此通入,并能在油液全部排出时,防止皮囊膨胀挤出油口。这种结构使气、液密封可靠,并且因皮囊惯性小而克服了活塞式蓄能器响应慢的弱点,其弱点是容量小、制造困难。因此,它的应用范围非常广泛。

图 8-19 活塞式蓄能器
1—气体;2—活塞;3—液压油

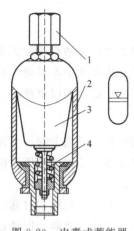

图 8-20 皮囊式蓄能器
1—充气阀；2—壳体；
3—气囊；4—提升阀

（三）油箱

油箱的基本功能是：储存工作介质；散发系统工作中产生的热量；分离油液中混入的空气；沉淀污染物及杂质。

按油面是否与大气相通，可分为开式油箱与闭式油箱。开式油箱广泛用于一般的液压系统；闭式油箱则用于水下和高空无稳定气压的场合，这里仅介绍开式油箱。

液压系统中的油箱有整体式和分离式两种。整体式油箱利用主机的内腔作为油箱，这种油箱结构紧凑，各处漏油易于回收，但增加了设计和制造的复杂性，维修不便，散热条件不好，且会使主机产生热变形。分离式油箱单独设置，与主机分开，减少了油箱发热和液压源振动对主机工作精度的影响，因此得到了普遍的应用，特别在精密机械上。

（四）管道

液压系统中将管道、管接头和法兰等通称为管件，其作用是保证油路的连通，并便于拆卸、安装；根据工作压力、安装位置确定管件的连接结构；与泵、阀等连接的管件应由其接口尺寸决定管径。

液压系统中管道的分类特点和应用场合见表 8-4。

表 8-4　管道的分类特点和应用场合

种类		特点和适用场合
硬管	钢管	能承受高压，价格低廉，耐油，抗腐蚀，刚性好，但装配时不能任意弯曲；常在装拆方便处用作压力管道，中、高压用无缝管，低压用焊接管合
	紫铜管	易弯曲成各种形状，但承压能力一般不超过 6.5～10MPa，抗振能力较弱，又易使油液氧化；通常用在液压装置内配接不便之处
软管	尼龙管	乳白色半透明，加热后可以随意弯曲成形或扩口，冷却后又能定形不变，承压能力因材质而异，自 2.5MPa 至 8MPa 不等
	塑料管	质轻耐油，价格便宜，装配方便，但承压能力低，长期使用会变质老化，只宜用作压力低于 0.5MPa 的回油管、泄油管等
	橡胶管	高压管由耐油橡胶夹几层钢丝编织网制成，钢丝网层数越多，耐压越高，价格昂贵，用作中、高压系统中两个相对运动件之间的压力管道；低压管由耐油橡胶夹帆布制成，可用作回油管道

第三节　液压基本回路及典型的液压传动系统

一、液压基本回路

一台机器设备的液压系统，无论多么复杂，总是由一些基本回路组成的。所谓基本回路，就是由一些液压元件组成，用来完成特定功能的典型回路。熟悉和掌握这些基本回路的组成、工作原理及应用，对于正确分析、设计和使用液压系统是十分重要的。

基本回路按其在液压系统中的功能可分为：压力控制回路、速度控制回路、方向控制回路以及其他控制回路。

(一) 压力控制回路

压力控制回路是用压力阀来控制和调节液压系统主油路或某一支路的压力,以满足执行元件所需的力或力矩的要求的回路。利用压力控制回路可实现对系统进行调压、减压、增压、卸荷、保压与工作机构的平衡等各种控制。这里只介绍调压、减压与卸荷回路。

1. 调压回路

当液压系统工作时,液压泵应向系统提供所需压力的液压油,同时,又能节省能源,减少油液发热,提高执行元件运动的平稳性。所以,应设置调压或限压回路。当液压泵一直工作在系统的调定压力时,就要通过溢流阀调节并稳定液压泵的工作压力。在变量泵系统中或旁路节流调速系统中用溢流阀(当安全阀用)限制系统的最高安全压力。当系统在不同的工作时间内需要有不同的工作压力,可采用二级或多级调压回路。

(1) 单级调压回路 如图 8-21 所示,通过液压泵 1 和溢流阀 2 的并联连接,即可组成单级调压回路。通过调节溢流阀的压力,可以改变泵的输出压力。当溢流阀的调定压力确定后,液压泵就在溢流阀的调定压力下工作,从而实现了对液压系统进行调压和稳压控制。如果将液压泵 1 改换为变量泵,这时溢流阀将作为安全阀来使用,液压泵的工作压力低于溢流阀的调定压力,这时溢流阀不工作,当系统出现故障,液压泵的工作压力上升时,一旦压力达到溢流阀的调定压力,溢流阀将开启,并将液压泵的工作压力限制在溢流阀的调定压力下,使液压系统不致因压力过载而受到破坏,从而保护了液压系统。

(2) 二级调压回路 如图 8-22 所示为二级调压回路,该回路可实现两种不同的系统压力控制。由先导式溢流阀 2 和直动式溢流阀 4 各调一级,当二位二通换向阀 3 处于图示位置时系统压力由阀 2 调定,当阀 3 得电后处于下位时,系统压力由阀 4 调定,但要注意:阀 4 的调定压力一定要小于阀 2 的调定压力,否则不能实现;当系统压力由阀 4 调定时,先导式溢流阀 2 的先导阀口关闭,但主阀开启,液压泵的溢流流量经主阀回油箱,这时阀 4 亦处于工作状态,并有油液通过。应当指出:若将阀 3 与阀 4 对换位置,则仍可进行二级调压。

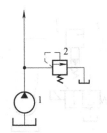

图 8-21 单级调压回路

1—液压泵;2—溢流阀

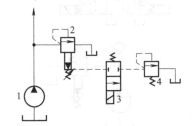

图 8-22 二级调压回路

1—液压泵;2—先导式溢流阀;3—二位二通换向阀;4—调压阀(溢流阀)

2. 减压回路

当泵的输出压力是高压而局部回路或支路要求低压时,可以采用减压回路。减压回路较为简单,一般是在所需低压的支路上串接减压阀。采用减压回路虽能方便地获得某支路稳定的低压,但压力油经减压阀口时要产生压力损失。

最常见的减压回路为通过定值减压阀与主油路相连,如图 8-23 (a) 所示。回路中的单向阀为主油路压力降低(低于减压阀调整压力)时防止油液倒流,起短时保压作用,减压回路中也可以采用类似两级或多级调压的方法获得两级或多级减压。如图 8-23 (b) 所示为利

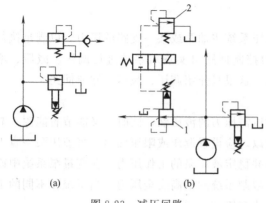

图 8-23 减压回路
1—先导式减压阀；2—溢流阀

用先导式减压阀 1 的远控口接一远控溢流阀 2，则可由阀 1、阀 2 各调得一种低压。但要注意，阀 2 的调定压力值一定要低于阀 1 的调定减压值。

3. 卸荷回路

卸荷回路的功用是指在液压泵驱动电动机不频繁启闭的情况下，使液压泵在功率输出接近于零的情况下运转，以减少功率损耗，降低系统发热，延长泵和电动机的寿命。因为液压泵的输出功率为其流量和压力的乘积，因而，两者任一近似为零，功率损耗即近似为零。因此液压泵的卸荷有流量卸荷和压力卸荷两种，前者主要是使用变量泵，使变量泵仅为补偿泄漏而以最小流量运转，此方法比较简单，但泵仍处在高压状态下运行，磨损比较严重；压力卸荷的方法是使泵在接近零压下运转。这里只介绍常见的压力卸荷回路。

(1) 换向阀卸荷回路　M、H 和 K 型中位机能的三位换向阀处于中位时，泵即卸荷，如图 8-24 所示为采用 M 型中位机能的电液换向阀的卸荷回路，这种回路切换时压力冲击小，但回路中必须设置单向阀，以使系统能保持 0.3MPa 左右的压力，供操纵控制油路之用。

(2) 用先导式溢流阀远程控制口的卸荷回路　图 8-22 中若去掉调压阀 4，使二位二通电磁阀直接接油箱，便构成一种用先导型溢流阀的卸荷回路，如图 8-25 所示，这种卸荷回路卸荷压力小，切换时冲击也小。

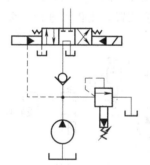

图 8-24　M 型中位机能卸荷回路

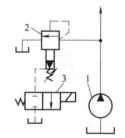

图 8-25　溢流阀远控口卸荷
1—液压泵；2—先导式溢流阀；3—二位二通电磁换向阀

(二) 速度控制回路

速度控制回路是研究液压系统的速度调节和变换问题，常用的速度控制回路有调速回路、快速回路、速度换接回路等。这里只介绍调速回路中的节流调速回路。

节流调速回路原理：节流调速回路是通过调节流量阀的通流截面积大小来改变进入执行机构的流量，从而实现运动速度的调节。

(1) 进油节流调速回路　进油调速回路是将节流阀装在执行机构的进油路上，用来控制进入执行机构的流量达到调速的目的，其调速原理如图 8-26 所示。其中定量泵多余的油液通过溢流阀流回油箱，是进油节流调速回路工作的必要条件，因此溢流阀的调定压力与泵的出口压力 p_p 相等。

（2）回油节流调速回路　回油节流调速回路将节流阀串联在液压缸的回油路上，借助于节流阀控制液压缸的排油量 q_2 来实现速度调节。与进口节流调速一样，定量泵多余的油液经溢流阀流回油箱，即溢流阀保持溢流，泵的出口压力即溢流阀的调定压力保持基本恒定，其调速原理如图 8-27 所示。

（3）旁路节流调速回路　把节流阀装在与液压缸并联的支路上，利用节流阀把液压泵供油的一部分排回油箱实现速度调节的回路，称为旁油路节流调速回路。如图 8-28 所示，在这个回路中，由于溢流功能由节流阀来完成，故正常工作时，溢流阀处于关闭状态，溢流阀作安全阀用，其调定压力为最大负载压力的 1.1～1.2 倍，液压泵的供油压力 p_p 取决于负载。

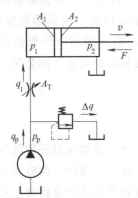
图 8-26　进油节流调速回路

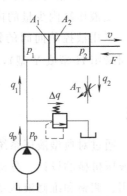
图 8-27　回油节流调速回路

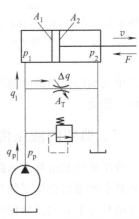
图 8-28　旁路节流调速回路

（三）方向控制回路

在液压系统中，起控制执行元件的启动、停止及换向作用的回路，称方向控制回路。方向控制回路有换向回路和锁紧回路。

1. 换向回路

运动部件的换向，一般可采用各种换向阀来实现。在容积调速的闭式回路中，也可以利用双向变量泵控制油流的方向来实现液压缸（或液压马达）的换向。这里只介绍采用换向阀的换向回路。

依靠重力或弹簧返回的单作用液压缸，可以采用二位三通换向阀进行换向，如图 8-29 所示。双作用液压缸的换向，一般都可采用二位四通（或五通）及三位四通（或五通）换向阀来进行换向，按不同用途还可选用各种不同的控制方式的换向回路。

电磁换向阀的换向回路应用最为广泛，这种换向回路曾多次出现于上面许多回路中，这里不再赘述。对于流量较大和换向平稳性要求较高的场合，电磁换向阀的换向回路已不能适应上述要求，往往采用手动换向阀或机动换向阀作先导阀，而以液动换向阀为主阀的换向回路，或者采

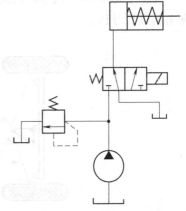
图 8-29　采用二位三通换向阀的单作用缸换向的回路

用电液动换向阀的换向回路。

2. 锁紧回路

为了使工作部件能在任意位置上停留，以及在停止工作时防止在受力的情况下发生移动，可以采用锁紧回路。

采用 O 型或 M 型机能的三位换向阀，当阀芯处于中位时，液压缸的进、出口都被封闭，可以将活塞锁紧，这种锁紧回路由于受到滑阀泄漏的影响，锁紧效果较差。

图 8-30 所示为采用液控单向阀的锁紧回路。在液压缸的进、回油路中都串接液控单向阀（又称液压锁），活塞可以在行程的任何位置锁紧。其锁紧精度只受液压缸内少量的内泄漏影响，因此，锁紧精度较高。采用液控单向阀的锁紧回路，换向阀的中位机能应使液控单向阀的控制油液卸压（换向阀采用 H 型或 Y 型），此时，液控单向阀便立即关闭，活塞停止运动。

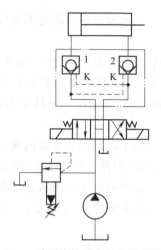

图 8-30 采用液控单向阀的锁紧回路
1,2—液控单向阀（液压锁）

二、典型的液压传动系统

液压系统是由基本回路组成的，通过对典型液压系统的分析，进一步加深对各种液压元件和基本回路综合运用的认识，对液压机械的设计、分析、研究、使用、维修、调整和故障排除都具有重要的指导作用。在使用、调整和维修液压系统时，首先要阅读和分析液压系统图，液压系统图是用图形符号来表示液压元件在系统中的功用及其相互连接关系的工作语言，通过表明各执行元件所表示的运动循环和循环的控制方式，表明运动系统的工作原理。

（一）液压助力转向系统

为了使汽车驾驶员操纵轻便、灵活，减轻体力劳动，现代汽车的转向系统广泛采用液压助力器，这种液压助力器是一种液压伺服装置。整个装置是由液压泵、动力缸、操纵阀组成。

如图 8-31 所示为汽车转向液压助力器的工作原理图，由液压缸和控制滑阀两部分组成。现对其进行分析：

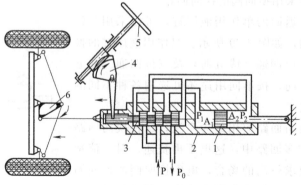

图 8-31 汽车转向液压助力器的工作原理
1—活塞；2—缸体；3—阀芯；4—摆杆；5—方向盘；6—转向连杆机构

液压缸缸体 2 活动，活塞 1 的活塞杆固定，液压缸缸体 2 和滑阀阀体做成一体，通过摆杆 4 和转向系统连接，阀体上标注 P、P_0、P_1、P_2 的槽分别与液压泵、油箱、液压缸左右腔连通。

阀芯 3 处于图示位置时，液压缸左右两腔封闭→缸体 2 和活塞 1 相对不动，直线行驶。

向左转向：摆杆 4 推动阀芯 3→左腔进油、右腔回油→缸体 2 与阀体右移，通过转向机构使车轮偏转。

向右转向：摆杆 4 推动阀芯 3→右腔进油、左腔回油→缸体 2 与阀体左移，通过转向机构使车轮偏转。

（二）汽车液压制动系统

1. 普通液压制动系统

如图 8-32 所示为最简单的单回路液压制动系统。踏下踏板，主缸的活塞就将制动液体压到前、后制动器的轮缸中，推动轮中的活塞使制动蹄张开制动。放开踏板，制动蹄和轮缸活塞在回位弹簧的作用下回位，将制动液压回主缸。

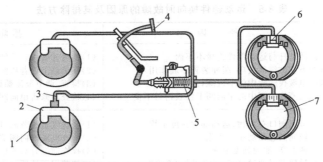

图 8-32　汽车单回路液压制动系统

1—前轮制动器；2—制动钳；3—制动管路；4—制动踏板机构；5—制动主缸；6—制动轮缸；7—后轮制动器

2. ABS 防抱死制动系统

汽车在制动时不希望车轮制动到抱死滑移，而是希望车轮制动到边滚边滑的状态。通过实验得知，汽车车轮的滑动率在 15%～20% 时，轮胎与路面间有最大的附着系数，为了充分发挥轮胎与路面的这种附着能力，目前在某些高级轿车、大客车和重型货车上装备了防抱死制动系统，即 ABS。

通常，ABS 是在普通液压制动系统的基础上加装车轮速度传感器、ABS 电控单元、制动压力调节装置及制动控制电路等组成的，工作原理如图 8-33 所示。

（1）常规制动　常规制动过程中，ABS 系统不工作。电磁线圈无电流通过，电磁阀处于"升压"位置，此时制动主缸与轮缸直通，由制动主缸来的制动液直接进入轮缸，轮缸压力随主缸压力而增减。此时液压泵也不需工作。

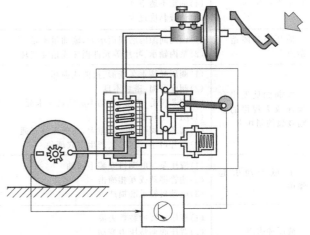

图 8-33　ABS 工作原理

(2) 保压过程 当轮速传感器发出抱死危险信号时，ECU 指令电磁阀处于"保压"位置。此时主缸、轮缸和回油孔相互隔离密封，轮缸中的制动压力保持一定。

(3) 减压过程 如果在"保持压力"的命令发出后，仍有车轮抱死信号，ECU 指令电磁阀处于"减压"位置，此时电磁阀将轮缸与回油通道或储液室接通，轮缸中制动液经电磁阀流入储液室，轮缸压力下降。

(4) 增压过程 当压力下降后车轮加速太快时，ECU 便切断通往电磁阀的电流，主缸和轮缸再次相通，主缸中的高压制动液再次进入轮缸，使制动压力增加。

第四节 液压系统的常见故障及排除方法

液压系统发生故障时应进行周密仔细的分析，这不仅需要掌握液压系统的工作原理，而且还应了解每个元件的结构、工作原理、常见故障及排除方法，液压系统的常见故障和排除方法见表 8-5~表 8-10。

表 8-5 运动部件换向时故障的原因及其排除方法

故障	原因	排除方法
换向有冲击	(1)活塞杆与运动部件连接不牢固 (2)不在缸端部换向,缓冲装置不起作用 (3)电液换向阀中的节流螺钉松动 (4)电液换向阀中的单向阀卡住或密封不良	(1)检查并紧固连接螺栓 (2)在油路上设背压阀 (3)检查、调节节流螺钉 (4)检查及修研单向阀
换向冲击量大	(1)节流阀口有污物,运动部件速度不均 (2)换向阀芯移动速度变化 (3)油温高,油的黏度下降 (4)导轨润滑油量过多,运动部件"漂浮" (5)系统泄漏油多,进入空气	(1)清洗流量阀节流口 (2)检查电液换向阀节流螺钉 (3)检查油温升高的原因并排除 (4)调节润滑油压力或流量 (5)严防泄漏,排除空气

表 8-6 系统产生噪声的原因及排除方法

故障	原因	排除方法
液压泵吸空引起连续不断的嗡嗡声并伴随杂声	(1)液压泵本身或其进油管路密封不良、漏气 (2)油箱油量不足 (3)液压泵进油管口滤油器堵塞 (4)油箱不透空气 (5)油液黏度过大	(1)拧紧泵的连接螺栓及管路各管螺母 (2)将油箱油量加至油标处 (3)清洗滤油器 (4)清洗空气滤油器 (5)油液黏度应合适
液压泵故障造成杂声	(1)轴向间隙因磨损而增大,输油量不足 (2)泵内轴承、叶片等元件损坏或精度变坏	(1)修磨轴向间隙 (2)拆开检修并更换已损坏零件
控制阀处发出有规律或无规律的吱嗡吱嗡的刺耳声	(1)调压弹簧永久变形、扭曲或损坏 (2)阀座磨损、密封不良 (3)阀芯拉毛、变形、移动不灵活甚至卡死 (4)阻尼小孔被阻塞 (5)阀芯与阀孔配合间隙大,高低压油互通 (6)阀开口小、流量高、产生空穴现象	(1)更换弹簧 (2)修研阀座 (3)修研阀芯、去毛刺,使阀芯移动灵活 (4)清洗、疏通阻尼孔 (5)研磨阀孔,重配新阀芯 (6)应尽量减小进、出口压差
机械振动引起噪声	(1)液压泵与电动机安装不同轴 (2)油管振动或互相撞击 (3)电动机轴承磨损严重	(1)重新安装或更换柔性联轴器 (2)适当加设支承管夹 (3)更换电动机轴承
液压冲击声	(1)液压缸缓冲装置失灵 (2)背压阀调整压力变动 (3)电液换向阀阀端的单向节流阀故障	(1)进行检修和调整 (2)进行检查、调整 (3)调节节流螺钉、检修单向阀

表 8-7 系统运转不起来或压力提不高的原因及排除方法

故障部位	原因	排除方法
液压泵电动机	(1)电动机线接反 (2)电动机功率不足,转速不够高	(1)调换电动机接线 (2)检查电压、电流大小,采取措施
液压泵	(1)泵进、出油口接反 (2)泵轴向、径向间隙过大 (3)泵体缺陷造成高、低压腔互通 (4)液片泵叶片与定子内面接触不良或卡死 (5)柱塞泵柱塞卡死	(1)调换吸、压油管位置 (2)检修液压泵 (3)更换液压泵 (4)检修叶片及修研定子内表面 (5)检修柱塞泵
控制阀	(1)压力阀主阀芯或锥阀芯卡死在开口位置 (2)压力阀弹簧断裂或永久变形 (3)某阀芯泄漏严重以至高、低压油路连接 (4)控制阀阻尼孔被阻塞 (5)控制阀的油口接反或接错	(1)清洗、检修压力阀,使阀芯移动灵活 (2)更换弹簧 (3)检修阀,更换已损坏的密封件 (4)清洗、疏通阻尼孔 (5)检查并纠正接错的管路
液压油	(1)黏度过高,吸不进或吸不足油 (2)黏度过低,泄漏太多	(1)用指定黏度的液压油 (2)用指定黏度的液压油

表 8-8 运动部件速度达不到或不运动的原因及排除方法

故障部位	原因	排除方法
控制阀	(1)流量阀的节流小孔被堵塞 (2)互通阀卡住在互通位置	(1)清洗、疏通节流孔 (2)检修互通阀
液压缸	(1)装配精度或安装精度超差 (2)活塞密封圈损坏,缸内泄漏严重 (3)间隙密封的活塞、缸壁磨损过大,内泄漏多 (4)缸盖处密封圈摩擦力过大 (5)活塞杆处密封圈磨损严重或损坏	(1)检查、保证达到规定的精度 (2)更换密封圈 (3)修研缸内孔,重配新活塞 (4)适当调松压盖螺钉 (5)调紧压盖螺钉或更换
导轨	(1)导轨无润滑油或润滑油不充分,摩擦阻力大 (2)导轨的楔铁、压板调得过紧	(1)调节润滑油量和压力,使润滑充分 (2)重新调整楔铁、压板,使松紧合适

表 8-9 运动部件产生爬行的原因及排除方法

故障部位	原因	排除方法
控制阀	流量阀的节流口处有污物,通油量不均匀	检修或清洗流量阀
液压缸	(1)活塞式液压缸端盖密封圈压得太死 (2)液压缸中进入的空气未排净	(1)调整压盖螺钉 (2)利用排气
导轨	(1)接触精度不好,摩擦力不均匀 (2)润滑油不足或选用不当 (3)温度高使油黏度变小、油膜破坏	(1)检修导轨 (2)调节润滑油量,选用适合的润滑油 (3)检查油温高的原因并排除

表 8-10 工作循环不能正确实现的原因及应采取的措施

故障	原因	排除方法
液压回路间互相干扰	(1)同一个泵供油的各液压缸压力、流量差别大 (2)主油路与控制油路用同一泵供油,当主油路卸荷时,控制油路压力太低	(1)改用不同泵供油或用控制阀(单向阀、减压阀、顺序阀)使油互相干扰 (2)在主油路上设控制阀,使控制油路始终有一定压力,能正常工作
控制信号不能正确发出	(1)行程开关、压力继电器开关接触不良 (2)某元件的机械部分卡住(如弹簧、杠杆)	(1)检查及检修各开关接触情况 (2)检修有关机械结构部分
控制信号不能正确执行	(1)电压过低,弹簧过软或过硬使电磁阀失灵 (2)行程挡块位置不对或未紧牢固	(1)检查电路的电压,检查电磁阀 (2)检查挡块位置并将其固紧

实训 双泵供油快速运动回路的组装

一、实训内容

（1）双泵供油快速运动回路的工作原理：如图 8-34 所示为这种回路是利用低压大流量泵和高压小流量泵并联为系统供油，图中 3 为高压小流量泵，用以实现工作进给运动。4 为低压大流量泵，用以实现快速运动。在快速运动时，液压泵 4 输出的油经单向阀 5 和液压泵 3 输出的油共同向系统供油。在工作进给时，系统压力升高，打开液控顺序阀（卸荷阀）2 使液压泵 3 卸荷，此时单向阀 5 关闭，由液压泵 4 单独向系统供油。溢流阀 1 控制液压泵 4 的供油压力是根据系统所需最大工作压力来调节的，而液控顺序阀 2 使液压泵 3 在快速运动时供油，在工作进给时则卸荷，因此它的调整压力应比快速运动时系统所需的压力要高，但比溢流阀 1 的调整压力低。

（2）根据双泵供油快速回路的工作原理，在液压系统实验台上组装液压回路。

二、实训目的

（1）熟悉多个执行原件的顺序控制回路设计。
（2）熟悉液控顺序阀（卸荷阀）的作用。
（3）认识液压元件及组装回路。

三、实训器材

液压系统实验台、液压泵、活塞式液压缸、溢流阀、液控顺序阀、单向阀、两位两通电磁换向阀、三位四通电磁换向阀、节流阀、液压油管。

四、操作步骤

（1）画出液压回路图、位移步骤图。
（2）按照液压回路图选择液压元件。
（3）在液压系统实验台上组装液压回路。

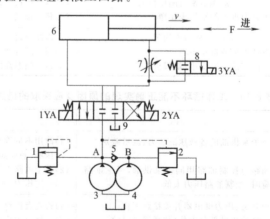

图 8-34 双泵供油快速运动回路

1—溢流阀；2—液控顺序阀；3—液压泵（高压小流量泵）；4—液压泵（低压大流量泵）；5—单向阀；
6—活塞式液压缸；7—节流阀；8—两位两通电磁换向阀；9—三位四通电磁换向阀

(4) 启动电源，回路动作符合要求。
(5) 先卸压，再关油泵，拆下油管，整理好所有元件，归位。

复习与思考题

一、判断题

1. 液压泵是将电动机或其他原动机输出的机械能转换为油液的压力能的能量转换装置。（ ）
2. 控制液流流动方向的阀叫压力控制阀。（ ）
3. 液控单向阀正向导通，反向截止。（ ）
4. 调速阀是在节流阀前面串接一个定差减压阀组合而成。（ ）
5. 液压系统图是用图形符号表示液压元件在系统中的作用及其连接关系的工作语言。（ ）

二、选择题

1. 运动速度_____时宜采用黏度较低的液压油减少摩擦损失；工作压力_____时宜采用黏度较高的液压油以减少泄漏。（ ）
   A. 高　低　　　　　B. 高　高　　　　　C. 低　高
2. 溢流阀一般安装在（ ）的出口处。
   A. 液压泵　　　　　B. 换向阀　　　　　C. 节流阀
3. 在液压传动中人们利用（ ）来传递力和运动。
   A. 固体　　　　　　B. 液体　　　　　　C. 气体
4. _____和_____是液压传动中最重要的参数。（ ）
   A. 压力和流量　　　B. 压力和负载　　　C. 压力和速度
5. 液压传动是依靠密封容积中液体静压力来传递力的，如（ ）。
   A. 万吨水压机　　　B. 离心式水泵　　　C. 水轮机
6. 在液压系统的组成中液压缸是（ ）。
   A. 动力元件　　　　B. 执行元件　　　　C. 控制元件
7. 在液压传动中，一定液压缸活塞的（ ）决定于流量。
   A. 压力　　　　　　B. 负载　　　　　　C. 速度
8. 蓄能器的主要功用是（ ）。
   A. 差动连接　　　　B. 短期内大量供油　C. 净化油液
9. 常用的电磁换向阀是控制油液的（ ）。
   A. 流量　　　　　　B. 压力　　　　　　C. 方向

三、问答题

1. 举例说明液压传动系统的工作原理。
2. 液压油有哪些主要品种？如何选用液压油？
3. 单向阀与液控单向阀有何区别？分别应用于什么场合？
4. 减压阀进、出口装反后，会出现什么现象？
5. 常用的过滤器有哪几种？它们各适用于什么场合？
6. 油箱的功用是什么？结构设计时应注意哪些问题？
7. 常用管接头有哪几种？它们各适用于什么场合？
8. 减压回路有什么功用？
9. 为什么采用调速阀能提高调速性能？
10. 分析、比较三种容积调速回路的特性。

参 考 文 献

[1] 陈文均. 汽车材料. 北京：高等教育出版社. 2002.
[2] 史艺农. 工程力学. 西安：西安电子科技大学出版社，2006.
[3] 杨黎明. 机械设计基础. 北京：高等教育出版社，1998.
[4] 邰茜等. 汽车机械基础. 北京：北京大学出版社，2008.
[5] 王鹏. 汽车机械基础. 北京：北京理工大学出版社，2006.
[6] 崔振民，张让莘，钟宝华. 汽车机械基础. 北京：高等教育出版社，2001.
[7] 朱秀琳. 汽车机械基础. 北京：电子工业出版社，2005.
[8] 娄万军. 汽车机械基础. 西安：西安电子科技大学出版社，2007.
[9] 李予杰，陈建华. 汽车机械基础. 北京：北京理工大学出版社，2008.
[10] 王利贤. 汽车机械基础. 北京：电子工业出版社，2008.
[11] 吴文彩. 汽车机械基础. 大连：大连理工大学出版社，2006.
[12] 蔡广新. 汽车机械基础. 北京：高等教育出版社，2005.
[13] 卢晓春. 汽车机械基础. 北京：机械工业出版社，2008.
[14] 康国初. 汽车机械基础. 重庆：重庆大学出版社，2008.
[15] 周家泽. 机械基础. 西安：西安电子科技大学出版社，2007.
[16] 陈长生，霍振生. 机械基础. 北京：机械工业出版社，2003.
[17] 张红伟，王国林. 汽车底盘构造与维修. 北京：高等教育出版社，2005.
[18] 汤定国. 汽车发动机构造与维修. 北京：人民交通出版社，2005.
[19] 陈家瑞. 汽车构造. 北京：机械工业出版社，2001.
[20] 李芝. 液压与气压传动. 北京：机械工业出版社，2004.
[21] 孟延军. 液压传动. 北京：冶金工业出版社，2008.
[22] 刘延俊. 液压与气压传动. 北京：机械工业出版社，2007.
[23] 兰建设. 液压与气压传动. 北京：高等教育出版社，2002.
[24] 朱理. 机械原理. 北京：高等教育出版社，2010.
[25] 谭本忠. 汽车机械基础. 北京：机械工业出版社，2012.
[26] 陈力. 机械制图. 北京：高等教育出版社，2004.
[27] 孙恒. 机械原理. 北京：高等教育出版社，2013.
[28] 王文丽. 汽车机械基础. 北京：中国铁道出版社，2011.